전율통보 별편

일러두기

1. 이 책의 번역 대본은 서울대학교 규장각한국학연구원 소장《전율통보(典律通補)》(奎貴1377)를 저본(底本)으로 한《교감표점(校勘標點) 전율통보(典律通補)》(한국고전번역원, 2022)이다.
2. 이 책에서 조문(條文)을 구분한 조, 항, 호, ❶, ❷, ❸…, 1, 2, 3… 등은 대본에는 없다. 대본에서는 별행 혹은 권점(○), 글자 크기 등으로 구분된 조문을 이해를 돕기 위하여 현대 법조문의 체계를 참고하여 표기하였다.
3. 대본의 대문(大文)은 색이 있는 대자(大字)로, 소주(小註)는 대문보다 작은 글자로 표기하고 ❶, ❷, ❸ 등으로 구분하며, 그보다 더 작은 소소주(小小註)는 소주보다 더 작은 글자로 표기하고 1, 2, 3 등으로 구분하였다.
4. 모든 간주(間註) 및 각주는 역주(譯註)이다.
5. 각 조문이 속한 조(條)가 그 출전에서와 다를 경우 각주로 밝혔다.
   예 : 《전율통보》에는 〈이전〉의 〈천거(薦擧)〉 조에 있지만《속대전》에는 〈이전〉의 〈제수(除授)〉 조에 있는 경우 "《속대전》〈이전 제수(除授)〉에 있다."라고 각주에 적었다.
6. 각주 내용에 대한 출전은《 》안에 표기하였다.

典律通補

전율통보

별편

구윤명 엮음
소진희 옮김

한국고전번역원

차례

별편
전율통보

曲律通補

전율통보 별편

목록(目錄)

제 1 조 황조기년(皇朝紀年)[1]

제 1 항 **태조**(太祖) ❶ 홍무(洪武) 원년은 무신년(1368, 고려 공민왕17)이고, 31년 무인년(1398, 조선 태조7)까지 재위하였다.

제 2 항 **혜종**(惠宗) ❶ 건문(建文) 원년은 기묘년(1399, 조선 정종1)이고, 4년 임오년(1402, 조선 태종2)까지 재위하였다.

제 3 항 **성조**(成祖) ❶ 영락(永樂) 원년은 계미년(1403, 조선 태종3)이고, 22년 갑진년(1424, 조선 세종6)까지 재위하였다.

제 4 항 **인종**(仁宗) ❶ 홍희(洪熙) 원년은 을사년(1425, 조선 세종7)이다.

제 5 항 **선종**(宣宗) ❶ 선덕(宣德) 원년은 병오년(1426, 조선 세종8)이고, 10년 을묘년(1435, 세종17)까지 재위하였다.

제 6 항 **영종**(英宗) ❶ 정통(正統) 원년은 병진년(1436, 조선 세종18)이고, 14년 기사년(1449, 조선 세종31)까지 재위하였다. ❷ 천순(天順) 원년은 정축년(1457, 조선 세조3)이고, 8년 갑신년(1464, 조선 세조10)까지 재위하였다.

1 황조기년(皇朝紀年) : 중국 명나라 황제의 묘호를 차례대로 기술하고, 묘호 소주(小註)에 각 황제의 연호 및 연호의 시작 연도와 마지막 연도를 간지로 달아 놓았다.

제 7 항 **대종**(代宗) ■ 경태(景泰) 원년은 경오년(1450, 조선 세종32)이고, 8년 정축년(1457, 조선 세조3)까지 재위하였다.

제 8 항 **헌종**(憲宗) ■ 성화(成化) 원년은 을유년(1465, 조선 세조11)이고, 23년 정미년(1487, 조선 성종18)까지 재위하였다.

제 9 항 **효종**(孝宗) ■ 홍치(弘治) 원년은 무신년(1488, 조선 성종19)이고, 18년 을축년(1505, 조선 연산군11)까지 재위하였다.

제10항 **무종**(武宗) ■ 정덕(正德) 원년은 병인년(1506, 조선 연산군12)이고, 16년 신사년(1521, 조선 중종16)까지 재위하였다.

제11항 **세종**(世宗) ■ 가정(嘉靖) 원년은 임오년(1522, 조선 중종17)이고, 45년 병인년(1566, 조선 명종21)까지 재위하였다.

제12항 **목종**(穆宗) ■ 융경(隆慶) 원년은 정묘년(1567, 조선 명종22)이고, 6년 임신년(1572, 조선 선조5)까지 재위하였다.

제13항 **신종**(神宗) ■ 만력(萬曆) 원년은 계유년(1573, 조선 선조6)이고, 48년 경신년(1620, 조선 광해군12)까지 재위하였다.

제14항 **광종**(光宗) ■ 태창(泰昌) 원년에 재위하였다.[2]

2 태창(泰昌) 원년에 재위하였다 : 광종은 1620년(광해군12) 8월 28일부터

제15항 **희종**(熹宗) ❶ 천계(天啓) 원년은 신유년(1621, 조선 광해군13)이고, 7년 정묘년(1627, 조선 인조5)까지 재위하였다.

제16항 **의종**(毅宗) ❶ 숭정(崇禎) 원년은 무진년(1628, 조선 인조6)이고, 17년 갑신년(1644, 조선 인조22)까지 재위하였다.

1620년 9월 26일까지 재위하였다.

제 2 조 청기년(淸紀年)[3]

제 1 항 **세조(世祖)** ❶ 순치(順治) 원년은 갑신년(1644, 조선 인조22)이고, 18년 신축년(1661, 조선 현종2)까지 재위하였다. ❷ 개원(改元)이 병자년(1636, 조선 인조14)에 있었으나 갑신년부터 비로소 따진다.[4]

제 2 항 **성조(聖祖)** ❶ 강희(康熙) 원년은 임인년(1662, 조선 현종3)이고, 61년 임인년(1722, 조선 경종2)까지 재위하였다.

제 3 항 **세종(世宗)** ❶ 옹정(雍正) 원년은 계묘년(1723, 조선 경종3)이고, 13년 을묘년(1735, 조선 영조11)까지 재위하였다.

제 4 항 ❶ 건륭(乾隆)[5] 원년은 병진년(1736, 조선 영조12)이다.

3 청기년(淸紀年) : 중국 청나라 황제의 묘호를 차례대로 기술하고, 묘호 소주(小註)에 각 황제의 연호 및 연호의 시작 연도와 마지막 연도를 간지로 달아 놓았다.

4 개원(改元)이……따진다 : 청나라 태종이 1627년(조선 인조5) 정묘년에 천총(天聰) 원년의 연호를 사용하다가 1636년 병자년에 숭덕(崇德) 원년으로 개원한 것을 가리킨다. 세조는 즉위하고서 연호로 '순치(順治)'를 사용하였으므로 '개원'에 관한 문장은 연문인 듯하다.

5 건륭(乾隆) : 청나라 고종(高宗, 1711~1799)의 연호이다. 원년은 1736년 병진년이고, 60년인 1795년 을묘년(조선 정조19)까지 재위하였다. '고종'이라는 묘호는 《전율통보》를 편찬하는 시기에 고종이 재위하고 있어 정해지지 않았으므로, 연호만을 기술하였다.

제 3 조 **국조기년(國朝紀年)** 휘호(徽號)[6]·기신일(忌辰日)·능침(陵寢)

제 1 항 **목조대왕**(穆祖大王) ❶ 휘호는 인문성목(仁文聖穆)이다.[7] ❷ 기신일은 3월 10일이다. ❸ 능호는 덕릉(德陵)이고, 함흥(咸興)에 있다. **왕후 이씨**(李氏) ❹ 휘호는 효공(孝恭)이다. ❺ 천우위 장사공(千牛衛長史公) 이숙(李肅)의 딸이다. ❻ 익조(翼祖)를 낳았다. ❼ 기신일은 5월 15일이다. ❽ 능호는 안릉(安陵)이고, 목조대왕과 같은 능역에 있다.

제 2 항 **익조대왕**(翼祖大王) ❶ 휘호는 강혜성익(康惠聖翼)이다. ❷ 기신일은 9월 10일이다. ❸ 능호는 지릉(智陵)이고, 안변(安邊)에 있다. **왕후 최씨**(崔氏) ❹ 휘호는 정숙(貞淑)이다. ❺ 호장(戶長) 최기열(崔基烈)의 딸이다. ❻ 도조(度祖)를 낳았다. ❼ 기신일은 9월 20일이다. ❽ 능호는 숙릉(淑陵)이고, 문천(文川)에 있다.

6 휘호(徽號) : 중국에서 내린 시호, 본조(本朝)에서 올린 시호, 존호(尊號) 등을 통칭하여 '휘호'라 하였다.

7 휘호는 인문성목(仁文聖穆)이다 : 1411년(태종11) 종묘의 4실(四室)에 존호를 가상(加上)하여 목왕(穆王)의 시호를 인문성목대왕(仁文聖穆大王), 묘호를 목조(穆祖)라 하고 효비(孝妃)의 시호를 효공왕후(孝恭王后)라 하였으며, 익왕(翼王)의 시호를 강혜성익대왕(康惠聖翼大王), 묘호를 익조(翼祖)라 하고 정비(貞妃)의 시호를 정숙왕후(貞淑王后)라 하였으며, 도왕(度王)의 시호를 공의성도대왕(恭毅聖度大王), 묘호를 도조(度祖)라 하고 경비(敬妃)의 시호를 경순왕후(敬順王后)라 하였으며, 환왕(桓王)의 시호를 연무성환대왕(淵武聖桓大王), 묘호를 환조(桓祖)라 하고 의비(懿妃)의 시호를 의혜왕후(懿惠王后)라 하였다.《太宗實錄 11年 4月 22日》

제 3 항 **도조대왕**(度祖大王) ❶ 휘호는 공의성도(恭毅聖度)이다. ❷ 기신일은 7월 24일이다. ❸ 능호는 의릉(義陵)이고, 함흥(咸興)에 있다.

왕후 박씨(朴氏) ❹ 휘호는 경순(敬順)이다. ❺ 원나라 조정에서 천호(千戶) 벼슬을 받고 본조(本朝)에서 안변부원군(安邊府院君)에 증직된 박광(朴光)의 딸이다. ❻ 환조(桓祖)를 낳았다. ❼ 기신일은 7월 23일이다. ❽ 능호는 순릉(純陵)이고, 함흥에 있다.

제 4 항 **환조대왕**(桓祖大王) ❶ 휘호는 연무성환(淵武聖桓)이다. ❷ 기신일은 4월 30일이다. ❸ 능호는 정릉(定陵)이고, 함흥(咸興)에 있다.

왕후 최씨(崔氏) ❹ 휘호는 의혜(懿惠)이다. ❺ 원나라 조정에서 천호(千戶) 벼슬을 받고 본조(本朝)에서 영흥백(永興伯)에 증직된 최한기(崔閑奇)의 딸이다. ❻ 태조(太祖)를 낳았다. ❼ 기신일은 2월 24일이다. ❽ 능호는 화릉(和陵)이고, 환조대왕과 같은 능역에 있다.

제 5 항 **태조대왕**(太祖大王) ❶ 휘호는 강헌 지인계운성문신무정의광덕(康獻至仁啓運聖文神武正義光德)이다. ❷ 원년은 홍무(洪武) 임신년(1392)이고, 7년 무인년(1398)까지 재위하였다. 정종(定宗)에게 왕위를 전하였다. ❸ 기신일은 5월 24일이다. ❹ 능호는 건원릉(健元陵)이고, 양주(楊州)에 있다.

왕후 한씨(韓氏) ❺ 휘호는 승인순성 신의(承仁順聖神懿)이다. ❻ 추봉(追封)되었다. ❼ 밀직사 부사(密直司副使) 증(贈) 안천부원군(安川府院君) 한경(韓卿)의 딸이다. ❽ 정종과 태종(太宗)을 낳았다. ❾ 기신일은 9월 23일이다. ❿ 능호는 제릉(齊陵)이고, 풍덕(豐德)에 있다.

왕후 강씨(康氏) 11 휘호는 순원현경 신덕(順元顯敬神德)이다. 12 판삼사사(判三司事) 증(贈) 상산부원군(象山府院君) 강윤성(康允成)의 딸이다. 13 기신일은 8월 13일이다. 14 능호는 정릉(貞陵)이고, 양주(楊州)에 있다.

제6항 **정종대왕**(定宗大王) 1 조천(祧遷)하였다. 2 휘호는 공정 의문장무온인순효(恭靖懿文莊武溫仁順孝)이다. 3 원년은 건문(建文) 기묘년(1399)이고, 2년 경진년(1400)까지 재위하였다. 태종(太宗)에게 왕위를 전하였다. 4 기신일은 9월 26일이다. 5 능호는 후릉(厚陵)이고, 풍덕(豐德)에 있다.

왕후 김씨(金氏) 6 휘호는 순덕온명장의 정안(順德溫明莊懿定安)이다. 7 판예빈시사(判禮賓寺事) 증(贈) 문하좌시중(門下左侍中) 김천서(金天瑞)의 딸이다. 8 기신일은 6월 25일이다. 9 능호는 후릉(厚陵)이고, 정종대왕과 같은 능역에 있다.

제7항 **태종대왕**(太宗大王) 1 휘호는 공정 성덕신공문무예철성렬광효(恭定聖德神功文武睿哲成烈光孝)이다. 2 원년은 건문(建文) 신사년(1401)이고, 18년 영락(永樂) 무술년(1418)까지 재위하였다. 세종(世宗)에게 왕위를 전하였다. 3 기신일은 5월 10일이다. 4 능호는 헌릉(獻陵)이고, 광주(廣州)에 있다.

왕후 민씨(閔氏) 5 휘호는 창덕소열 원경(彰德昭烈元敬)이다. 6 여흥부원군(驪興府院君) 민제(閔霽)의 딸이다. 7 세종을 낳았다. 8 기신일은 7월 10일이다. 9 능호는 헌릉(獻陵)이고, 태종대왕과 같은 능역에 있다.

제8항 **세종대왕**(世宗大王) ❶ 휘호는 장헌 영문예무인성명효(莊憲英文睿武仁聖明孝)이다. ❷ 원년은 영락(永樂) 기해년(1419)이고, 32년 경태(景泰) 경오년(1450)까지 재위하였다. ❸ 기신일은 2월 17일이다. ❹ 능호는 영릉(英陵)이고, 여주(驪州)에 있다.

왕후 심씨(沈氏) ❺ 휘호는 선인제성 소헌(宣仁齊聖昭憲)이다. ❻ 청천부원군(靑川府院君) 심온(沈溫)의 딸이다. ❼ 문종(文宗)과 세조(世祖)를 낳았다. ❽ 기신일은 3월 24일이다. ❾ 능호는 영릉(英陵)이고, 세종대왕과 같은 능역에 있다.

제9항 **문종대왕**(文宗大王) ❶ 조천(祧遷)하였다. ❷ 휘호는 공순 흠명인숙광문성효(恭順欽明仁肅光文聖孝)이다. ❸ 원년은 경태(景泰) 신미년(1451)이고, 2년 임신년(1452)까지 재위하였다. ❹ 기신일은 5월 14일이다. ❺ 능호는 현릉(顯陵)이고, 양주(楊州)에 있다.

왕후 권씨(權氏) ❻ 휘호는 인효순혜 현덕(仁孝順惠顯德)이다. ❼ 추봉(追封)되었다. ❽ 판한성부사(判漢城府事) 증(贈) 화산부원군(花山府院君) 권전(權專)의 딸이다. ❾ 단종(端宗)을 낳았다. ❿ 기신일은 7월 24일이다. ⓫ 능호는 현릉(顯陵)이고, 문종대왕 능 왼쪽 언덕에 있다.

제10항 **단종대왕**(端宗大王) ❶ 조천(祧遷)하였다. ❷ 휘호는 공의 온문순정안장경순돈효(恭懿溫文純定安莊景順敦孝)이다. ❸ 원년은 경태(景泰) 계유년(1453)이고, 3년 을해년(1455)까지 재위하였다.

세조(世祖)에게 선위(禪位)하였다. ❹ 기신일은 10월 24일이다. ❺ 능호는 장릉(莊陵)이고, 영월(寧越)에 있다.

왕후 송씨(宋氏) ❻ 휘호는 의덕단량제경 정순(懿德端良齊敬定順)이다. ❼ 판돈녕부사(判敦寧府事) 증(贈) 여양부원군(礪良府院君) 송현수(宋玹壽)의 딸이다. ❽ 기신일은 6월 4일이다. ❾ 능호는 사릉(思陵)이고, 양주(楊州)에 있다.

제11항 **세조대왕(世祖大王)** ❶ 휘호는 혜장 승천체도열문영무지덕융공성신명예흠숙인효(惠莊承天體道烈文英武至德隆功聖神明睿欽肅仁孝)이다. ❷ 원년은 경태(景泰) 을해년(1455)이고, 14년 성화(成化) 무자년(1468)까지 재위하였다. 예종(睿宗)에게 왕위를 전하였다. ❸ 기신일은 9월 8일이다. ❹ 능호는 광릉(光陵)이고, 양주(楊州)에 있다.

왕후 윤씨(尹氏) ❺ 휘호는 자성흠인경덕선열명순원숙휘신혜의신헌 정희(慈聖欽仁景德宣烈明順元淑徽愼惠懿神憲貞熹)이다. ❻ 판중추원사(判中樞院事) 증(贈) 파평부원군(坡平府院君) 윤번(尹璠)의 딸이다. ❼ 덕종(德宗)과 예종을 낳았다. ❽ 기신일은 3월 30일이다. ❾ 능호는 광릉(光陵)이고, 세조대왕 능 동쪽 언덕에 있다.

제12항 **덕종대왕(德宗大王)** ❶ 조천(祧遷)하였다. ❷ 휘호는 회간 선숙공현온문의경(懷簡宣肅恭顯溫文懿敬)이다. ❸ 성종(成宗) 신묘년(1471)에 추숭(追崇)되었다. ❹ 기신일은 9월 2일이다. ❺ 능호는 경릉(敬陵)이고, 고양(高陽)에 있다.

왕후 한씨(韓氏) ❻ 휘호는 인수휘숙명의 소혜(仁粹徽肅明懿昭惠)

이다. 7 서원부원군(西原府院君) 한확(韓確)의 딸이다. 8 성종을 낳았다. 9 기신일은 4월 27일이다. 10 능호는 경릉(敬陵)이고, 덕종대왕 능 오른쪽 언덕에 있다.

제13항 **예종대왕**(睿宗大王) 1 조천(祧遷)하였다. 2 휘호는 양도 흠문성무의인소효(襄悼欽文聖武懿仁昭孝)이다. 3 원년은 성화(成化) 기축년(1469)이다. 4 기신일은 11월 28일이다. 5 능호는 창릉(昌陵)이고, 고양(高陽)에 있다.

왕후 한씨(韓氏) 6 휘호는 휘인소덕 장순(徽仁昭德章順)이다. 7 추봉(追封)되었다. 8 상당부원군(上黨府院君) 한명회(韓明澮)의 딸이다. 9 기신일은 12월 5일이다. 10 능호는 공릉(恭陵)이고, 파주(坡州)에 있다.

왕후 한씨(韓氏) 11 휘호는 인혜소휘제숙 안순(仁惠昭徽齊淑安順)이다. 12 청천부원군(淸川府院君) 한백륜(韓伯倫)의 딸이다. 13 기신일은 12월 23일이다. 14 능호는 창릉(昌陵)이고, 예종대왕 능 왼쪽 언덕에 있다.

제14항 **성종대왕**(成宗大王) 1 휘호는 강정 인문헌무흠성공효(康靖仁文憲武欽聖恭孝)이다. 2 원년은 성화(成化) 경인년(1470)이고, 25년 홍치(弘治) 갑인년(1494)까지 재위하였다. 3 기신일은 12월 24일이다. 4 능호는 선릉(宣陵)이고, 광주(廣州)에 있다.

왕후 한씨(韓氏) 5 휘호는 휘의신숙 공혜(徽懿愼肅恭惠)이다. 6 상당부원군(上黨府院君) 한명회(韓明澮)의 딸이다. 7 기신일은 4월 15일이다. 8 능호는 순릉(順陵)이고, 파주(坡州)에 있다.

왕후 윤씨(尹氏) 9 휘호는 자순화혜소의흠숙 정현(慈順和惠昭懿欽淑貞顯)이다. 10 영원부원군(鈴原府院君) 윤호(尹壕)의 딸이다. 11 중종(中宗)을 낳았다. 12 기신일은 8월 22일이다. 13 능호는 선릉(宣陵)이고, 성종대왕 능 왼쪽 언덕에 있다.

제15항 **연산군**(燕山君)[8] 1 원년은 홍치(弘治) 을묘년(1495)이고, 12년 정덕(正德) 병인년(1506)까지 재위하였다. 폐위되었다. 2 부인(夫人) 신씨(愼氏)이다.[9]

제16항 **중종대왕**(中宗大王) 1 휘호는 공희 휘문소무흠인성효(恭僖徽文昭武欽仁誠孝)이다. 2 원년은 정덕(正德) 병인년(1506)이고, 39년 가정(嘉靖) 갑진년(1544)까지 재위하였다. 3 기신일은 11월 15일이다. 4 능호는 정릉(靖陵)이고, 광주(廣州)에 있다.

왕후 신씨(愼氏)[10] 5 휘호는 공소순열 단경(恭昭順烈端敬)이다. 6 좌의정 증(贈) 익창부원군(益昌府院君) 신수근(愼守勤)의 딸이다. 7 기신일은 12월 7일이다. 8 능호는 온릉(溫陵)이고, 양주

8 연산군(燕山君) : 1476(성종7)~1506(중종1). 1506년 9월 1일 중종반정으로 폐위되어 교동(喬桐)에 안치되고 그해 11월 6일 병으로 죽었다. 묘는 양주(楊州)에 있다.

9 부인(夫人) 신씨(愼氏)이다 : 신씨(1472~1536)는 영의정 신승선(愼承善)의 딸이며, 좌의정 신수근(愼守勤)의 누이이다. 연산군이 즉위하여 존호를 제인원덕 왕비(齊仁元德王妃)로 올렸으나 중종반정으로 폐비가 되어 거창군부인(居昌郡夫人)으로 강등되었다. 묘소는 연산군과 쌍릉으로 되어 있다. 《燕山君日記 11年 8月 26日》

10 왕후 신씨(愼氏) : 1487(성종18)~1557(명종12). 1506년(중종1) 폐출되었다가 1739년(영조15) 복위되었다.

(楊州)에 있다.

왕후 윤씨(尹氏) 9 휘호는 선소의숙 장경(宣昭懿淑章敬)이다. 10 파원부원군(坡原府院君) 윤여필(尹汝弼)의 딸이다. 11 인종(仁宗)을 낳았다. 12 기신일은 3월 2일이다. 13 능호는 희릉(禧陵)이고, 고양(高陽)에 있다.

왕후 윤씨(尹氏) 14 휘호는 성렬인명 문정(聖烈仁明文定)이다. 15 파산부원군(坡山府院君) 윤지임(尹之任)의 딸이다. 16 명종(明宗)을 낳았다. 17 기신일은 4월 7일이다. 18 능호는 태릉(泰陵)이고, 양주에 있다.

제17항 **인종대왕**(仁宗大王) 1 조천(祧遷)하였다. 2 휘호는 영정 헌문의무장숙흠효(榮靖獻文懿武章肅欽孝)이다. 3 원년은 가정(嘉靖) 을사년(1545)이다. 4 기신일은 7월 1일이다. 5 능호는 효릉(孝陵)이고, 고양(高陽)에 있다.

왕후 박씨(朴氏) 6 휘호는 효순공의 인성(孝順恭懿仁聖)이다. 7 첨지중추부사(僉知中樞府事) 증(贈) 금성부원군(錦城府院君) 박용(朴墉)의 딸이다. 8 기신일은 11월 29일이다. 9 능호는 효릉(孝陵)이고, 인종대왕과 같은 능역에 있다.

제18항 **명종대왕**(明宗大王) 1 조천(祧遷)하였다. 2 휘호는 공헌 헌의소문광숙경효(恭憲獻毅昭文光肅敬孝)이다. 3 원년은 가정(嘉靖) 병오년(1546)이고, 22년 융경(隆慶) 정묘년(1567)까지 재위하였다. 4 기신일은 6월 28일이다. 5 능호는 강릉(康陵)이고, 양주(楊州)에 있다.

왕후 심씨(沈氏) **6** 휘호는 선열의성 인순(宣烈懿聖仁順)이다. **7** 청릉부원군(青陵府院君) 심강(沈鋼)의 딸이다. **8** 기신일은 1월 2일이다. **9** 능호는 강릉(康陵)이고, 명종대왕과 같은 능역에 있다.

제19항 **선조대왕**(宣祖大王) **1** 휘호는 소경 정륜입극성덕홍렬지성대의격천희운현문의무성예달효(昭敬正倫立極盛德洪烈至誠大義格天熙運顯文毅武聖睿達孝)이다. **2** 중종(中宗)의 왕자 덕흥대원군(德興大院君)의 셋째 아들이며, 어머니는 하동부대부인(河東府大夫人) 정씨(鄭氏)이다. **3** 원년은 융경(隆慶) 무진년(1568)이고, 41년 만력(萬曆) 무신년(1608)까지 재위하였다. **4** 기신일은 2월 1일이다. **5** 능호는 목릉(穆陵)이고, 양주(楊州)에 있다.

왕후 박씨(朴氏) **6** 휘호는 장성휘열정헌 의인(章聖徽烈貞憲懿仁)이다. **7** 반성부원군(潘城府院君) 박응순(朴應順)의 딸이다. **8** 기신일은 6월 27일이다. **9** 능호는 목릉(穆陵)이고, 선조대왕 능 왼쪽 언덕에 있다.

왕후 김씨(金氏) **10** 휘호는 소성정의명렬광숙장정 인목(昭聖貞懿明烈光淑莊定仁穆)이다. **11** 연흥부원군(延興府院君) 김제남(金悌男)의 딸이다. **12** 기신일은 6월 28일이다. **13** 능호는 목릉(穆陵)이고, 선조대왕 능 왼쪽 언덕에 있다.

제20항 **광해군**(光海君)[11] **1** 원년은 만력(萬曆) 기유년(1609)이고, 15년

11 광해군(光海君) : 1575(선조8)~1641(인조19). 1623년 3월 13일 인조반

천계(天啓) 계해년(1623)까지 재위하였다. 폐위되었다. 2 부인(夫人) 유씨(柳氏)이다.[12]

제21항 **원종대왕(元宗大王)**[13] 1 조천(祧遷)하였다. 2 휘호는 공량 경덕 인헌정목장효(恭良敬德仁憲靖穆章孝)이다. 3 저경궁(儲慶宮) 인빈(仁嬪) 김씨(金氏)가 낳았다. 4 인조(仁祖) 임신년(1632)에 추숭(追崇)되었다. 5 기신일은 12월 29일이다. 6 능호는 장릉(章陵)이고, 김포(金浦)에 있다.

왕후 구씨(具氏) 7 휘호는 경의정정 인헌(敬懿貞靖仁獻)이다. 8 좌찬성(左贊成) 증(贈) 능안부원군(綾安府院君) 구사맹(具思孟)의 딸이다. 9 인조를 낳았다. 10 기신일은 1월 14일이다. 11 능호는 장릉(章陵)이고, 원종대왕과 같은 능역에 있다.

정으로 폐위되어 폐비 유씨(柳氏)와 함께 강화(江華)로 유배되었다가 제주(濟州)로 이배(移配)되었다. 1641년 7월 1일 제주에서 죽어 그곳에 장사 지냈다가 1643년 10월 지금의 묘소로 천장(遷葬)하였다. 묘는 남양주(南楊州)에 있다.

12 부인(夫人) 유씨(柳氏)이다 : 유씨(1576~1623)는 영돈녕부사 문양부원군(文陽府院君) 유자신(柳自新)의 셋째 딸이다. 인조반정으로 문성군부인(文城郡夫人)으로 강등되었으며 1623년(인조1) 10월 8일 강화에서 병사하였다. 양주(楊州) 적송동(赤城洞)에 장사하였다가 광해군이 죽은 뒤에 같은 묘역으로 천장하여 묘소가 쌍분으로 되어 있다.

13 원종대왕(元宗大王) : 1580(선조13)~1619(광해군11). 선조의 아들로 생전에는 정원군(定遠君)으로 봉해졌고, 아들인 인조가 왕위에 올라 사후에 대원군(大院君)으로 추숭되었다가 1632년(인조10) 왕으로 추존되었다. 《仁祖實錄 10年 5月 2日, 3日》

제22항 **인조대왕**(仁祖大王) ❶ 휘호는 헌문열무명숙순효(憲文烈武明肅純孝)이다. ❷ 원년은 천계(天啓) 계해년(1623)이고, 27년 기축년(1649)까지 재위하였다. ❸ 기신일은 5월 8일이다. ❹ 능호는 장릉(長陵)이고, 교하(交河)에 있다.

왕후 한씨(韓氏) ❺ 휘호는 명덕정순 인열(明德貞順仁烈)이다. ❻ 서평부원군(西平府院君) 한준겸(韓浚謙)의 딸이다. ❼ 효종(孝宗)을 낳았다. ❽ 기신일은 12월 9일이다. ❾ 능호는 장릉(長陵)이고, 인조대왕과 같은 능역에 있다.

왕후 조씨(趙氏) ❿ 휘호는 자의공신휘헌강인정숙온혜 장렬(慈懿恭愼徽獻康仁貞肅溫惠莊烈)이다. ⓫ 한원부원군(漢原府院君) 조창원(趙昌遠)의 딸이다. ⓬ 기신일은 8월 26일이다. ⓭ 능호는 휘릉(徽陵)이고, 양주(楊州)에 있다.

제23항 **효종대왕**(孝宗大王) ❶ 휘호는 선문장무신성현인 명의정덕(宣文章武神聖顯仁明義正德)이다. ❷ 원년은 경인년(1650)이고, 10년 기해년(1659)까지 재위하였다. ❸ 기신일은 5월 4일이다. ❹ 능호는 영릉(寧陵)이고, 여주(驪州)에 있다.

왕후 장씨(張氏) ❺ 휘호는 효숙경렬명헌 인선(孝肅敬烈明獻仁宣)이다. ❻ 신풍부원군(新豐府院君) 장유(張維)의 딸이다. ❼ 현종(顯宗)을 낳았다. ❽ 기신일은 2월 24일이다. ❾ 능호는 영릉(寧陵)이고, 효종대왕과 같은 능역에 있다.

제24항 **현종대왕**(顯宗大王) ❶ 휘호는 소휴 연경돈덕수성순문숙무경인창효(昭休衍慶敦德綏成純文肅武敬仁彰孝)이다. ❷ 원년은 경자년

(1660)이고, 15년 갑인년(1674)까지 재위하였다. 3 기신일은 8월 18일이다. 4 능호는 숭릉(崇陵)이고, 양주(楊州)에 있다.

왕후 김씨(金氏) 5 휘호는 현열희인정헌문덕 명성(顯烈禧仁貞獻文德明聖)이다. 6 청풍부원군(淸風府院君) 김우명(金佑明)의 딸이다. 7 숙종(肅宗)을 낳았다. 8 기신일은 12월 5일이다. 9 능호는 숭릉(崇陵)이고, 현종대왕과 같은 능역에 있다.

제25항 **숙종대왕**(肅宗大王) 1 휘호는 현의 광륜예성영렬유모영운홍인준덕배천합도계휴독경장문헌무경명원효(顯義光倫睿聖英烈裕謨永運洪仁峻德配天合道啓休篤慶章文憲武敬明元孝)이다. 2 원년은 을묘년(1675)이고, 46년 경자년(1720)까지 재위하였다. 3 기신일은 6월 8일이다. 4 능호는 명릉(明陵)이고, 고양(高陽)에 있다.

왕후 김씨(金氏) 5 휘호는 광렬선목혜성효장명현 인경(光烈宣穆惠聖孝莊明顯仁敬)이다. 6 광성부원군(光城府院君) 김만기(金萬基)의 딸이다. 7 기신일은 10월 26일이다. 8 능호는 익릉(翼陵)이고, 고양(高陽)에 있다.

왕후 민씨(閔氏) 9 휘호는 효경숙성장순의열정목 인현(孝敬淑聖莊純懿烈貞穆仁顯)이다. 10 여양부원군(驪陽府院君) 민유중(閔維重)의 딸이다. 11 기신일은 8월 14일이다. 12 능호는 명릉(明陵)이고, 숙종대왕과 같은 능역에 있다.

왕후 김씨(金氏) 13 휘호는 혜순자경헌열광선현익강성정덕수창영복융화휘정정의장목 인원(惠順慈敬獻烈光宣顯翼康聖貞德壽昌永福隆化徽靖定懿章穆仁元)이다. 14 경은부원군(慶恩府院君) 김주신(金柱臣)의 딸이다. 15 기신일은 3월 26일이다. 16 능호는 명릉(明陵)이고, 숙종대왕 능 오른쪽 언덕에 있다.

제26항 **경종대왕**(景宗大王) **1** 휘호는 덕문익무순인선효(德文翼武純仁宣孝)이다. **2** 옥산부대빈(玉山府大嬪) 장씨(張氏)가 낳았다. **3** 원년은 신축년(1721)이고, 4년 갑진년(1724)까지 재위하였다. **4** 기신일은 8월 25일이다. **5** 능호는 의릉(懿陵)이고, 양주(楊州)에 있다.

왕후 심씨(沈氏) **6** 휘호는 공효정목 단의(恭孝定穆端懿)이다. **7** 추봉(追封)되었다. **8** 첨정(僉正) 증(贈) 청은부원군(青恩府院君) 심호(沈浩)의 딸이다. **9** 기신일은 2월 7일이다. **10** 능호는 혜릉(惠陵)이고, 양주(楊州)에 있다.

왕후 어씨(魚氏) **11** 휘호는 경순효인혜목 선의(敬純孝仁惠穆宣懿)이다. **12** 함원부원군(咸原府院君) 어유귀(魚有龜)의 딸이다. **13** 기신일은 6월 29일이다. **14** 능호는 의릉(懿陵)이고, 경종대왕과 같은 능역에 있다.

제27항 **영종대왕**(英宗大王)[14] **1** 휘호는 지행순덕영모의열장의홍륜광인돈희체천건극성공신화대성광운개태기영요명순철건건곤녕배명수통경력홍휴익문선무희경현효(至行純德英謨毅烈章義弘倫光仁敦禧體天建極聖功神化大成廣運開泰基永堯明舜哲乾健坤寧配命垂統景曆洪休翼文宣武熙敬顯孝)이다. **2** 육상궁(毓祥宮) 숙빈(淑嬪)

14 영종대왕(英宗大王) : 1890년(고종27) 묘호 '영종(英宗)'을 '영조(英祖)'로 고쳤다.《高宗實錄 27年 1月 5日》

최씨(崔氏)가 낳았다. ❸ 원년은 을사년(1725)이고, 52년 병신년(1776)까지 재위하였다. ❹ 기신일은 3월 5일이다. ❺ 능호는 원릉(元陵)이고, 양주(楊州)에 있다.

왕후 서씨(徐氏) ❻ 휘호는 혜경장신강선공익인휘소헌단목장화정성(惠敬莊愼康宣恭翼仁徽昭獻端穆章和貞聖)이다. ❼ 군수(郡守) 증(贈) 달성부원군(達城府院君) 서종제(徐宗悌)의 딸이다. ❽ 기신일은 2월 15일이다. ❾ 능호는 홍릉(弘陵)이고, 고양(高陽)에 있다.

비전하(妃殿下) 김씨(金氏)[15] ❿ 휘호는 예순성철장희혜휘익렬명선(睿順聖哲莊僖惠徽翼烈明宣)이다. ⓫ 오흥부원군(鰲興府院君) 김한구(金漢耉)의 딸이다.

제28항 **진종대왕(眞宗大王)**[16] ❶ 휘호는 온량예명철문효장(溫良睿明哲文孝章)이다. ❷ 연호궁(延祜宮) 정빈(靖嬪) 이씨(李氏)가 낳았다. ❸ 당저(當宁 정조) 즉위년에 추숭(追崇)되었다. ❹ 기신일은 11월 16일이다. ❺ 능호는 영릉(永陵)이고, 파주(坡州)에 있다.

15 비전하(妃殿下) 김씨(金氏) : 1745(영조21)~1805(순조5). 사망한 뒤 순조 때 올린 휘호는 예순성철장희혜휘익렬명선수경광헌융인소숙정헌 정순(睿順聖哲莊僖惠徽翼烈明宣綏敬光獻隆仁昭肅靖憲貞純)이다. 능호는 원릉(元陵)이고, 영종대왕과 같은 능역에 있다.《純祖實錄 5年 6月 20日》

16 진종대왕(眞宗大王) : 1719(숙종45)~1728(영조4). 영조의 맏아들이고 처음에 시호를 효장(孝章)으로 하였다. 1776년(정조 즉위년) 3월 19일 효장세자(孝章世子)를 진종대왕으로 추숭하고 시호를 온량예명철문효장(溫良睿明哲文孝章)으로 정하였다.《正祖實錄 卽位年 3月 19日》

왕후 조씨(趙氏)[17] ❻ 휘호는 휘정현숙 효순(徽貞賢淑孝純)이다. ❼ 풍릉부원군(豐陵府院君) 조문명(趙文命)의 딸이다. ❽ 기신일은 11월 14일이다. ❾ 능호는 영릉(永陵)이고, 진종대왕과 같은 능역에 있다.

제29항 **주상전하**(主上殿下)[18] ❶ 장헌세자(莊獻世子)의 둘째 아들이며, 혜경궁(惠慶宮) 효강자희정선(孝康慈禧貞宣) 혜빈(惠嬪) 홍씨(洪氏)가 낳았다. ❷ 원년은 정유년(1777)이다.

비전하(妃殿下) **김씨**(金氏)[19] ❸ 좌참찬(左參贊) 증(贈) 청원부원군(清原府院君) 김시묵(金時默)의 딸이다.

17 왕후 조씨(趙氏) : 1715(숙종41)~1751(영조27). 처음에 시호를 효순(孝純)으로 하였으나 나중에 진종(眞宗)과 함께 추숭하여 시호를 휘정현숙 효순(徽貞賢淑孝純)으로 정하였다.《正祖實錄 卽位年 3月 19日》

18 주상전하(主上殿下) : 정조(正祖)를 가리킨다. 1752(영조28)~1800(정조24). 시호는 문성무열성인장효(文成武烈聖仁莊孝)이다. 원년은 정유년(1777)이고, 24년 경신년(1800)까지 재위하였다. 기신일은 6월 28일이다. 능호는 건릉(健陵)이고, 화성(華城)에 있다.《正祖實錄 遷陵碑文》

19 비전하(妃殿下) 김씨(金氏) : 1753(영조29)~1821(순조21). 휘호는 예경자수효의(睿敬慈粹孝懿)이다. 기신일은 3월 9일이다. 능호는 건릉(健陵)이고, 정조 능인 건릉에 부장(祔葬)하고 봉분(封墳)을 함께하였다.《正祖實錄 遷陵碑文》

제 4 조 **궁원(宮園)** 존호(尊號)·기신일(忌辰日)

제 1 항 **인빈(仁嬪) 김씨(金氏)**[20] ❶ 존호는 경혜유덕(敬惠裕德)이다. ❷ 사당은 저경궁(儲慶宮)이다. ❸ 기신일은 10월 29일이다. ❹ 원호는 순강원(順康園)이고, 양주(楊州)에 있다.

제 2 항 **숙빈(淑嬪) 최씨(崔氏)**[21] ❶ 존호는 화경휘덕안순수복(和敬徽德安純綏福)이다. ❷ 사당은 육상궁(毓祥宮)이다. ❸ 기신일은 3월 9일이다. ❹ 원호는 소령원(昭寧園)이고, 양주(楊州)에 있다.

제 3 항 **순회세자(順懷世子)** ❶ 조천(祧遷)하였다. ❷ 명종(明宗)의 첫째 아들이다. ❸ 기신일은 9월 20일이다. ❹ 묘호는 순회묘(順懷墓)[22]이고, 고양(高陽)에 있다.

공회빈(恭懷嬪) 윤씨(尹氏) ❺ 기신일은 2월 3일이다. ❻ 묘는 순회세자와 같은 묘역에 있다.

제 4 항 **소현세자(昭顯世子)** ❶ 조천(祧遷)하였다. ❷ 인조(仁祖)의 첫째 아들이다. ❸ 사당은 소현궁(昭顯宮)이다. ❹ 기신일은 4월 26일

20 인빈(仁嬪) 김씨(金氏) : 선조의 후궁이자 원종(元宗)의 사친(私親)이다.
21 숙빈(淑嬪) 최씨(崔氏) : 숙종의 후궁이자 영조의 사친(私親)이다.
22 순회묘(順懷墓) : 1870년(고종7) 열성조(列聖朝)의 세자와 세손의 묘호(墓號)를 원(園)으로 높여 '순회원(順懷園)'으로 고쳤다가 곧이어 '순창원(順昌園)'으로 고쳤다.《承政院日記 高宗 7年 12月 6日, 9日, 10日》

이다. 5 묘호는 소현묘(昭顯墓)[23]이고, 고양(高陽)에 있다.

민회빈(愍懷嬪) 강씨(姜氏) 6 기신일은 3월 15일이다. 7 묘호는 민회묘(愍懷墓)[24]이고, 금천(衿川)에 있다.

제5항 **정빈(靖嬪) 이씨(李氏)**[25] 1 시호는 온희(溫僖)이다. 2 사당은 연호궁(延祜宮)이다. 3 기신일은 11월 16일이다. 4 원호는 수길원(綏吉園)이고, 양주(楊州)에 있다.

제6항 **장헌세자(莊獻世子)** 1 존호는 사도수덕돈경홍인경지(思悼綏德敦慶弘仁景祉)이다. 2 영조의 둘째 아들이며, 영빈(暎嬪) 이씨(李氏)가 낳았다. 3 사당은 경모궁(景慕宮)이다. 4 기신일은 5월 21일이다. 5 원호는 영우원(永祐園)[26]이고, 양주(楊州)에 있다.

23 소현묘(昭顯墓) : 1870년(고종7) 열성조의 세자와 세손의 묘호(墓號)를 원(園)으로 높여 '소경원(昭慶園)'으로 고쳤다. 《承政院日記 高宗 7年 12月 6日, 9日, 10日》

24 민회묘(愍懷墓) : 1870년(고종7) 열성조의 세자와 세손의 묘호(墓號)를 원(園)으로 높여 '민회원(愍懷園)'으로 고쳤다가 곧이어 '영회원(永懷園)'으로 고쳤다. 《承政院日記 高宗 7年 12月 6日, 9日, 10日》

25 정빈(靖嬪) 이씨(李氏) : 영조의 후궁이자 진종(眞宗)의 사친(私親)이다.

26 영우원(永祐園) : 1776년(정조 즉위년) 정조는 자신의 생부인 사도세자의 존호를 '장헌(莊憲)'이라 올리면서 양주(楊州)에 있던 무덤의 봉호(封號)를 수은묘(垂恩墓)에서 '영우원'으로 고쳤다. 1789년(정조13) 무덤을 화성(華城)으로 이장한 후에는 현륭원(顯隆園)으로 이름을 바꾸었다. 1899년(고종36) 고종은 장헌세자의 묘호(廟號)를 '장종(莊宗)'으로, 능호(陵號)는 '융릉(隆陵)'으로 추숭(追崇)하였다. 《正祖實錄 卽位年 3月 20日, 13年 8月 9日》《承政院日記 高宗 36年 7月 27日》

제 7 항 **의소세손(懿昭世孫)** ❶ 장헌세자(莊獻世子)의 첫째 아들이다. ❷ 사당은 의소묘(懿昭廟)이다. ❸ 기신일은 3월 4일이다. ❹ 묘호는 의소묘(懿昭墓)[27]이고, 고양(高陽)에 있다.

제 8 항 **문효세자(文孝世子)** ❶ 당저(當宁 정조)의 첫째 아들이다. ❷ 사당은 문희묘(文禧廟)이다. ❸ 기신일은 5월 11일이다. ❹ 묘호는 효창묘(孝昌墓)[28]이고, 고양(高陽)에 있다.

27 의소묘(懿昭墓) : 1870년(고종7) 열성조의 세자와 세손의 묘호(墓號)를 원(園)으로 높여 '의소원(懿昭園)'으로 고쳤다가 곧이어 '의령원(懿寧園)'으로 고쳤다.《承政院日記 高宗 7年 12月 6日, 9日, 10日》

28 효창묘(孝昌墓) : 1870년(고종7) 열성조의 세자와 세손의 묘호(墓號)를 원(園)으로 높여 '효창원(孝昌園)'으로 고쳤다.《承政院日記 高宗 7年 12月 6日, 9日, 10日》

제 5 조 단묘(壇廟)[29]

제 1 항 사직단(社稷壇) ❶ 도성 안 서쪽에 있다. ❷ 사단(社壇)은 동쪽에 있고 직단(稷壇)은 서쪽에 있다. ❸ 국사(國社)에는 –❶ 토신(土神)이다. – 후토씨(后土氏)를 배향(配享)하고 국직(國稷)에는 –❷ 곡신(穀神)이다. – 후직씨(后稷氏)를 배향한다. ❹ 주(州)와 현(縣)은 하나의 단(壇)에 함께하여 단지 사직단(社稷壇)이라고 부르고 배위(配位)가 없다.

제 2 항 풍운뇌우단(風雲雷雨壇) ❶ 남교(南郊)에 있다. ❷ 산천단(山川壇)과 성황단(城隍壇)에도 제사 지낸다. ❸ 풍운뇌우단이 중앙에 있고 산천단이 왼쪽에, 성황단이 오른쪽에 있다.

제 3 항 선농단(先農壇) ❶ 동교(東郊)에 있다. ❷ 제신농씨(帝神農氏)를 제향하고, 후직씨(后稷氏)를 배향(配享)한다.

제 4 항 선잠단(先蠶壇) ❶ 동교(東郊)에 있다. ❷ 서릉씨(西陵氏)를 제향한다.

제 5 항 우단(雩壇) ❶ 남교(南郊)에 있다. ❷ 구망씨(句芒氏), 축융씨(祝融氏), 후토씨(后土氏), 욕수씨(蓐收氏), 현명씨(玄冥氏), 후직씨(后

29 단묘(壇廟) : 단이나 묘 등에 제사 지내는 시기는 《전율통보》 〈예전 제례(祭禮)〉 3항에 보인다.

稷氏)를 제향한다.

제 6 항 **악해독(嶽海瀆)** 〈오례〉 ❶ 악(嶽)은 남쪽에는 지리산(智異山) – 1 남원(南原)에 있다. – 이며, 중앙에는 삼각산(三角山) – 2 도성 북쪽에 있다. – 이며, 서쪽에는 송악산(松嶽山) – 3 송도(松都)에 있다. – 이며, 북쪽에는 백두산(白頭山) – 4 갑산(甲山)에 있다. – 과 비백산(鼻白山) – 5 정평(定平)에 있다. – 이다. 〈오례〉 〈보〉 ❷ 해(海)는 동해(東海) – 6 양양(襄陽)에 있다. –, 남해(南海) – 7 나주(羅州)에 있다. –, 서해(西海) – 8 풍천(豐川)에 있다. – 이다. ❸ 독(瀆)은 남쪽에는 웅진(熊津) – 9 공주(公州)에 있다. – 과 가야진(伽倻津) – 10 양산(梁山)에 있다. – 이며, 중앙에는 한강(漢江) – 11 도성 남쪽에 있다. – 인데 단(壇)이 있으며, 서쪽에는 덕진(德津)· – 12 장단(長湍)에 있다. – 평양강(平壤江)· – 13 평양(平壤)에 있다. – 압록강(鴨綠江) – 14 의주(義州)에 있다. – 이며, 북쪽에는 두만강(豆滿江) – 15 경원(慶原)에 있다. – 이다. ❹ 삼각산의 신위(神位)를 백악산(白嶽山)에 가지고 와서 제사 지냈는데, 삼각산의 신위는 북쪽에 있고 백악산의 신위는 동쪽에 있다. ❺ 기우제(祈雨祭) 때는 북교(北郊)에 나아가서 악(嶽)·해(海)·독(瀆) 및 여러 산천의 신위를 설치하여 각각 그 방위에 제사 지낸다.

제 7 항 **명산대천(名山大川)** ❶ 명산(名山)은 동쪽에는 치악산(雉嶽山) – 1 원주(原州)에 있다. – 이며, 남쪽에는 계룡산(鷄龍山)· – 2 공주(公州)에 있다. – 죽령산(竹嶺山)· – 3 단양(丹陽)에 있다. – 우불산(于弗山)· – 4 울산(蔚山)에 있다. – 주흘산(主屹山)· – 5 문경(聞慶)에

있다. – 금성산(錦城山) – 6 나주(羅州)에 있다. – 이며, 중앙에는 목멱산(木覓山) – 7 도성 안에 있다. – 이며, 서쪽에는 오관산(五冠山) – 8 장단(長湍)에 있다. – 과 우이산(牛耳山) – 9 해주(海州)에 있다. – 이며, 북쪽에는 감악산(紺嶽山) – 10 적성(積城)에 있다. – 과 의관령(義關嶺) – 11 회양(淮陽)에 있다. – 이다.〈오례〉 **2** 대천(大川)은 남쪽에는 양진명소(楊津溟所) – 12 충주(忠州)에 있다. – 와 양진(楊津) – 13 양주(楊州)에 있다. – 이며, 서쪽에는 장산곶(長山串)· – 14 장연(長淵)에 있다. – 아사진송곶(阿斯津松串)· – 15 장련(長連)에 있다. – 청천강(淸川江)· – 16 안주(安州)에 있다. – 구진익수(九津溺水) – 17 평양(平壤)에 있다. – 이며, 북쪽에는 덕진명소(德津溟所) – 18 회양(淮陽)에 있다. – 와 비류수(沸流水) – 19 영흥(永興)에 있다. – 이다.〈오례〉〈보〉 **3** 기우제(祈雨祭)를 지낼 경우는 앞의 '악해독(嶽海瀆)' 항[30]에 보인다.〈보〉

제8항 **사한단(司寒壇)** **1** 남교(南郊)에 있다. **2** 현명씨(玄冥氏)를 제향한다.〈오례〉

제9항 **영(禜)** **1** 사방 산천(山川)에 제사 지낸다. **2** 도성의 네 문에 나아가 문 위에서 설행한다. 주현(州縣)은 성문(城門)에서 설행한다.〈오례〉〈증〉〈보〉

제10항 **여단(厲壇)** **1** 북교(北郊)에 있다. **2** 제사 지내 줄 사람이 없는

30 악해독(嶽海瀆) 항 : 본조 6항 참조.

귀신을 모시는 단이다. ❸ 전쟁을 만나 죽은 사람, 홍수·화재·도적을 만나 죽은 사람, 재물을 빼앗으려는 사람에게 핍박을 받아 죽은 사람, 아내나 첩을 강탈하려는 자에게 죽임을 당한 사람, 형화(刑禍)를 만나 억울하게 죽은 사람, 천재(天災)나 전염병 때문에 죽은 사람 등의 신위는 왼쪽에 두며, 맹수나 독충에게 물려 죽은 사람, 얼거나 굶주려 죽은 사람, 전투하다가 죽은 사람, 위급한 상황에 놓여 스스로 목을 매어 죽은 사람, 담이나 집에 압사당한 사람, 난산(難産)으로 죽은 사람, 벼락을 맞아 죽은 사람, 높은 곳에서 떨어져 죽은 사람, 죽은 뒤 후손이 없는 사람 등의 신위는 오른쪽에 둔다. ❹ 성황(城隍)의 신위는 단(壇) 위에 두며, 제사 지내 줄 사람이 없는 귀신의 신위는 단 아래 좌우에 둔다.〈오례〉 ❺ 별기제(別祈祭)를 지낼 때는 동교·서교·남교·북교 네 곳에서 제사 지낸다.〈보〉

제11항 포(酺) ❶ 인물(人物)에 재해를 끼치는 신에게 제사 지낸다.〈오례〉 황명(蝗螟)의 피해가 있으면 마보단(馬步壇) –❶ 동교(東郊)에 있다. –에 나아가 설행한다. 외읍(外邑)에 3, 4읍 이상 황명의 피해가 있으면 피해를 입은 읍 가운데 중앙이 되는 읍에서 설행한다.〈오례〉〈증〉

제12항 둑묘(纛廟) ❶ 도성 안에 있다. ❷ 둑신(纛神)에게 제사 지낸다.〈오례〉

제13항 대보단(大報壇) ❶ 도성 안에 있다. ❷ 황명(皇明) 태조 개천행도

조기입극대성지신인문의무준덕성공 고황제(太祖開天行道肇紀立極大聖至神仁文義武俊德成功高皇帝), 신종 범천합도철숙돈간광문장무안인지효 현황제(神宗範天合道哲肅敦簡光文章武安仁止孝顯皇帝), 의종 소천역도강명각검규문분무돈인무효 열황제(毅宗紹天繹道剛明恪儉揆文奮武敦仁懋孝烈皇帝)를 받들어 모신다. ❸ 각 실(室)에 배향(配享)한 공신은 다음과 같다. 태조실(太祖室)에는 봉천개국추성선력무신 위국공(奉天開國推誠宣力武臣魏國公) 추봉(追封) 중산(中山) 무령왕(武寧王) 서달(徐達)을 배향하였다. ❹ 신종실(神宗室)에는 태자태보(太子太保) 증(贈) 소보 영원백(少保寧遠伯) 충렬공(忠烈公) 이여송(李如松)을 배향하였다. ❺ 의종실(毅宗室)에는 공부상서 겸 동각태학사(工部尚書兼東閣太學士) 증(贈) 태부(太傅) 문정공(文貞公) 범경문(范景文)을 배향하였다.〈보〉

제14항 **종묘(宗廟)** ❶ 도성 안 동쪽에 있다.〈오례〉 ❷ 태조(太祖), 태종(太宗), 세종(世宗), – ❶ 세실(世室)에 있다. – 세조(世祖), – ❷ 세실에 있다. – 성종(成宗), – ❸ 세실에 있다. – 중종(中宗), – ❹ 세실에 있다. – 선조(宣祖), – ❺ 세실에 있다. – 인조(仁祖), – ❻ 세실에 있다. – 효종(孝宗), – ❼ 세실에 있다. – 현종(顯宗), – ❽ 세실에 있다. – 숙종(肅宗), – ❾ 세실에 있다. – 경종(景宗), 영종(英宗), – ❿ 세실에 있다. – 진종(眞宗)의 신주를 봉안하였다.〈속례〉〈보〉 ❸ 묘정(廟庭)의 동쪽과 서쪽에 사당이 있다. 서쪽에는 칠사(七祀)인 사명(司命)·국문(國門)·사호(司戶)·사조(司竈)·중류(中霤)·공려

(公厲)·국행(國行)의 신(神)[31]을 모신 사당이 있으며, 동쪽에는 배향(配享)하는 공신을 모신 사당이 있다.〈오례〉 **4** 각 실(室)에 배향한 공신은 다음과 같다. 태조실(太祖室)에는 문충공(文忠公) 조준(趙浚), 의안대군(義安大君) 이화(李和), 충경공(忠景公) 남재(南在), 경무공(景武公) 이제(李濟), 양렬공(襄烈公) 이지란(李之蘭), 강무공(剛武公) 남은(南誾), 충정공(忠靖公) 조인옥(趙仁沃)을 배향하였다. **5** 태종실(太宗室)에는 문충공(文忠公) 하륜(河崙), 충무공(忠武公) 조영무(趙英茂), 익경공(翼景公) 정탁(鄭擢), 양도공(襄度公) 이천우(李天祐), 경절공(景節公) 이래(李來)를 배향하였다. **6** 세종실(世宗室)에는 익성공(翼成公) 황희(黃喜), 정렬공(貞烈公) 최윤덕(崔潤德), 문경공(文景公) 허조(許稠), 문희공(文僖公) 신개(申槩), 문정공(文靖公) 이수(李隨)를 배향하였다. **7** 세조실(世祖室)에는 익평공(翼平公) 권람(權擥), 양절공(襄節公) 한확(韓確), 충성공(忠成公) 한명회(韓明澮)를 배향하였다. **8** 성종실(成宗室)에는 문충공(文忠公) 신숙주(申叔舟), 충정공(忠貞公) 정창손(鄭昌孫), 충정공(忠貞公) 홍응(洪應)을 배향하였다. **9** 중종실(中宗室)에는 무열공(武烈公) 박원종(朴元宗), 충

31 칠사(七祀)인……신(神) : 칠사는 봄에 사명(司命)과 호(戶), 여름에 조(竈), 가을에 문(門)과 여(厲), 겨울에 행(行), 계하(季夏)와 토왕일(土旺日)에 중류(中霤)에 지내는 일곱 가지 제사 의식이다. 사명의 신은 궁중(宮中)의 소신(少神)으로 삼명(三命)을 독찰(督察)한다. 사호의 신은 출입을 주관하고, 사조의 신은 음식에 관한 일을 주관하고, 중류의 신은 당(堂)과 실(室)의 거처를 주관하고, 국문의 신은 출입을 주관한다. 공려의 신은 옛날 제후로 후손이 없는 자이다. 국행의 신은 도로의 작행(作行)을 주관한다.《宗廟儀軌 4冊 七祀》

정공(忠定公) 성희안(成希顔), 문성공(文成公) 유순정(柳順汀), 문익공(文翼公) 정광필(鄭光弼)을 배향하였다. ⑩ 선조실(宣祖室)에는 충정공(忠正公) 이준경(李浚慶), 문순공(文純公) 이황(李滉)을 배향하였다. ⑪ 인조실(仁祖室)에는 문충공(文忠公) 이원익(李元翼), 문정공(文貞公) 신흠(申欽), 문충공(文忠公) 김류(金瑬), 충정공(忠定公) 이귀(李貴), 충익공(忠翼公) 신경진(申景禛), 충정공(忠定公) 이서(李曙)를 배향하였다. ⑫ 효종실(孝宗室)에는 문정공(文正公) 김상헌(金尙憲), 문경공(文敬公) 김집(金集), 문정공(文正公) 송시열(宋時烈)을 배향하였다. ⑬ 현종실(顯宗室)에는 익헌공(翼憲公) 정태화(鄭太和), 충숙공(忠肅公) 김좌명(金佐明)을 배향하였다. ⑭ 숙종실(肅宗室)에는 문충공(文忠公) 남구만(南九萬), 문순공(文純公) 박세채(朴世采), 충정공(忠正公) 윤지완(尹趾完), 문정공(文貞公) 최석정(崔錫鼎)을 배향하였다. ⑮ 경종실(景宗室)에는 혜정공(惠定公) 이유(李濡), 충문공(忠文公) 민진후(閔鎭厚)를 배향하였다. ⑯ 영종실(英宗室)에는 충헌공(忠獻公) 김창집(金昌集), 충정공(忠貞公) 최규서(崔奎瑞), 문충공(文忠公) 민진원(閔鎭遠), 문충공(文忠公) 조문명(趙文命), 충정공(忠靖公) 김재로(金在魯)를 배향하였다.〈보〉

제15항 **영녕전**(永寧殿) ① 종묘의 서쪽에 있다.〈오례〉 ② 태실(太室)에는 목조(穆祖), 익조(翼祖), 도조(度祖), 환조(桓祖)의 신주를 봉안하였으며, 서협실(西夾室)에는 정종(定宗), 문종(文宗), 단종(端宗), 덕종(德宗)의 신주를 봉안하였으며, 동협실(東夾室)에는 예종(睿宗), 인종(仁宗), 명종(明宗), 원종(元宗)의 신주를 봉안하였

다.〈오례〉〈속례〉

제16항 **조경묘(肇慶廟)** ■1 전주(全州)에 있다. 시조(始祖) 선공(先公)의 위판(位版)을 봉안하였다.〈보〉

제17항 **진전(眞殿)**〈오례〉 ■1 영희전(永禧殿)은 도성 안에 있다. 태조(太祖), 세조(世祖), 원종(元宗), 숙종(肅宗), 영종(英宗)의 어진을 봉안하였다.〈속례〉〈보〉 –1 세조의 어진은 2본(本)이다.〈보〉 – ■2 준원전(濬源殿)은 영흥(永興)에 있고 경기전(慶基殿)은 전주(全州)에 있다. 태조의 어진을 봉안하였다.〈오례〉 ■3 장녕전(長寧殿)은 강화(江華)에 있다. 숙종과 영종의 어진을 봉안하였다.〈속례〉〈보〉 ■4 선원전(璿源殿)은 창덕궁(昌德宮)에 있는데 숙종의 어진 2본과 영종의 어진 4본을 봉안하였다. 장보각(藏譜閣)은 창의궁(彰義宮)에 있는데 영종의 어진 2본을 봉안하였다. 육상궁(毓祥宮)에는 영종의 어진 3본을 봉안하였다.〈보〉

제18항 **문선왕묘(文宣王廟)** ■1 도성 안에 있다. ■2 대성전(大成殿)에 선성(先聖)인 대성지성문선왕(大成至聖文宣王)의 신위를 봉안하였다.〈오례〉 ■3 배향(配享)은 다음과 같다. 선사(先師)인 연국복성공(兗國復聖公) –1 안자(顔子)이다. –과 기국술성공(沂國述聖公) –2 자사(子思)이다. –은 정위(正位)의 동남쪽에 모시되 서향(西向)으로 하며, 성국종성공(郕國宗聖公) –3 증자(曾子)이다. –과 추국아성공(鄒國亞聖公) –4 맹자(孟子)이다. –은 정위의 서남쪽에 모시되 동향(東向)으로 한다. 모두 북쪽이 상석이다.〈오례〉

〈보〉 **4** 대성전 내의 종향(從享)은 다음과 같다. 비공(費公) 민손(閔損 자건(子騫)), 설공(薛公) 염옹(冉雍 중궁(仲弓)), 여공(黎公) 단목사(端木賜 자공(子貢)), 위공(衛公) 중유(仲由 자로(子路)), 위공(魏公) 복상(卜商 자하(子夏)), 도국공(道國公) 주돈이(周敦頤 무숙(茂叔)), 낙국공(洛國公) 정이(程頤 정숙(正叔)), 미백(郿伯) 장재(張載 자후(子厚))는 동벽(東壁)에 모시되 서향(西向)으로 하며, 운공(鄆公) 염경(冉耕 백우(伯牛)), 제공(齊公) 재여(宰予 자아(子我)), 서공(徐公) 염구(冉求 자유(子有)), 오공(吳公) 언언(言偃 자유(子游)), 영천후(潁川侯) 전손사(顓孫師 자장(子張)), 예국공(豫國公) 정호(程顥 백순(伯淳)), 신안백(新安伯) 소옹(邵雍 요부(堯夫)), 휘국공(徽國公) 주희(朱熹 중회(仲晦))는 서벽(西壁)에 모시되 동향(東向)으로 한다. 모두 북쪽이 상석이다. **5** 양무(兩廡 동무(東廡)와 서무(西廡))의 종향(從享)은 다음과 같다. 금향후(金鄕侯) 담대멸명(澹臺滅明 자우(子羽)), 임성후(任城侯) 원헌(原憲), 여양후(汝陽侯) 남궁괄(南宮适), 수창후(須昌侯) 상구(商瞿 자목(子木)), 평여후(平輿侯) 칠조개(漆雕開 자약(子若)), 익도후(益都侯) 번수(樊須 자지(子遲)), 거야후(鉅野侯) 공서적(公西赤 자화(子華)), 천승후(千乘侯) 양전(梁鱣 숙어(叔魚)), 임기후(臨沂侯) 염유(冉孺 자로(子魯)), 목양후(沐陽侯) 백건(伯虔 자탁(子柝)), 제성후(諸城侯) 염계(冉季 자산(子産)), 복양후(濮陽侯) 칠조치(漆雕哆 자렴(子斂)), 고완후(高宛侯) 칠조도부(漆雕徒父 자교(子交)), 추평후(鄒平侯) 상택(商澤 자수(子秀)), 당양후(當陽侯) 임부제(任不齊 자선(子選)), 모평후(牟平侯) 공량유(公良孺 자정(子正)), 신식후(新息侯) 진염(秦冉 자개(子開)), 양보후(梁父侯) 공견정(公肩定 자중(子中)), 요성후

(聊城侯) 교단(鄡單 자우(子宇)), 기향후(祁鄕侯) 한보흑(罕父黑 자소(子素)), 즉묵후(卽墨侯) 공조구자(公祖句茲), 무성후(武城侯) 현성(縣成 자횡(子橫)), 견원후(汧源侯) 연급(燕伋 자사(子思)), 완구후(宛句侯) 안지복(顔之僕 자숙(子叔)), 건성후(建成侯) 악해(樂欬 자성(子聲)), 당읍후(堂邑侯) 안하(顔何), 임려후(林慮侯) 적흑(狄黑), 운성후(鄆城侯) 공충(孔忠 자무(子茂)), 서성후(徐城侯) 공서점(公西蒧 자상(子尙)), 임복후(臨濮侯) 시지상(施之常 자항(子恒)), 화정후(華亭侯) 진비(秦非 자지(子之)), 문등후(文登侯) 신장(申棖 자속(子續)), 제음후(濟陰侯) 안쾌(顔噲 자성(子聲)), 중도백(中都伯) 좌구명(左丘明), 수양백(睢陽伯) 곡량적(穀梁赤), 내무백(萊蕪伯) 고당생(高堂生), 낙수백(樂壽伯) 모장(毛萇), 팽성백(彭城伯) 유향(劉向), 중모백(中牟伯) 정중(鄭衆 중사(仲師)), 양향백(良鄕伯) 노식(盧植 자간(子幹)), 영양백(滎陽伯) 복건(服虔 자신(子愼)), 창려백(昌黎伯) 한유(韓愈), 장락백(將樂伯) 양시(楊時), 건녕백(建寧伯) 호안국(胡安國), 화양백(華陽伯) 장식(張栻 경부(敬夫)), 문숙공(文肅公) 황간(黃榦), 포성백(浦城伯) 진덕수(眞德秀), 홍유후(弘儒侯) 설총(薛聰), 문성공(文成公) 안유(安裕), 문경공(文敬公) 김굉필(金宏弼), 문정공(文正公) 조광조(趙光祖), 문순공(文純公) 이황(李滉), 문간공(文簡公) 성혼(成渾), 문정공(文正公) 송시열(宋時烈), 문순공(文純公) 박세채(朴世采) 이상은 동무(東廡)에 모시되 서향(西向)으로 한다. 선보후(單父侯) 복부제(宓不齊 자천(子賤)), 고밀후(高密侯) 공야장(公冶長 자장(子長)), 북해후(北海侯) 공석애(公晳哀 계침(季沈)), 공성후(共城侯) 고시(高柴 자고(子羔)), 수양후(睢陽侯) 사마경(司馬耕 자우(子牛)), 평

음후(平陰侯) 유약(有若 자약(子若)), 동아후(東阿侯) 무마시(巫馬施 자기(子期)), 양곡후(陽穀侯) 안신(顔辛 자류(子柳)), 상채후(上蔡侯) 조휼(曹䘏 자순(子循)), 지강후(枝江侯) 공손룡(公孫龍 자석(子石)), 풍익후(馮翊侯) 진상(秦商 자남(子南)), 뇌택후(雷澤侯) 안고(顔高 자교(子驕)), 상규후(上邽侯) 양사적(壤駟赤 자도(子徒)), 성기후(成紀侯) 석작촉(石作蜀 자명(子明)), 거평후(鉅平侯) 공하수(公夏首 자승(子乘)), 교동후(膠東侯) 후처(后處 자지(子之)), 제양후(濟陽侯) 해용점(奚容蒧 자철(子哲)), 부평후(富平侯) 안조(顔祖 양(襄)), 부양후(滏陽侯) 구정강(句井疆), 견성후(甄城侯) 진조(秦祖 자비(子丕)), 염차후(厭次侯) 영기(榮旂 자기(子旗)), 남화후(南華侯) 좌인영(左人郢 행인(行人)), 구산후(朐山侯) 정국(鄭國 자도(子徒)), 낙평후(樂平侯) 원항(原亢 자적(子籍)), 조성후(胙城侯) 염결(廉潔 용(庸)), 박평후(博平侯) 숙중회(叔仲會 자기(子期)), 고당후(高堂侯) 규손(邽巽 자흠(子欽)), 임구후(臨朐侯) 공서여여(公西輿如), 내황후(內黃侯) 거원(蘧瑗 백옥(伯玉)), 장산후(長山侯) 임방(林放 자선(子仙)), 남돈후(南頓侯) 진항(陳亢 자금(子禽)), 양평후(陽平侯) 금장(琴張 자개(子開)), 박창후(博昌侯) 보숙승(步叔乘 자거(子車)), 임치백(臨淄伯) 공양고(公羊高), 승씨백(乘氏伯) 복승(伏勝), 고성백(考城伯) 대성(戴聖), 광천백(廣川伯) 동중서(董仲舒), 곡부백(曲阜伯) 공안국(孔安國), 구씨백(緱氏伯) 두자춘(杜子春), 고밀백(高密伯) 정현(鄭玄 강성(康成)), 신야백(新野伯) 범녕(范甯), 온국공(溫國公) 사마광(司馬光), 문질공(文質公) 나종언(羅從彦), 문정공(文靖公) 이동(李侗), 개봉백(開封伯) 여조겸(呂祖謙), 숭안백(崇安伯) 채침(蔡沈), 위국공(魏國公) 허형(許

衡), 문창후(文昌侯) 최치원(崔致遠), 문충공(文忠公) 정몽주(鄭夢周), 문헌공(文獻公) 정여창(鄭汝昌), 문원공(文元公) 이언적(李彦迪), 문성공(文成公) 이이(李珥), 문원공(文元公) 김장생(金長生), 문정공(文正公) 송준길(宋浚吉) 이상은 서무(西廡)에 모시되 동향(東向)으로 한다. 모두 북쪽이 상석이다.〈오례〉〈속례〉〈보〉

제19항 **역대시조묘(歷代始祖廟)**[32] 〈오례〉 ❶ 숭령전(崇靈殿)은 평양(平壤)에 있다. 전조선(前朝鮮)의 단군(檀君)을 모시고 고구려 시조 동명왕(東明王)을 함께 모셨다.〈오례〉〈증〉 ❷ 숭인전(崇仁殿)은 평양에 있다. 후조선(後朝鮮)의 기자(箕子)를 모셨다.〈오례〉〈속〉 ❸ 숭덕전(崇德殿)은 경주(慶州)에 있다. 신라의 시조왕(始祖王)을 모시고 경순왕(敬順王)을 합사(合祀)하였다.〈오례〉〈증〉〈보〉 ❹ 온조묘(溫祚廟)는 광주(廣州)에 있다. 백제의 시조왕을 모셨다. 〈오례〉〈보〉 ❺ 숭의전(崇義殿)은 마전(麻田)에 있다. 고려 태조왕(太祖王)을 모시고 현종왕(顯宗王), 문종왕(文宗王), 원종왕(元宗王)을 합사하였다.〈오례〉〈경〉〈보〉

제20항 **계성사(啓聖祠)** ❶ 문묘의 북쪽에 있다. ❷ 제국공(齊國公) 공씨(孔氏) –❶ 숙량 흘(叔梁紇)[33]이다. –를 모셨다.〈속례〉 ❸ 종향(從享)은 다음과 같다. 곡부후(曲阜侯) 안씨 무유(顔氏無繇)[34]와 사수

32 역대시조묘(歷代始祖廟) : 《전율통보》〈이전 경관직(京官職)〉 72항 참조.

33 숙량 흘(叔梁紇) : 공자의 아버지로, 숙량은 자(字)이고 흘은 이름이다.

34 안씨 무유(顔氏無繇) : 안회(顔回)의 아버지로, 무유는 이름이다.

후(泗水侯) 공씨 리(孔氏鯉)[35]는 동쪽에 모시되 서향(西向)으로 하며, 업무후(業蕪侯) 증씨 점(曾氏點)과 주국공(邾國公) 맹씨(孟氏) – ❷ 격 공의(激公宜)[36]이다. –는 서쪽에 모시되 동향(東向)으로 한다. 〈속례〉〈보〉

제21항 **숭절사(崇節祠)** ❶ 일명 사현사(四賢祠)이다. 문묘의 동쪽에 있다. ❷ 서진(西晉)의 태학생(太學生) 동공 양(董公養), 대당(大唐)의 태학생 하공 번(何公蕃), 대송(大宋)의 태학생 진공 동(陳公東), 대송(大宋)의 태학생 구양공 철(歐陽公澈)을 모셨다.〈보〉

제22항 **관왕묘(關王廟)** ❶ 하나는 도성 동문 밖에 있고 하나는 남문 밖에 있다. ❷ 관무안왕(關武安王 관우(關羽))을 모셨다.

제23항 **선무사(宣武祠)[37]** ❶ 도성 안에 있다. ❷ 흠차총독계요보정등처군무겸리양향 경략어왜 태자태보 병부상서 겸도찰원우부도어사(欽差總督薊遼保定等處軍務兼理糧餉經略禦倭太子太保兵部尙書兼都察院右副都御史) 형공 개(邢公玠)와 흠차순무요동지방찬리군무 겸 관비왜 도찰원우부도어사(欽差巡撫遼東地方贊理軍務兼管備倭都察院右副都御史) 양공 호(楊公鎬)를 향사(享祀)한다.〈속례〉

35 공씨 리(孔氏鯉) : 자사(子思)의 아버지로, 리는 이름이다.

36 격 공의(激公宜) : 맹자의 아버지로, 격은 이름이고 공의는 자(字)이다.

37 선무사(宣撫使) : 《전율통보》〈예전 제례(祭禮)〉 3항 참조.

제6조 제찬도설(祭饌圖說)

❶ 모든 제사의 찬도(饌圖)는 《국조오례의》에 갖추어져 있다. 여기서는 종묘의 가장 성대한 예식만을 기재하고, 아래에 《국조오례의》의 도설(圖說)을 채록하여 다른 예를 보였다.

❷ 찬품(饌品)의 배열은 현행의 예식이 《국조오례의》와 같지 않은 경우가 있는데, 여기서는 현행의 제도를 따른다.

제 1 항 종묘시향찬품도(宗廟時享饌品圖)

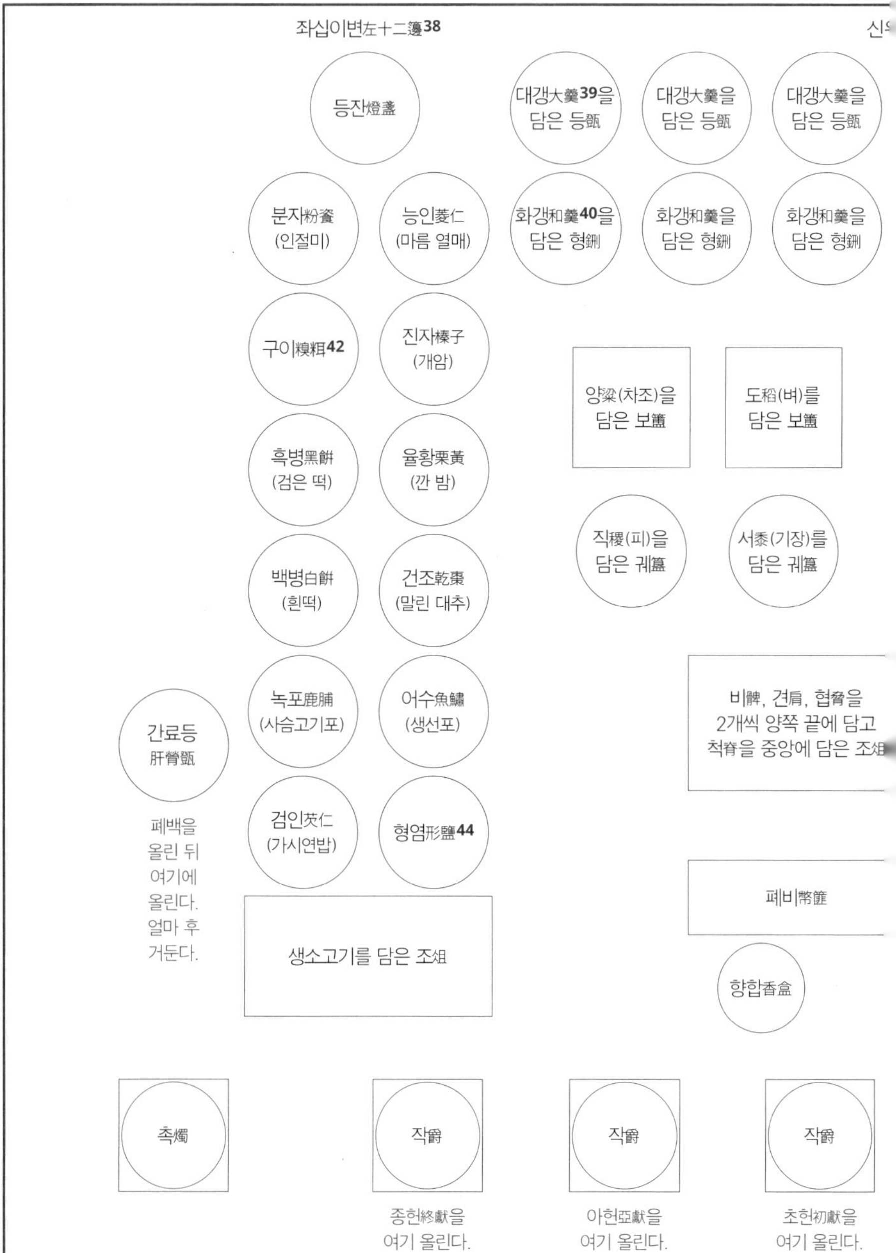

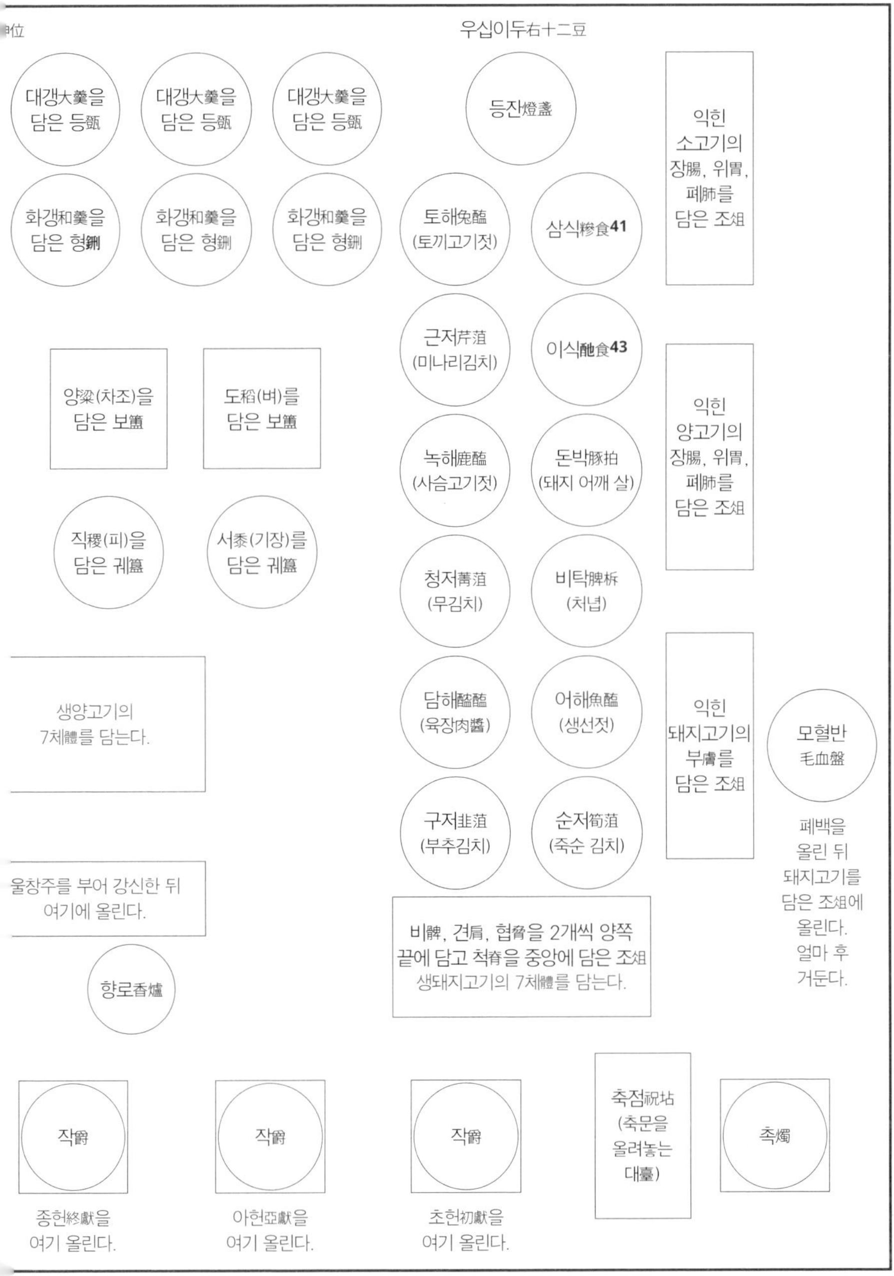
位
우십이두右十二豆
대갱大羹을 담은 등甑
대갱大羹을 담은 등甑
대갱大羹을 담은 등甑
등잔燈盞
익힌 소고기의 장腸, 위胃, 폐肺를 담은 조俎
화갱和羹을 담은 형鉶
화갱和羹을 담은 형鉶
화갱和羹을 담은 형鉶
토해兔醢 (토끼고기젓)
삼식糝食41
근저芹菹 (미나리김치)
이식酏食43
양粱(차조)을 담은 보簠
도稻(벼)를 담은 보簠
익힌 양고기의 장腸, 위胃, 폐肺를 담은 조俎
녹해鹿醢 (사슴고기젓)
돈박豚拍 (돼지 어깨 살)
직稷(피)을 담은 궤簋
서黍(기장)를 담은 궤簋
청저菁菹 (무김치)
비탁脾析 (처녑)
생양고기의 7체體를 담는다.
담해醓醢 (육장肉醬)
어해魚醢 (생선젓)
익힌 돼지고기의 부膚를 담은 조俎
모혈반 毛血盤
구저韭菹 (부추김치)
순저筍菹 (죽순 김치)
폐백을 올린 뒤 돼지고기를 담은 조俎에 올린다. 얼마 후 거둔다.
울창주를 부어 강신한 뒤 여기에 올린다.
비髀, 견肩, 협脅을 2개씩 양쪽 끝에 담고 척脊을 중앙에 담은 조俎
생돼지고기의 7체體를 담는다.
향로香爐
작爵
작爵
작爵
축점祝坫 (축문을 올려놓는 대臺)
촉燭
종헌終獻을 여기 올린다.
아헌亞獻을 여기 올린다.
초헌初獻을 여기 올린다.

38 좌십이변(左十二籩) : 제상 왼쪽에 차리는 12종류의 음식을 말한다. 변(籩)은 제기(祭器)의 하나로 대나무로 만들며, 주로 마른 음식을 담는다.

39 대갱(大羹) : 간을 하지 않은 고기 국물을 말한다.

40 화갱(和羹) : 양념과 간을 한 국을 말한다.

41 삼식(糝食) : 소고기, 양고기, 돼지고기를 쌀과 섞어 떡을 만들어서 지진 것이다.《星湖僿說 卷21 祭物》

42 구이(糗餌) : 떡의 일종으로, 쌀을 갈아 가루로 만든 다음에 반죽하여 익힌 것을 말한다.《星湖僿說 卷21 祭物》

43 이식(酏食) : 정사농(鄭司農)은 술로 만든 떡으로 지금의 기교병(起膠餠)과 같다고 하였고, 정현(鄭玄)은 낭촉고(狼臅膏)를 잘게 썰어 쌀과 섞어 묽게 끓인 죽이라고 하였다.《星湖僿說 卷21 祭物》

44 형염(形鹽) : 소금이 뭉쳐서 호랑이처럼 생긴 것이라고도 하고, 염지(鹽地)에서 저절로 형성된 덩어리로 된 소금을 후에 사람들이 호랑이 모양으로 조각한 것이라고도 한다.《星湖僿說 卷21 祭物》

제2항 변(籩)과 두(豆)가 각각 12개인 경우 ❶ 그림에 보인다.

변과 두가 각각 10개인 경우 ❷ 변에서는 구이(糗粈)와 분자(粉餈)를 빼고, 두에서는 이식(酏食)과 삼식(糝食)을 뺀다.

변과 두가 각각 8개인 경우 ❸ 변에서 또 백병(白餠)과 흑병(黑餠)을 빼고, 두에서 또 비탁(脾析)과 돈박(豚拍)을 뺀다.

변과 두가 각각 4개인 경우 ❹ 변은 형염(形鹽)·건조(乾棗)·율황(栗黃)·녹포(鹿脯)이고, 두는 청저(菁菹)·녹해(鹿醢)·근저(芹菹)·어해(魚醢)이다.

변과 두가 각각 2개인 경우 ❺ 변은 율황·녹포이고, 두는 청저·녹해이다.

변과 두가 각각 1개인 경우 ❻ 변은 녹포이고, 두는 녹해이다.

보(簠)와 궤(簋)가 각각 2개인 경우 ❼ 그림에 보인다.

보와 궤가 각각 1개인 경우 ❽ 보에서는 양(粱)을 빼고, 궤에서는 직(稷)을 뺀다.

조(俎)가 3개인 경우 ❾ 소고기, 양고기, 돼지고기이다. 그림에 보인다. ❿ 조에는 모두 생갑(牲匣)이 있다.

조가 2개인 경우 ⓫ 양고기와 돼지고기이다.

조가 1개인 경우 ⓬ 돼지고기이다.

두(豆) 오른쪽의 조 ⓭ 그림에 보인다.

이(彝)는 1쌍이다. ⓮ 그림에 보인다.〈오례〉 ⓯ 대사(大祀)와 궁묘(宮廟)에는 있고, 사직(社稷)에만 없다.〈보〉

준(尊)이 2쌍인 경우 ⓰ 그림에 보인다. ⓱ 준의 이름은 다섯 가지이니, 대준(大尊), 희준(犧尊), 상준(象尊), 착준(著尊), 호준(壺尊)이다.

준이 1쌍인 경우 18 예제(醴齊) 혹은 범제(泛齊)를 담는다.[45]

뇌(罍)는 1쌍이다. 19 그림에 보인다.

준에는 제(齊)를 담고, 뇌에는 주(酒)를 담는다.〈오례〉 20 혹은 준에 담기도 하지만, 준 또한 일정하지 않다.〈보〉

제(齊)에는 모두 명수(明水)를 더하고 주(酒)에는 모두 현주(玄酒)를 더하는데, 21 진전(眞殿), 능(陵), 원(園), 묘(墓), 문묘(文廟)의 작헌례(酌獻禮)와 여제(厲祭)의 경우이다.〈오례〉〈속례〉〈보〉 −1 여(厲)는 제사 지내 줄 사람이 없는 귀신이다.〈오례〉− 주현(州縣)의 포제(酺祭)와 선무사(宣武祀)의 경우에는 없다.〈오례〉〈속례〉

준(尊)마다 상준(上尊)에 배설한다.

제3항 **생뢰(牲牢)의 경우 대사(大祀)에는 대뢰(大牢)를 쓰고,** 1 대뢰는 소, 양, 돼지이다. **중사(中祀)에는 소뢰(少牢)를 쓰고,** 2 소뢰는 양, 돼지이다.〈오례〉 3 경모궁(景慕宮)도 같다. 대사를 섭사(攝事)할 경우는 소로 돼지를 대신한다. 선농단(先農壇)과 문묘(文廟)에는 소를 더한다.〈오례〉〈보〉 −1 배위(配位)에는 양을 쓰지 않는다.− 선농단을 섭사할 경우는 그렇게 하지 않는다. 문묘를 섭사할 경우는 붉은색의 소로 양을 대신한다. 지방의 경우는 그렇게 하지 않고 현(縣)에서는 돼지만 쓴다. **소사(小祀)에는**〈오례〉 4 사직의 기곡제(祈穀祭), 주현(州縣)의 사직제(社稷祭), 종묘·

45 예제(醴齊)……담는다 : 제(齊)는 술의 농도를 뜻한다. 농도에 따라 5종의 술이 있는데, 첫째는 범제, 둘째는 예제, 셋째는 앙제(盎齊), 넷째는 제제(緹齊), 다섯째는 침제(沈齊)이다.《周禮 天官 冢宰 酒正》

경모궁의 속절제(俗節祭)·삭망제(朔望祭), 삼각산(三角山)·목멱산(木覓山)·한강(漢江)의 절제(節祭) 및 별기제(別祈祭)와 기보고제(祈報告祭)는 같지만 기보사(祈報祀)를 친제(親祭)할 경우는 양을 더한다.〈오례〉〈속〉〈보〉 **돼지를 쓴다.** 5 둑제(纛祭), 여제(厲祭),〈오례〉 –2 별기제도 같다. 성황발고제(城隍發告祭)에는 쓰지 않는다.〈오례〉〈보〉 – 계성사(啓聖祠), 관왕묘(關王廟), 선무사(宣武祠)에는 양을 더한다.〈오례〉〈속례〉 6 변(籩), 두(豆), 보(簠), 궤(簋), 조(俎), 준(尊)이 대사, 중사, 소사와 기보사, 속절제, 삭망제에 쓰일 경우에는 줄어드는 수효가 일정하지 않다. 등(㽅)과 형(鉶)은 각각 3개가 가장 성대한 예(禮)인데, 어떤 경우는 등은 있되 형이 없고, 어떤 경우는 형 한 가지만 있고, 어떤 경우는 등과 형이 모두 없다. 모두 《국조오례의》와 《국조속오례의》에 실려 있다. 여기서는 단지 그 수효만 보이되 생뢰만은 갖추어 기록하였다.〈보〉 7 두(豆) 오른쪽의 조(俎)는 대사와 경모궁이 모두 같다. 선농단과 문묘에〈오례〉〈보〉 –3 배위(配位)에는 익힌 양고기를 쓰지 않는다. – 친향(親享)할 경우도 같다.〈오례〉 8 궁묘(宮廟)의 시향(時享)에 육찬(肉饌 고기반찬)을 쓰되 변(籩)과 조(俎)는 없다.〈보〉

제 4 항 폐백(幣帛)의 경우 사직에는 흑색, 종묘에는 백색, 선농단(先農壇)에는 청색, 선잠단(先蠶壇)에는 흑색을 쓴다. 악(嶽)과 해(海)는 각각 그 방위(方位)에 따른 색을 쓰고 독(瀆)은 흑색을 쓰며, 그 나머지는 백색을 쓴다.〈오례〉 1 저포(苧布 모시)를 쓰는데 길이는 11자 6치 7푼이다. –1 예기척(禮器尺)이다. – 〈오례〉〈속례〉

2 종묘·경모궁(景慕宮)의 속절제(俗節祭)·삭망제(朔望祭), 경모궁·문묘(文廟)의 작헌례, 궁묘(宮廟)의 속절제·고유제(告由祭), 삼각산(三角山)·목멱산(木覓山)·한강(漢江)의 별기제(別祈祭), 오방(五方)의 산천(山川),〈속례〉〈보〉 – 2 목멱산만 흰색 폐백을 쓴다.〈속례〉 – 문묘의 동무(東廡)와 서무(西廡), 사한제(司寒祭), 영제(禜祭), 성황발고제(城隍發告祭), 여제(厲祭),〈속례〉〈보〉 – 3 별기제에만 있다.〈보〉 – 관왕묘의 배위(配位)에는 폐백이 없다.〈속례〉〈보〉 3 능(陵)·묘(墓)·진전(眞殿)에는 비록 친향(親享)하더라도 폐백이 없다.〈보〉

제5항 **변(籩)은 왼쪽에 차려 놓는데 오른쪽이 상(上)이 되며, 두(豆)는 오른쪽에 차려 놓는데 왼쪽이 상이 된다.**

제6항 **진전(眞殿), 능(陵), 원(園), 묘(墓)의 모든 제향에는 모두 유밀과(油蜜果)와 소찬(素饌)을 쓴다.**〈오례〉〈속례〉〈보〉 1 궁묘(宮廟)의 속절제(俗節祭)와 고제(告祭)도 같다.〈보〉

제7항 **대사(大祀)와 중사(中祀)에서**〈오례〉 1 궁묘(宮廟)는 경모궁(景慕宮)에만 있다.〈보〉 **악장(樂章)은 신을 맞아들일 때, 폐백을 올릴 때, 진찬(進饌)할 때, 초헌(初獻)을 행할 때 및 문무(文舞)가 물러갈 때, 무무(武舞)가 나올 때 및 아헌(亞獻)을 행할 때, 종헌(終獻)을 행할 때, 변두(籩豆)를 거둘 때, 신을 보낼 때에 연주한다.** 2 풍운뇌우제(風雲雷雨祭), 선잠제(先蠶祭), 우사제(雩祀

祭)의 진찬 때에는 악장을 연주하지 않는다.[46] 둑제(纛祭)에서는 삼헌(三獻)을 행할 때와 변두를 거둘 때에만 악장을 연주한다.[47] 〈오례〉〈보〉

46 대사(大祀)와……않는다 : 《국조오례의》〈길례(吉禮)〉에 있다.

47 둑제(纛祭)에서는……연주한다 : 《국조오례서례(國朝五禮序例)》〈길례(吉禮) 속부악장(俗部樂章)〉 둑제(纛祭) 조에 있다. 초헌(初獻)·아헌(亞獻)·종헌(終獻)에는 주납씨가(走納氏歌)를 연주하고, 변두를 거둘 때에는 정동방곡(靖東方曲)을 연주한다.

제 7 조 오복도(五服圖)[48]

제 1 항 본종[49] 오복[50] 지도(本宗五服之圖)[51]

1 2 3 4 5

				고조할아버지 高祖父 자최삼월
			족증조백숙부모 族曾祖伯叔父母 시마	**증조할아버지** 曾祖父 자최오월
		족조백숙부모 族祖伯叔父母 시마	**종조조부모** 從祖祖父母 소공	**할아버지** 祖父 자최부장기
	족백숙부모 族伯叔父母 시마	**종조백숙부모** 從祖伯叔父母 소공	**백숙부모** 伯叔父母 부장기	**아버지** 父 참최삼년
족형제 族兄弟 시마 아내:없음	**종조형제** 從祖兄弟 소공 아내:없음	**종부형제** 從父兄弟 대공 아내:《경국대전》시마	**형제** 兄弟 부장기 아내:소공	**자신** 己
	종조형제의 아들 從祖兄弟之子 시마 며느리:없음	**종부형제의 아들** 從父兄弟之子 소공 며느리:시마	**형제의 아들** 兄弟之子 부장기 며느리:대공	**아들** 子 장자:참최삼년 중자衆子:부장기
		종부형제의 손자 從父兄弟之孫 시마 며느리:없음	**형제의 손자** 兄弟之孫 소공 며느리:시마	**손자** 孫 적손:부장기 중손:대공
			형제의 증손자 兄弟之曾孫 시마 며느리:없음	**증손자** 曾孫 적증손:부장기 중증손:시마
				현손자 玄孫 적현손:부장기 중현손:시마

6 7

고조할머니 高祖母 자최삼월				
증조할머니 曾祖母 자최오월	족증조고 族曾祖姑 시마 시집감:없음			
할머니 祖母 자최부장기	종조조고 從祖祖姑 소공 시집감:시마	족조고 族祖姑 시마 시집감:없음		
어머니 母 자최삼년	고모 姑 부장기 시집감:소공	종조고 從祖姑 소공 시집감:시마	족고 族姑 시마 시집감:없음	
아내 妻 자최장기	자매 姊妹 부장기 시집감:대공	종부자매 從父姊妹 대공 시집감:소공	종조자매 從祖姊妹 소공 시집감:시마	족자매 族姊妹 시마 시집감:없음
며느리 婦 장부:부장기 중부:대공	형제의 딸 兄弟之女 부장기 시집감:대공	종부형제의 딸 從父兄弟之女 소공 시집감:시마	종조형제의 딸 從祖兄弟之女 시마 시집감:없음	
손자며느리 孫婦 적손부:소공 서손부:시마	형제의 손녀 兄弟之孫女 소공 시집감:시마	종부형제의 손녀 從父兄弟之孫女 시마 시집감:없음		
증손자며느리 曾孫婦 적증손부:소공 서증손부:없음	형제의 증손녀 兄弟之曾孫女 시마 시집감:없음			
현손자며느리 玄孫婦 적현손부:소공 서현손부:없음				

8 9 10 11 12 13

14 15 16 17 18

48 오복도(五服圖) : 《경국대전》 〈예전 오복(五服)〉에서는 본종(本宗), 외친(外親), 처친(妻親), 부족(夫族), 첩위가장(妾爲家長), 삼상(三殤), 출가녀위본종(出嫁女爲本宗) 7조목으로 나누어 도식화하였고, 《대전통편》 〈예전 오복〉에서는 기술 형식만 바꾸어 일반적인 다른 조목과 같은 형식으로 서술하였다. 《전율통보》 〈별편〉에서는 본종오복도(本宗五服圖), 삼상강복도(三殤降服圖), 외당처당복도(外黨妻黨服圖), 처위부당복도(妻爲夫黨服圖), 삼부팔모복도(三父八母服圖), 첩복도(妾服圖)의 6항으로 나누어 도식화하였다. 《경국대전》 이후 편찬된 《대전통편》, 《대전회통》, 《전록통고(典錄通考)》, 《증보전록통고(增補典錄通考)》의 〈예전 오복〉은 모두 《경국대전》의 조문과 같다.

49 본종(本宗) : 자신을 중심으로 위로는 고조(高祖), 아래로는 현손(玄孫), 옆으로는 팔촌인 삼종형제자매(三從兄弟姊妹)까지이다.

50 오복(五服) : 참최(斬衰), 자최(齊衰), 대공(大功), 소공(小功), 시마(緦麻) 등 다섯 가지 상복(喪服)을 말한다. 상복을 입는 기간을 살펴보면 참최복은 3년이며, 자최복은 3년·1년·5개월·1개월 복으로 나뉘는데 1년은 상장(喪杖)을 짚고서 행하는 기년복[杖期]과 상장을 짚지 않고서 행하는 기년복[不杖期]이 있으며, 대공복은 9개월, 소공복은 5개월, 시마복은 3개월이다.

51 본종오복지도(本宗五服之圖) : 《경국대전》 〈예전 오복(五服)〉 본종(本宗)조에 있다.

《경국대전》〈예전 오복(五服)〉 본종(本宗) 조와 《전율통보》〈별편〉 본종오복지도(本宗五服之圖)에서 오복의 변동 사항을 표로 정리하면 다음과 같다.

[표1] 《경국대전》과 《전율통보》 본종 조항의 오복 변동 사항

친족 관계	경국대전	전율통보
아내[妻]	기년(期年)	자최장기(齊衰杖期)
형제(兄弟), 자매(姊妹), 백숙부모(伯叔父母), 고모[姑]	기년	부장기(不杖期)
아들[子]	기년	장자(長子):참최삼년(斬衰三年)
		중자(衆子):부장기
맏며느리[長子婦]	기년	부장기
적손(嫡孫)	기년	부장기
손부(孫婦)	적손처(嫡孫妻):대공(大功)	적손부(嫡孫婦):소공(小功)
	중손처(衆孫妻):시마(緦麻)	서손부(庶孫婦):시마
증손(曾孫)	시마	적증손(嫡曾孫):부장기
		중증손(衆曾孫):시마
증손부(曾孫婦)	×	적증손부(嫡曾孫婦):소공
		서증손부(庶曾孫婦):없음
현손(玄孫)	시마	적현손(嫡玄孫):부장기
		중현손(衆玄孫):시마
현손부(玄孫婦)	×	적현손부(嫡玄孫婦):소공
		서현손부(庶玄孫婦):없음

《경국대전》〈예전 오복〉 본종 조와 《전율통보》〈별편〉 본종오복지도에서 호칭의 변동 사항을 표로 정리하면 다음과 같다.

[표2] 《경국대전》과 《전율통보》 본종의 호칭 변동 사항

경국대전	전율통보
長子妻	長子婦
衆子妻	衆子婦
嫡孫妻	嫡孫婦
衆孫妻	庶孫婦
×	嫡曾孫婦, 庶曾孫婦
×	嫡玄孫婦, 庶玄孫婦
姪	兄弟之子
姪妻	兄弟之婦
姪女	兄弟之女
堂兄弟	從父兄弟
堂兄弟妻	從父兄弟妻
堂姊妹	從父姊妹
伯叔祖父母	從祖祖父母
姪孫	兄弟之孫
姪孫妻	兄弟之孫婦
姪孫女	兄弟之孫女

경국대전	전율통보
堂伯叔父母	從祖伯叔父母
堂姑	從祖姑
族曾祖父母	族曾祖伯叔父母
堂姪	從父兄弟之子
堂姪妻	從父兄弟之婦
堂姪女	從父兄弟之女
曾姪孫	兄弟之曾孫
曾姪孫女	兄弟之曾孫女
再從兄弟	從祖兄弟
再從姊妹	從祖姊妹
族伯叔祖父母	族祖伯叔父母
再從姪	從祖兄弟之子
再從姪女	從祖兄弟之女
堂姪孫	從父兄弟之孫
堂姪孫女	從父兄弟之孫女

1 아버지가 살아 계시면 어머니를 위해서는 자최장기(齊衰杖期)이고 심상(心喪)[52] 3년을 한다.

2 적손으로서 아버지가 돌아가셔서 조부나 증조부, 고조부를 승중(承重)한 경우에는 참최삼년(斬衰三年)이다. 조모나 증조모, 고조모를 승중한 경우에는 자최삼년복(齊衰三年服)을 입는다. 조부가 살아 계시면 조모를 위하여는 자최장기복(齊衰杖期服)이다.

3 고조 이상으로 체사(逮事)[53]한 경우는 모두 자최삼월복(齊衰三月服)이다.

4 종자(宗子)와 종자의 처를 위해서는 자최삼월복이며, 종자의 어머니가 살아 계시면 종자의 처를 위한 복(服)을 입지 않는다.

5 내외(內外) 겸친(兼親)[54]의 경우 가까운 친족을 우선한다. 외친(外親)도 마찬가지이다.

6 남자로서 다른 사람의 후사(後嗣)가 된 경우에 본생 친족을 위해서는 모두 한 등급을 강복(降服)하고 –**1** 증조부모를 위해서는 시마복(緦麻服)이다.– 본생 친족이 그를 위해서도 역시 그러하다. 오직 본생부모(本生父

52 심상(心喪) : 마땅히 삼년복을 입어야 하지만 아버지가 생존해 있거나 적모(嫡母)가 있을 경우 압존(壓尊)되어 상복은 3년 동안 입지 못하나 마음으로 슬퍼하여 3년을 마치는 것을 말한다. 제자가 스승의 상(喪)에 대하여 상복은 입지 않되 상제(喪制)와 같은 마음으로 슬퍼하고 근신하는 것을 가리키기도 한다.

53 체사(逮事) : 체(逮)는 급(及)과 같은 뜻으로, 고조 이상을 부모가 섬기는 것을 보았거나 자신이 직접 뵌 경우를 말한다.

54 겸친(兼親) : 친족(親族)이면서 외가 쪽으로도 척분(戚分)이 닿는 사이를 말한다. 《상변통고(常變通攷)》 〈상례(喪禮) 복제의변(服制疑變)〉 내외겸친복(內外兼親服) 조 참조.

母)를 위해서는 강복하여 부장기복(不杖期服)[55]이며 그 본생부모 역시 그를 위해서 부장기복을 입는다.

7 죽은 자와 그에 대해 복을 입는 자가 각각 다른 사람의 후사가 된 경우에는 재차 강복하지 않는다.

8 장자(長子)를 위해서는 삼년복(三年服)을 입는다. 자신이 할아버지와 돌아가신 아버지를 잇고 자기를 통하여 장자까지 미쳐서 4대인 것이다.[56]

9 적자가 있으면 적손은 없는 법이니 증손·현손도 마찬가지이다.

10 적손부, 적증손부, 적현손부를 위해서는 소공복(小功服)인데 그 시어머니가 살아 있으면 복을 입지 않는다.

11 서손이 적손이 된 경우는 강복하니 대공복(大功服)이다.

12 아버지가 맏아들을 위해서는 대나무 상장(喪杖)을 짚고 관직은 사직하지 않는다.

13 처(妻)를 위해서는 아버지가 상(喪)을 주관하니 상장을 짚지 않는다.

14 딸은 중자(衆子)와 같고 시집간 경우 한 등급을 강복한다. 손녀, 증손녀, 현손녀도 이와 같다.

55 부장기복(不杖期服) : 《송제(宋制)》와 《대전(大典)》에는 관직을 벗고 심상(心喪) 3년을 치른다고 하였다. 《상변통고》 〈상례(喪禮)〉 위인후자위 본생제친복(爲人後者爲本生諸親服) 조 참조.

56 장자(長子)를……것이다 : 아버지는 후사가 되어야 마땅할 적자(適子)를 위해서는 가복(加服) 참최삼년이고 어머니는 후사가 되어야 마땅할 적자를 위해서는 가복 자최삼년인데 이 장자의 요건이 그 부조(父祖)가 위에서 적자에서 적자로 계승[適適相承]하였고, 자기 또한 뒤에서 적자로 계승하여 종묘의 주인이 되어 4세가 될 적장자여야 한다고 한다. 《상변통고(常變通攷)》 〈상례(喪禮) 본종복(本宗服)〉 장자(長子) 조 참조.

⑮ 여자로서 다른 사람에게 시집간 경우 본생 친족을 위해서는 모두 한 등급을 강복한다. 부모를 위해서는 강복하여 부장기이다. 조(祖)나 증조나 고조, 형제 가운데 아버지의 후사가 된 자, – 2 아버지가 살아 계시면 아니다. – 형제의 처나 조카의 처, – 3 소공복을 입는다. – 종부형제의 처 – 4 시마복을 입는다. – 를 위해서는 강복하지 않는다.

⑯ 시집을 갔으나 남편과 자식이 없는 경우에는 그 형제와 자매 및 조카를 위해서는 강복하지 않는다. – 5 소(疏)에는 부모를 위해서도 기년복(期年服)이다. 일설에는 삼년복이다. –

⑰ 죽은 여자와 그에 대해 복을 입을 여자가 각각 다 출가하였을 경우에는 재차 강복하지 않는다.

⑱ 강복하였다가 상기(喪期)가 다 차지 않았는데 시댁에서 쫓겨난 경우에는 본복(本服)을 입으며, 이미 상복을 벗은 경우에는 다시 복을 입지는 않는다. 연제[小祥]를 치르기 전에 시댁으로 돌아가면 기년복을 입고, 이미 연제를 치르고 시댁으로 돌아가면 본복을 그대로 입는다.

제 2 항　삼상강복도(三殤降服圖)[57]

			종조조부 장상:시마		**종조조고** 장상:시마			
1		**종조부** 장상:시마	**숙부** 장상:대공 중상:7개월 하상:소공		**고모** 장상:대공 중상:7개월 하상:소공	**종조고** 장상:시마		2 3
	종조형제 장상:시마	**종부형제** 장상:소공 중상:소공 하상:시마	**형제** 장상:대공 중상:7개월 하상:소공	**자신**	**자매** 장상:대공 중상:7개월 하상:소공	**종부자매** 장상:소공 중상:소공 하상:시마	**종조자매** 장상:시마	
		종부형제의 아들 장상:시마	**형제의 아들** 장상:대공 중상:7개월 하상:소공	**아들** 장상:대공 중상:7개월 하상:소공	**형제의 딸** 장상:대공 중상:7개월 하상:소공	**종부형제의 딸** 장상:시마		
4			**형제의 손자** 장상:시마	**손자** 적손-장상:대공 중상:7개월 하상:소공 중손-장상:소공 중상:소공 하상:시마	**형제의 손녀** 장상:시마			5
				적증손·적현손 위와 같음. 《경국대전》 장상:시마 중상:시마				

57　삼상강복도(三殤降服圖) : 《경국대전》 〈예전 오복(五服)〉 삼상(三殤) 조에 있다.

1 나이 16세부터 19세 사이에 죽은 경우 장상(長殤), 12세부터 15세 사이에 죽은 경우 중상(中殤), 8세부터 11세 사이에 죽은 경우 하상(下殤)이 된다.

2 남자는 관례(冠禮), 여자는 계례(笄禮)를 치르면 상(殤)이 되지 않는다.

3 《경국대전》에서는 남자가 관직을 받으면 역시 상(殤)이 되지 않는다.

4 대공(大功)의 친속 관계에 있는 자가 중상(中殤)일 경우 위를 따른다. 소공(小功)의 친속 관계에 있는 자가 중상일 경우 아래를 따른다. 이는 대공친의 중상은 장상(長殤)을 따라 소공이 되고 소공친의 중상은 하상(下殤)을 따라 복(服)이 없다는 것이다.

5 자최(齊衰)의 친속 관계에 있는 자가 중상일 경우 위를 따른다. 대공의 친속 관계에 있는 자가 중상일 경우 아래를 따른다. 이는 아내가 남편의 친속을 위해 복을 입는 것을 위주로 하여 말한 것이다.

제 3 항 외당처당복도(外黨妻黨服圖)[58]

	4 5	**외조부모** 소공	6	
1 2 3	**외삼촌** 소공 • 어머니의 형제이다. • 외숙모는 《개원례(開元禮)》[59] 에서 시마이고, 《경국대전》에서도 시마이다.	**처부모** 시마 • 아내가 죽고 다른 집안에 장가든 경우도 같다. • 아내의 친어머니가 개가하였더라도 그대로 복을 입는다.	**이모** 소공 • 어머니의 자매이다.	7 8 9
외삼촌의 아들 시마 • 내형제이다.		**자신**	**고모의 아들** 시마 • 외형제이다.	**이모의 아들** 시마 • 이종형제 자매이다.
10	**생질** 소공 며느리:시마 • 자매의 아들이다.	**사위** 시마	**생질녀** 소공 • 자매의 딸이다.	
		외손 시마 며느리:시마		

58 외당처당복도(外黨妻黨服圖) : 《경국대전》 〈예전 오복(五服)〉 외친(外親) 조, 처친(妻親) 조에 있다. 외가 쪽 친족과 처가 쪽 친족을 위하여 입는 복에 대한 도표이다.

59 개원례(開元禮) : 당나라 개원 20년에 중서령(中書令) 소숭(蕭嵩) 등이 칙명을 받아 만든 《대당개원례(大唐開元禮)》를 말하는데, 개원은 현종(玄宗)의 연호이다. 모두 150권이며, 길례(吉禮), 빈례(賓禮), 군례(軍禮), 가례(嘉禮), 흉례(凶禮) 등에 관한 내용으로 이루어져 있다. 《舊唐書 卷21 禮儀志1》 《新唐書 卷11 禮樂志1》

1 정씨(鄭氏 정현(鄭玄))가 말하기를 "비록 외친(外親)이라도 두 계통(系統)은 없다."[60]라고 하였고, 가씨(賈氏 가공언(賈公彦))가 "이미 후사된 집 어머니[所後母]의 친족을 위하여 복(服)을 입는데, 또 생모의 친족을 위하여 복을 입으면 이는 두 계통이다."라고 하였다.

2 다른 사람의 후사가 된 자는 본생의 외조부모를 위해서는 시마복(緦麻服)을 입는다.

3 가씨(賈氏)가 말하기를 "군모(君母)[61]가 살아 있고 이미 군모의 부모를 위하여 복을 입었다면 자기 어머니의 부모를 위해서는 또한 복이 없다."라고 하였다.

4 적모(嫡母)의 부모, 형제, 자매를 위해서는 소공복(小功服)을 입는다. 적모가 죽은 경우에는 복을 입지 않는다.

5 어머니의 적모를 위해서는 소공복을 입는다. 어머니가 죽은 경우에는 복을 입지 않는다.

6 서자(庶子)로서 아버지의 뒤를 이은 자는 그 어머니의 부모, 형제, 자매를 위해서는 복이 없다.

7 어머니가 쫓겨나면 외조부모를 위해서는 복이 없지만 외조부모는 오히려 나를 위하여 시마복을 입는다.

8 어머니가 쫓겨나면 계모(繼母)의 부모, 형제, 자매를 위해서는 소공복을 입는다. 비록 열 명의 계모가 있더라도 곧 그 어머니 다음 계모의

60 비록……없다 : 본생(本生)의 모당(母黨)을 위한 상복은 《의례》에 분명한 조문이 없는데, 《개원례(開元禮)》를 만들 적에 정현의 이 설을 근거로 한 등급을 강복(降服)하는 제도를 만들었다.

61 군모(君母) : 옛날의 종법 제도(宗法制度)에 서자(庶子)가 아버지의 정처(正妻)를 부르던 호칭이다.

당(黨)에 대하여 복을 입는다.

9 쫓겨난 어머니가 죽으면 그 어머니의 당을 위하여 복을 입는다. 그렇게 되면 계모의 당을 위해서는 복을 입지 않는다.

10 외친(外親)에 대해서는 비록 다른 사람에게 시집갔다 하더라도 강복(降服)하지 않는다.

제 4 항 처위부당복도(妻爲夫黨服圖)[62]

<table>
<tr><td></td><td></td><td></td><td colspan="2">**고조부모**
시마</td><td></td><td></td><td></td></tr>
<tr><td></td><td></td><td></td><td colspan="2">**증조부모**
시마</td><td></td><td></td><td></td></tr>
<tr><td></td><td></td><td>**종조조부모**
시마</td><td colspan="2">**조부모**
대공</td><td>**종조조고**
《의절(儀節)》
시마</td><td></td><td></td></tr>
<tr><td></td><td>**종조부모**
시마</td><td>**백숙부모**
대공</td><td>**시아버지**
참최삼년</td><td>**시어머니**
자최삼년</td><td>**고모**
소공
다른 사람
에게 시집
갔더라도
강복하지
않음.</td><td>**종조고**
《경국대전》
시마</td><td></td></tr>
<tr><td></td><td>**종부형제**
《경국대전》
시마
아내:시마</td><td>**형제**
소공
아내:같음.</td><td colspan="2">**남편**
참최삼년</td><td>**자매**
소공
다른 사람
에게 시집
갔더라도
강복하지
않음.</td><td>**종부자매**
시마
다른 사람
에게 시집
갔더라도
강복하지
않음.</td><td></td></tr>
<tr><td>**종조형제의
아들**
시마</td><td>**종부형제의
아들**
소공
며느리:
시마</td><td>**형제의
아들**
부장기
며느리:
대공</td><td>**아들**
장자:
자최삼년
중자衆子:
부장기</td><td>**며느리**
적장자:
부장기
중자:
대공</td><td>**형제의
딸**
부장기
시집감:
대공</td><td>**종부형제의
딸**
소공
시집감:
시마</td><td>**종조형제의
딸**
시마
시집감:
없음</td></tr>
<tr><td></td><td>**종부형제의
손자**
시마</td><td>**형제의
손자**
소공
며느리:
시마</td><td>**손자**
적손:부장기
중손:대공</td><td>**손자며느리**
적손:소공
서손:시마</td><td>**형제의
손녀**
소공
시집감:
시마</td><td>**종부형제의
손녀**
시마
시집감:
없음</td><td></td></tr>
<tr><td></td><td></td><td>**형제의
증손**
시마</td><td>**증손**
적증손:
부장기
중증손:
시마</td><td>**증손자
며느리**
적증손:
소공
서증손:
없음</td><td>**형제의
증손녀**
시마
시집감:
없음</td><td></td><td></td></tr>
<tr><td></td><td></td><td></td><td>**현손**
적현손:
부장기
중현손:
시마</td><td>**현손자
며느리**
적현손:
소공
서현손:
없음</td><td></td><td></td><td></td></tr>
</table>

❶ 남편이 조(祖), 증조, 고조 및 조모, 증조모, 고조모를 승중(承重)한 경우와 남편이 다른 사람의 후사가 된 경우에는 모두 남편을 따라서 복(服)을 입으며, 본생의 시부모를 위해서는 대공복(大功服)을 입고 심상(心喪) 3년을 한다.

❷ 맏며느리인데 시부모의 뒤를 계승하지 못하는 경우는 대공복을 입으니 그 남편이 승중을 받지 못한 경우[63]를 말한다.

❸ 적손부, 적증손부, 적현손부를 위해서는 모두 소공복(小功服)을 입는데 그 시어머니가 살아 있으면 복을 입지 않는다.

❹ 맏아들을 위해서는 삭장(削杖)을 짚는다.[64]

❺ 맏아들을 위해서 삼년복을 입는 것 역시 남편에게 하는 것과 같으니 남편의 생존 여부는 따지지 않는다.[65]

❻ 남편의 외조부모 및 외숙과 이모는 모두 시마복(緦麻服)이다.

❼ 무릇 부인이 남편의 친족 상을 당하여 복을 입었다가 쫓겨나면 복을 벗는다.

62 처위부당복도(妻爲夫黨服圖) : 《경국대전》 〈예전 오복(五服)〉 부족(夫族) 조에 있다. 아내가 남편 집안 친족을 위하여 입는 복에 대한 도표이다.

63 그……경우 : 남편에게 폐질이 있거나 다른 사고가 있거나 죽어서 아들이 없어 중(重)을 받지 않은 경우를 말한다. 《상변통고(常變通攷)》 〈상례(喪禮) 본종복(本宗服)〉 장자부(長子婦) 조의 '적부로서 시아버지의 후사가 되지 않은 자의 복[嫡婦不爲舅後服]' 소기(小記) 주(註) 참조.

64 삭장(削杖)을 짚는다 : 《사계전서(沙溪全書)》 권32 〈상례비요(喪禮備要) 자최삼년(齊衰三年)〉 참조.

65 맏아들을……않는다 : 《상변통고(常變通攷)》 권10 〈상례(喪禮) 본종복(本宗服)〉 장자(長子) 조 참조.

제5항 삼부팔모복도(三父八母服圖)[66]

동거한 계부(繼父)
부장기

1 아버지와 아들 모두 대공친(大功親)이 없는 경우이다.

동거하지 않은 계부
자최삼월

2 이전에 함께 살다가 나중에 따로 산 경우 혹은 동거했더라도 계부에게 아들이 있거나 자신에게 대공친 이상의 친족이 있는 경우이다.

적모(嫡母)
자최삼년

3 첩의 자식이 아버지의 정처(正妻)를 호칭하는 말이다.

양모(養母)
자최삼년

7 동종(同宗) 및 3세 이하의 버려진 아이를 양육한 자이다.
8 자신의 부모가 살아 있으면 강복하여 부장기를 입으며 관직을 그만두고 심상(心喪) 3년을 한다. 부모가 죽은 장자(長子)의 경우도 같다.
9 사대부는 천인(賤人) 양모에 대해 시마복을 입는다.

자모(慈母)
자최삼년

10 첩의 자식이 어머니가 없는데 아버지가 아들이 없는 다른 첩에게 명하여 그를 길러 준 경우이다.
11 아버지가 명하지 않았는데 자신을 길러 주었으면 소공복을 입는다.

서모(庶母)

20 아버지의 첩으로서 자녀가 있는 자이다.
21 사(士)는 서모를 위하여 시마복을 입는다. 자신에게 젖을 먹여 양육한 서모를 위해서는 소공복을 입는다.
22 두 첩의 아들이 서로 서모를 위해서 시마복을 입는다.

66 삼부팔모복도(三父八母服圖) : 《경국대전》〈예전 오복(五服)〉 본종(本宗) 조에 있다.

원래부터 동거하지 않은 계부67 복이 없음	**붙임:아버지는 다르고 어머니가 같은 형제자매** 소공

계모(繼母)
자최삼년

4 아버지의 후처(後妻)이다.
5 아버지가 죽고서 계모가 개가하였는데 자신이 계모를 따라간 경우에는 장기(杖期)이다. 계모는 보복(報服)을 입되 부장기이다.
6 계모가 쫓겨났을 경우에는 복을 입지 않는다.

가모(嫁母) 자최장기	**출모(出母)** 자최장기
12 아버지가 죽고서 재가한 친어머니이다. 13 아버지의 뒤를 이은 자는 복을 입지 않고 심상 3년을 한다. 어머니는 아들을 위해서 부장기를 입으며, 아버지의 뒤를 이은 자를 위해서도 같은 복을 입는다. 14 출모(出母)도 모두 같다. 15 시집간 딸은 재가한 어머니를 위하여 대공복을 입으며, 재가한 어머니는 딸을 위하여 보복(報服)을 입는다. 16 출모도 같다.	17 아버지와 이혼하여 쫓겨난 친어머니이다. 18 후사가 된 집의 어머니와 할머니가 쫓겨난 경우에는 복이 없다. 19 또 가모(嫁母) 조에 보인다.

유모(乳母)
시마

23 어려서 자신에게 젖을 먹여 준 자이다.

67 원래부터……계부 : 《전율통보》에서 추가된 조문이다. 《문공가례의절(文公家禮儀節)》 〈상례(喪禮)〉 삼부팔모복제지도(三父八母服制之圖) 조와 《사계전서(沙溪全書)》 〈가례집람도설(家禮輯覽圖說)〉 삼부팔모복도(三父八母服圖) 조에도 실려 있는 내용이다.

제 6 항 첩복도(妾服圖)[68]

남편의 친족 여군(女君)과 같음	**여군(女君)**[69] 부장기	**자신의 아들[其子]** 부장기
1 자신의 친족을 위한 복(服)은 여자가 다른 사람에게 시집간 경우와 같다. **2** 두 첩은 한집에 사는 은정(恩情)이 있으므로 시마복의 의리가 있다.		**3** 경(卿)·대부(大夫)가 귀첩(貴妾)[70]을 위해서는 자녀가 없더라도 시마복을 입는다. **4** 사(士)가 첩을 위해서는 자녀가 있을 경우에 시마복을 입는다. **5** 여군이 첩을 위해서는 복이 없다. **6** 살펴보건대 '자(子)'는 딸까지 포함하여 말한 것이다.

68 첩복도(妾服圖) : 《경국대전》 〈예전 오복(五服)〉 첩위가장(妾爲家長) 조, 《대전통편》 〈예전 오복〉 첩위가장 조에 있다.

69 여군(女君) : 남편의 정처(正妻)이다. 《儀禮注 喪服》

70 귀첩(貴妾) : 처(妻)가 시집올 때 함께 따라온 조카나 여동생을 가리킨다. 혹은 자식이 있는 첩을 귀첩이라고도 한다. 《儀禮注 喪服》

제8조 공신명호(功臣名號)[71]

제1항 태조조(太祖朝)에 순충분의좌명개국 공신(純忠奮義佐命開國功臣)[72] 익안대군(益安大君) 이방의(李芳毅) 등 39인을 녹훈(錄勳)하였다. **1** 시대가 바뀔 때에 대의(大義)를 떨쳐 나라를 세우고 대업(大業)을 일으켰다.

제2항 정종조(定宗朝)에 추충협찬정난정사 공신(推忠協贊靖難定社功

71 공신명호(功臣名號) : 공신은 크게 배향공신(配享功臣)과 훈봉공신(勳封功臣)으로 분류되고, 훈봉공신은 다시 정공신(正功臣)과 원종공신(原從功臣)으로 나뉜다. 본서 〈공신명호〉에서 공신 명단에 대한 각주는 《동국속수문헌록(東國續修文獻錄)》〈공신편(功臣篇)〉(金性溵 編, 1912. 한국학중앙연구원 왕실도서관장서각디지털아카이브)과 《소화귀감(小華龜鑑)》 권12(朴遜經 編, 1775~1784. 한국학중앙연구원 왕실도서관장서각디지털아카이브)에서 인용하였다.

72 순충분의좌명개국 공신(純忠奮義佐命開國功臣) : 개국 공신은 나라를 세우는 데 왕을 도와 공이 많았던 사람에게 내린 칭호이다. 1392년(태조1) 8월에 공신도감(功臣都監)을 설치하고, 태조의 추대에 공이 있는 신하들에 대하여 8월과 9월에 개국 공신의 위차(位次) 및 대우와 관련한 것을 정하였으며, 10월에 칭호와 공신을 세 등급으로 구분하여 각각 포상하였다. 1등(等)은 15원(員)으로, 이방의(李芳毅), 배극렴(裵克廉), 조준(趙浚), 김사형(金士衡), 이제(李濟), 이화(李和), 정희계(鄭熙啓), 이지란(李之蘭), 남은(南誾), 장사길(張思吉), 정총(鄭摠), 조인옥(趙仁沃), 남재(南在), 정탁(鄭擢), 김인찬(金仁贊)이다. 2등은 9원으로, 윤호(尹虎), 이민도(李敏道), 조영규(趙英珪), 조반(趙胖), 조온(趙溫), 홍길민(洪吉旼), 유창(劉敞), 조연(趙涓), 황희석(黃希碩)이다. 3등은 15원으로, 안경공(安景恭), 김균(金稛), 유원립(柳爰立), 이직(李稷), 오사충(吳思忠), 이서(李舒), 조영무(趙英茂), 이백유(李伯由), 이부(李敷), 김락(金駱), 고려(高呂), 함전림(咸傳霖), 한상경(韓尙敬), 한충(韓忠), 민여익(閔汝翼)이다.

臣)[73] **의안대군**(義安大君) **이화**(李和) **등 17인을 녹훈하였다.** **1** 왕위를 물려 줄 때에 간사한 무리를 제거하여 사직을 안정시켰다.[74]

제 3 항 **태종조**(太宗朝)**에 추충분의익대좌명 공신**(推忠奮義翊戴佐命功臣)[75] **이저**(李佇) **등 38인을 녹훈하였다.** **1** 왕위를 물려 줄 때에 위급한 사태를 해결해서 임금이 천명을 받아 왕위에 오르도록 도왔다.

73 추충협찬정난정사 공신(推忠協贊靖難定社功臣) : 1398년(정종 즉위년) 내린 공신 명호이다. 《동국속수문헌록(東國續修文獻錄)》 〈공신편(功臣篇)〉에는 태종이 잠저 때 정안공(靖安公)으로 녹훈된 것을 포함하여 1등이 8원으로 되어 있다. 1등은 7원으로, 이화(李和), 이방의(李芳毅), 이저(李佇), 조준(趙浚), 김사형(金士衡), 하륜(河崙), 조영무(趙英茂)이다. 2등은 10원으로, 이양우(李良佑), 이복근(李福根), 이지란(李之蘭), 장사길(張思吉), 조온(趙溫), 김락(金駱), 정탁(鄭擢), 이천우(李天佑), 장철(張哲), 신극례(辛克禮)이다.

74 왕위를……안정시켰다 : 1398년(태조7) 8월 일어난 제1차 왕자의 난을 가리킨다. 태조가 계비 신덕왕후(神德王后) 강씨(康氏) 소생의 여덟째 아들 이방석(李芳碩)을 세자로 책봉하자 이에 반발한 신의왕후(神懿王后) 한씨(韓氏) 소생의 다섯째 아들 이방원(李芳遠)이 사병을 동원하여 정도전(鄭道傳), 남은(南誾) 등 반대 세력을 제거하고 세자 이방석과 그의 형 이방번(李芳蕃)을 살해한 사건이다. 《太祖實錄 7年 8月 26日》

75 추충분의익대좌명 공신(推忠奮義翊戴佐命功臣) : 1400년(태종 즉위년) 내린 공신 명호이다. 1등은 4원으로, 이저(李佇), 하륜(河崙), 조영무(趙英茂), 신극례(辛克禮)이다. 2등은 3원으로, 이뢰(李耒), 이화(李和), 이천우(李天佑)이다. 3등은 9원으로, 성석린(成石璘), 이숙(李淑), 이지란(李之蘭), 윤저(尹抵), 김영렬(金永烈), 윤곤(尹坤), 박은(朴訔), 박석명(朴錫命), 마천목(馬天牧)이다. 4등은 22원으로, 조온(趙溫), 권근(權近), 이원(李原), 이직(李稷), 유량(柳亮) 등이다.

제4항 단종조(端宗朝)에 수충위사협찬정난 공신(輸忠衛社協贊靖難功臣)[76] 정인지(鄭麟趾) 등 36인을 녹훈하였다. 1 황보인(皇甫仁), 김종서(金宗瑞) 등의 옥사(獄事)가 이루어진 뒤에 녹훈하였다.

제5항 세조조(世祖朝)에 수충위사동덕좌익 공신(輸忠衛社同德佐翼功臣)[77] 계양군(桂陽君) 이증(李璔) 등 41인을 녹훈하였다. 1 성삼문(成三問) 등의 옥사(獄事)가 이루어진 뒤에 녹훈하였다.

76 수충위사협찬정난 공신(輸忠衛社協贊靖難功臣) : 1453년(단종1) 세조가 반대 세력인 황보인(皇甫仁)·김종서(金宗瑞) 등 원로대신과 종친인 안평대군(安平大君)을 제거하는 데 공을 세운 사람에게 내린 공신 명호이다. 《동국속수문헌록(東國續修文獻錄)》〈공신편(功臣篇)〉에는 세조가 잠저 때 수양대군(首陽大君)으로 녹훈된 것을 포함하여 1등이 12원으로 되어 있다. 1등은 11원으로, 정인지(鄭麟趾), 한확(韓確), 이사철(李思哲), 박준(朴浚), 김효성(金孝誠), 이계전(李季甸), 박중손(朴仲孫), 권람(權擥), 홍달손(洪達孫), 최항(崔恒), 한명회(韓明澮)이다. 2등은 8원으로, 신숙주(申叔舟), 권준(權蹲), 유수(柳洙), 홍윤성(洪允成), 전균(田畇), 윤사윤(尹士昀), 유하(柳河), 곽연성(郭連城)이다. 3등은 17원으로, 이흥상(李興商), 이예장(李禮長), 강곤(康袞), 유서(柳漵), 권언(權躽), 유사(柳泗), 홍순효(洪純孝), 임자번(林自蕃), 안경손(安慶孫), 유자환(柳子煥), 설계조(薛繼祖), 권경(權擎), 홍순손(洪順孫), 송익손(宋益孫), 한명진(韓明溍), 한서귀(韓瑞龜), 이몽가(李蒙哥)이다.

77 수충위사동덕좌익 공신(輸忠衛社同德佐翼功臣) : 1455년(세조1) 단종을 퇴위시키고 세조를 즉위하게 하는 데 공을 세운 사람에게 내린 공신 명호이다. 1등은 7원으로, 이증(李璔), 이곤(李璭), 한확(韓確), 권람(權擥), 신숙주(申叔舟), 윤사로(尹師路), 한명회(韓明澮)이다. 2등은 12원으로, 정인지(鄭麟趾), 이사철(李思哲), 정창손(鄭昌孫), 윤형(尹炯), 윤암(尹巖), 이계린(李季疄), 이계전(李季甸), 강맹경(姜孟卿), 홍달손(洪達孫), 최항(崔恒), 전균(田畇), 권반(權攀)이다. 3등은 22원으로, 이징석(李澄石), 권공(權恭), 황수신(黃守身), 박강(朴薑), 박원형(朴元亨) 등이다.

제6항 세조조(世祖朝)에 정충출기포의적개 공신(精忠出氣布義敵愾功臣)[78] **조석문(曺錫文) 등 41인을 녹훈하였다.** 🅘 길주(吉州)의 역적 이시애(李施愛)를 토벌하여 평정하였다.

제7항 예종조(睿宗朝)에 수충보사병기정난익대 공신(輸忠保社炳幾定難翊戴功臣)[79] **신숙주(申叔舟) 등 37인을 녹훈하였다.** 🅘 남이(南怡), 강순(康純) 등의 옥사(獄事)가 이루어진 뒤에 녹훈하였다.

제8항 성종조(成宗朝)에 순성명량경제홍화좌리 공신(純誠明亮經濟弘

78 정충출기포의적개 공신(精忠出氣布義敵愾功臣) : 1467년(세조13) 이시애(李施愛)의 난을 평정하는 데 공을 세운 사람에게 내린 공신 명호이다. 1등은 7원으로, 조석문(曺錫文), 어유소(魚有沼), 박중선(朴仲善), 허종(許琮), 김교(金橋), 이숙기(李叔琦), 윤필상(尹弼商)이다. 2등은 22원으로, 김국광(金國光), 허유례(許惟禮), 이운로(李雲路), 이덕량(李德良), 배맹달(裵孟達), 이형손(李亨孫), 이종생(李從生), 이서장(李恕長), 김순명(金順命), 김관(金瓘), 구겸(具謙), 오자치(吳自治), 김백겸(金伯謙), 박식(朴埴), 손소(孫昭), 장말손(張末孫), 어세공(魚世恭), 윤말손(尹末孫), 오순손(吳順孫), 심응(沈膺), 김면(金沔), 맹석흠(孟碩欽)이다. 3등은 12원으로, 이부(李溥), 한계미(韓繼美), 이종(李徖), 오자경(吳自慶), 민발(閔發), 우공(禹貢), 최유림(崔有臨), 선형(宣炯), 정종(鄭種), 정준(鄭俊), 이양생(李陽生), 차운혁(車云革)이다.

79 수충보사병기정난익대 공신(輸忠保社炳幾定難翊戴功臣) : 1468년(예종 즉위년) 남이(南怡)의 옥사를 다스리는 데 공을 세운 사람에게 내린 공신 명호이다. 1등은 4원으로, 신숙주(申叔舟), 한명회(韓明澮), 신운(申雲), 한계순(韓繼純)이다. 2등은 9원으로, 이침(李琛), 이서(李曙), 이부(李溥), 심회(沈澮), 박원형(朴元亨), 정현조(鄭顯祖), 이복(李復), 이극증(李克增), 박지번(朴之蕃)이다. 3등은 24원으로, 정인지(鄭麟趾), 정창손(鄭昌孫), 조석문(曺錫文), 한백륜(韓伯倫), 노사신(盧思愼) 등이다.

化佐理功臣)[80] **신숙주**(申叔舟) **등 75인을 녹훈하였다.** **1** 즉위 후에 녹훈하였다.

제9항 **중종조**(中宗朝)**에 병충분의결책익운정국 공신**(秉忠奮義決策翊運靖國功臣)[81] **박원종**(朴元宗) **등 107인을 녹훈하였다.** **1** 연산군(燕山君)이 음탕하고 잔학하여 박원종 등이 중종을 받들어 반정(反正)하였다.

80 순성명량경제홍화좌리 공신(純誠明亮經濟弘化佐理功臣) : 1471년(성종2) 왕을 잘 보필한 공에 대해 내린 공신 명호이다. 1등은 9원으로, 신숙주(申叔舟), 한명회(韓明澮), 최항(崔恒), 홍윤성(洪允成), 조석문(曺錫文), 윤자운(尹子雲), 김국광(金國光), 정현조(鄭顯祖), 권감(權瑊)이다. 2등은 12원으로, 이정(李婷), 이침(李琛), 정인지(鄭麟趾), 정창손(鄭昌孫), 심회(沈澮), 구치관(具致寬), 김질(金礩), 한백륜(韓伯倫), 윤사흔(尹士昕), 한계미(韓繼美), 한계희(韓繼禧), 송문림(宋文琳)이다. 3등은 18원으로, 성봉조(成奉祖), 노수신(盧守愼), 홍응(洪應), 이극배(李克培), 신승선(愼承善), 강희맹(姜希孟), 임원준(任元濬), 박중선(朴仲善), 서거정(徐居正), 양성지(梁誠之), 김겸광(金謙光), 강곤(康袞), 이극증(李克增), 한계순(韓繼純), 정효상(鄭孝常), 윤계겸(尹繼謙), 한치형(韓致亨), 이숭원(李崇元)이다. 4등은 36원으로, 김수온(金守溫), 이석형(李石亨), 윤필상(尹弼商), 허종(許琮), 황효원(黃孝源) 등이다.

81 병충분의결책익운정국 공신(秉忠奮義決策翊運靖國功臣) : 1506년(중종1) 중종반정에 공을 세운 사람에게 내린 공신 명호이다. 1등은 5원으로, 박원종(朴元宗), 성희안(成希顔), 유순정(柳順汀), 장정(張珽), 경주(景舟)이다. 2등은 13원으로, 이효성(李孝誠), 심순경(沈順經), 변수(邊脩), 최한홍(崔漢洪), 형로(衡老), 조계상(曺繼商), 유순(柳洵), 김수동(金壽童), 이감(李勘), 이계(李誡), 이계남(李季男), 구수영(具壽永), 이활(李濊)이다. 3등은 31원으로, 고수겸(高守謙), 심형(沈亨), 황탄(黃坦), 유세웅(柳世雄), 유계종(柳繼宗) 등이다. 4등은 58원으로, 변준(卞儁), 변사겸(邊士謙), 이숙창(李叔昌), 박이검(朴而儉), 유영(柳濚) 등이다.

제10항 **중종조(中宗朝)에 추성보사우세정난 공신(推誠保社佑世定難功臣) 노영손(盧永孫)을 녹훈하였다.** 1 이과(李顆) 등이 복주된 뒤에 21인을 녹훈하였다. 뒤에 대간의 논계(論啓)로 인하여 노영손만을 녹훈하고 나머지는 모두 삭훈하였다.[82]

제11항 **선조조(宣祖朝)에 수충공성익모수기광국 공신(輸忠貢誠翼謨修紀光國功臣)[83] 윤근수(尹根壽) 등 19인을 녹훈하였다.** 1 주청(奏請)하여 종계(宗系)를 고쳤다.

82 이과(李顆)……삭훈하였다 : 중종반정 이후 정국 원종공신(靖國原從功臣)에 봉해진 대사성 이과가 논공행상에 불만을 품고 1507년(중종2) 중종이 선릉(宣陵)에 친제(親祭)하러 가는 틈을 타서 손유(孫洧) 등과 모의하여 견성군(甄城君) 이돈(李惇)을 추대한 뒤 박원종(朴元宗) 등을 제거하려 하였는데, 이해 8월 26일 우림위(羽林衛) 노영손(盧永孫)이 이를 밀고하여 이과 등은 처형되고, 9월에 노영손 등 21인이 정난 공신(定難功臣)에 녹훈되었다. 그러나 대간 등이 계속 문제를 제기하며 공신 녹훈을 개정(改正)할 것을 요구하자, 1517년(중종12) 3월 영의정 정광필(鄭光弼) 등의 계청을 받아들여 노영손만 남기고 모두 삭훈하였다.《中宗實錄 2年 8月 26日·9月 6日, 12年 3月 24日》

83 수충공성익모수기광국 공신(輸忠貢誠翼謨修紀光國功臣) : 종실의 계통을 바로잡는 데 공을 세운 사람에게 내린 칭호이다. 1590년(선조23) 그동안 사질로 명나라에 나녀오거나 주문(奏文)을 지은 이로서 공로가 뚜렷한 사람 19인을 선정하고 이들을 다시 세 등급으로 구분하여 논공한 뒤 공신에 책봉하였다. 1등은 3원으로, 윤근수(尹根壽), 황정욱(黃廷彧), 유홍(兪泓)이다. 2등은 7원으로, 홍성민(洪聖民), 이후백(李後白), 윤두수(尹斗壽), 한응인(韓應寅), 윤섬(尹暹), 윤형(尹泂), 홍순언(洪純彥)이다. 3등은 9원으로, 김주(金澍), 이산해(李山海), 황림(黃琳), 유성룡(柳成龍), 정철(鄭澈), 이양원(李陽元), 기대승(奇大升), 윤탁연(尹卓然), 최황(崔滉)이다.

제12항 선조조(宣祖朝)에 추충분의병기협책평난 공신(推忠奮義炳幾協策平難功臣)[84] 박충간(朴忠侃) 등 22인을 녹훈하였다. ■ 정여립(鄭汝立) 등이 복주된 뒤에 녹훈하였다.

제13항 선조조(宣祖朝)에 충근정량갈성효절협책호성 공신(忠勤貞亮竭誠效節協策扈聖功臣)[85] 이항복(李恒福) 등 85인을 녹훈하였다. ■ 임진년(1592, 선조25) 서쪽으로 행행(行幸)할 때에 호종하였다.

제14항 선조조(宣祖朝)에 효충장의적의협력선무 공신(效忠仗義迪毅協力宣武功臣)[86] 이순신(李舜臣) 등 18인을 녹훈하였다. ■ 임진년

84 추충분의병기협책평난 공신(推忠奮義炳幾協策平難功臣) : 1589년(선조22) 정여립(鄭汝立)의 모반을 평정하는 데 공을 세운 사람에게 내린 칭호이다. 1등은 3원으로, 박충간(朴忠侃), 이축(李軸), 한응인(韓應寅)이다. 2등은 12원으로, 민인백(閔仁伯), 한준(韓準), 이수(李綏), 조구(趙球), 남절(南嶻), 김귀영(金貴榮), 유전(柳琠), 유홍(兪泓), 정철(鄭澈), 이산해(李山海), 홍성민(洪聖民), 이준(李準)이다. 3등은 7원으로, 이헌국(李憲國), 최황(崔滉), 이명원(李命元), 이증(李增), 이항복(李恒福), 강신(姜紳), 이정립(李廷立)이다.

85 충근정량갈성효절협책호성 공신(忠勤貞亮竭誠效節協策扈聖功臣) : 1604년(선조37) 임진왜란 때 선조를 모시고 의주(義州)까지 호종하는 데 공이 있는 사람에게 준 칭호이다. 1등은 2원으로, 이항복(李恒福), 정곤수(鄭崑壽)이다. 2등은 31원으로, 이후(李珝), 이원익(李元翼), 윤두수(尹斗壽), 심우승(沈友勝), 이호민(李好閔) 등이다. 3등은 53원으로, 정탁(鄭琢), 이헌국(李憲國), 유희림(柳希霖), 이유중(李有中), 임발영(任發英) 등이다.

86 효충장의적의협력선무 공신(效忠仗義迪毅協力宣武功臣) : 1604년(선조37) 임진왜란 때 무공을 세웠거나 명나라에 병량주청사신(兵糧奏請使臣)으로 가서 공을 세운 사람에게 준 칭호이다. 1등은 3원으로, 이순신(李舜臣), 권율(權慄), 원균(元均)이다. 2등은 5원으로, 신점(申點), 권응수(權應洙), 김시민(金時敏), 이정암(李廷馣), 이억기(李億祺)이다. 3등은 10원으로, 정기원(鄭

(1592, 선조25)의 난리에 힘을 써서 난리를 평정하고 힘을 모아 도와서 나라가 중흥하게 하였다.

제15항 **선조조**(宣祖朝)**에 분충출기합모적의청난 공신**(奮忠出氣合謀迪毅淸難功臣)[87] **홍가신**(洪可臣) **등 5인을 녹훈하였다.** **1** 호서(湖西)의 역적 이몽학(李夢鶴) 등을 토벌하여 평정하였다.

제16항 **인조조**(仁祖朝)**에 분충찬모입기명륜정사 공신**(奮忠贊謨立紀明倫靖社功臣)[88] **김류**(金瑬) **등 47인을 녹훈하였다.** **1** 광해(光海)가 폐모하고 정도(正道)를 어지럽혀 김류 등이 인조를 받들어 반정(反正)하였다.

제17항 **인조조**(仁祖朝)**에 갈성분위출기효력진무 공신**(竭誠奮威出氣效

期遠), 권협(權悏), 유사원(柳思瑗), 고언백(高彦白), 이광악(李光岳), 조경(趙儆), 권준(權俊), 이순신(李純信), 기효근(奇孝謹), 이운룡(李雲龍)이다.

87 분충출기합모적의청난 공신(奮忠出氣合謀迪毅淸難功臣) : 1604년(선조37) 이몽학(李夢鶴)의 난을 평정하는 데 공을 세운 사람에게 내린 칭호이다. 1등은 1원으로 홍가신(洪可臣)이고, 2등은 2원으로 박명현(朴名賢)과 최호(崔湖)이며, 3등은 2원으로 신경행(辛景行)과 임득의(林得義)이다.

88 분충찬모입기명륜정사 공신(奮忠贊謨立紀明倫靖社功臣) : 1623년(인조1) 광해군을 내쫓고 인조를 옹립하는 데 공을 세운 사람에게 내린 칭호이다. 1등은 7원으로, 김류(金瑬), 이귀(李貴), 신경진(申景禛), 이서(李曙), 최명길(崔鳴吉), 구굉(具宏), 심명세(沈命世)이다. 2등은 13원으로, 김경징(金慶徵), 신경인(申景禋), 이중로(李重老), 이시백(李時白), 이시방(李時昉), 장유(張維), 원두표(元斗杓), 이해(李澥), 신경유(申景裕), 박효립(朴孝立), 장돈(張暾), 구인후(具仁垕), 장신(張紳)이다. 3등은 26원으로, 박유명(朴維明), 한교(韓嶠), 송영망(宋英望), 이항(李沆), 최내길(崔來吉) 등이다.

力振武功臣)[89] **장만**(張晚) **등 32인을 녹훈하였다.** **1** 역적 이괄(李适)을 토벌하여 평정하였다.

제18항 **인조조**(仁祖朝)**에 수충분의결책청난소무 공신**(輸忠奮義決策淸難昭武功臣)[90] **홍보**(洪寶) **등 6인을 녹훈하였다.** **1** 횡성(橫城)의 역적 이인거(李仁居)를 토벌하여 평정하였다.

제19항 **인조조**(仁祖朝)**에 갈충효성병기익명영사 공신**(竭忠效誠炳幾翊命寧社功臣)[91] **허적**(許穪) **등 11인을 녹훈하였다.** **1** 유효립(柳孝立) 등이 복주된 뒤에 녹훈하였다.

89 갈성분위출기효력진무 공신(竭誠奮威出氣效力振武功臣) : 1624년(인조2) 이괄(李适)의 난을 평정하는 데 공을 세운 사람에게 내린 칭호이다. 1등은 3원으로, 장만(張晚), 정충신(鄭忠信), 남이흥(南以興)이다. 2등은 9원으로, 이수일(李守一), 김기종(金起宗), 변흡(邊洽), 유효걸(柳孝傑), 김경운(金慶雲), 이희건(李希建), 성대훈(成大勳), 박상(朴瑺), 조시준(趙時俊)이다. 3등은 20원으로, 남이웅(南以雄), 신경원(申景瑗), 김완(金完), 이신(李愼), 이휴복(李休復) 등이다.

90 수충분의결책청난소무 공신(輸忠奮義決策淸難昭武功臣) : 1627년(인조5) 이인거(李仁居)의 난을 진압하는 데 공을 세운 사람에게 내린 칭호이다. 1등은 1원으로 홍보(洪寶)이고, 2등은 2원으로 이탁남(李擢男)과 원극함(元克咸)이며, 3등은 3원으로 이윤남(李胤男), 신응영(辛應英), 진극일(陳克一)이다.

91 갈충효성병기익명영사 공신(竭忠效誠炳幾翊命寧社功臣) : 1628년(인조6) 유효립(柳孝立)의 모반 사건을 고변한 사람에게 내린 훈호(勳號)이다. 1등은 1원으로 허적(許穪)이다. 2등은 6원으로, 홍서봉(洪瑞鳳), 황성원(黃性元), 허계(許稧), 황진(黃縉), 허선(許選) 등이다. 3등은 5원으로, 김득성(金得聲), 김진성(金振聲), 신서회(申瑞檜), 최산휘(崔山輝), 이두견(李斗堅)이다.

제20항 **인조조(仁祖朝)에 효충분위병기결책영국 공신(效忠奮威炳幾決策寧國功臣)[92] 구인후(具仁垕) 등 5인을 녹훈하였다.** ❶ 심기원(沈器遠) 등이 복주된 뒤에 녹훈하였다.

제21항 **숙종조(肅宗朝)에 분충효의병기협모보사 공신(奮忠效義炳幾協謨保社功臣)[93] 김석주(金錫胄) 등 5인을 녹훈하였다.** ❶ 이남(李柟), 이정(李楨) 등이 복주된 뒤에 녹훈하였다.

제22항 **영종조(英宗朝)에 수충갈성결기효력양무 공신(輸忠竭誠決幾效力揚武功臣)[94] 오명항(吳命恒) 등 14인을 녹훈하였다.** ❶ 이인좌(李麟佐) 등 여러 역적을 토벌하여 평정하였다.

92 효충분위병기결책영국 공신(效忠奮威炳幾決策寧國功臣) : 1644년(인조22) 3월 심기원(沈器遠)의 역모 사건을 다스리는 데 공을 세운 사람에게 내린 칭호이다. 1등은 2원으로 구인후(具仁垕)와 김류(金瑬)이고, 2등은 2원으로 황헌(黃瀗)과 이원로(李元老)이며, 3등은 1원으로 이석룡(李碩龍)이다.

93 분충효의병기협모보사 공신(奮忠效義炳幾協謨保社功臣) : 1680년(숙종6) 경신대출척(庚申大黜陟)에 공을 세운 신하에게 내린 칭호이다. 1등은 2원으로 김석주(金錫胄)와 김만기(金萬基)이고, 2등은 1원으로 이입신(李立身)이며, 3등은 2원으로 남두극(南斗極)과 박빈(朴斌)이다.

94 수충갈성결기효력양무 공신(輸忠竭誠決幾效力揚武功臣) : 1728년(영조4) 이인좌(李麟佐)의 난을 평정하는 데 공을 세운 사람에게 내린 훈호(勳號)이다. 1등은 1원으로 오명항(吳命恒)이다. 2등은 7원으로, 박찬신(朴纘新), 박문수(朴文秀), 이삼(李森), 조문명(趙文命), 박필건(朴弼健), 김중만(金重萬), 이만유(李萬囿)이다. 3등은 7원으로, 이익필(李益馝), 이수량(李遂良), 김협(金浹), 조현명(趙顯命), 이보혁(李普赫), 권희학(權喜學), 박동형(朴東亨)이다.

제 9 조 사신외관하배영수의(使臣外官賀拜迎受儀)

제 1 절 사신과 외관이 정월, 동지, 탄일에 멀리서 하례하는 의식 [使臣外官正至誕日遙賀儀][95]

제 1 항 **당일에 날이 밝기 전에 전패(殿牌)[96]를 열고, 향탁(香卓)을 그 앞에 설치하고서 의장(儀仗)을 뜰의 동쪽과 서쪽에 진열한다. 여러 관원이 조복(朝服)을 갖추고** ❶ 조복이 없으면 사신은 평상복을 입는다. **뜰로 들어온다. 사신은 동쪽에 자리를 잡고 외관은 서쪽에 자리를 잡는데 서로 상대와 접하는 자리가 상위(上位)가 되며 자리를 달리하여 두 줄로 북쪽을 향하여 선다. 음악을 연주한다. 네 번 절한다.** ❷ 몸을 굽혀 네 번 절하고, 일어나 몸을 편다. 모든 절하는 의식은 같다. ❸ 절하고 일어날 적에는 모두 집사자(執事者)가 창(唱)한다. **음악을 그친다.** ❹ 음악이 없는 곳에는 반드시 음악을 사용하지 않는다. **관**

95 사신과……의식 : 《국조오례의》 〈가례(嘉禮)〉에 있다.

96 전패(殿牌) : 임금을 상징하는 '전(殿)' 자가 새겨진 패이다. 1711년(숙종37) 민진후(閔鎭厚)가 무예를 숭상하는 변방 지역에 더욱 예법을 널리 펴야 하는데 황해도와 평안도의 진(鎭)이나 보(堡)에 전패를 봉안하지 않는 곳이 있어 편치 않다는 이유를 들어, 객사가 있는 곳에 모두 전패를 봉안하여 탄일(誕日), 정조(正朝), 동지(冬至), 삭망(朔望)에 공복(公服)이나 융의(戎衣) 차림으로 반드시 망궐례(望闕禮)를 행하도록 도신(道臣)에게 분부할 것을 건의하였고 이를 따라 시행하였다. 《전율통보》 〈예전 잡령(雜令)〉 1항 참조.

원들이 모두 무릎을 꿇고 앉으면 집사자가 세 번 향을 올리고 관원들이 일어난다. 5 부복(俯伏)하고 일어난다. 모든 일어나는 동작은 같다. **음악을 연주한다. 네 번 절한다. 음악을 그친다. 관원들이 무릎을 꿇고 앉아 홀을 띠에 꽂는다. 집사가 '삼고두(三叩頭)'를 창하면 관원들이 세 번 고두(叩頭)를 행한다. '산호(山呼)'를 창하면 관원들이 두 손을 마주 잡아 이마에 얹으면서 '천세(千歲)'라고 한다. '산호'를 창하면 '천세'라고 한다. '재산호(再山呼)'를 창하면 '천천세(千千歲)'라고 한다. 관원들이 홀을 내고 일어난다. 음악을 연주한다. 네 번 절한다. 음악을 그친다. 예를 마친다.** 6 초하루, 보름에 멀리서 하례하는 의식[97]도 같다. 다만 공복(公服)을 입고 의식을 행하되, 공복이 없으면 사신은 평상복을 입는다. '관원들이 무릎을 꿇고 앉아 홀을 띠에 꽂는다[衆官跪搢笏]' 이하의 의식은 없다. 〈오례〉

97 초하루……의식 : 《국조오례의》 〈가례(嘉禮)〉에 있다.

제 2 절 사신과 외관이 전문에 절하는 의식[使臣外官拜箋儀]

제 1 항 ❶ 전패(殿牌)를 여는 것은 '멀리서 하례하는 의식'과 같다. **전안(箋案)을 전패 앞에 설치하고, 향탁(香卓)을 그 앞에 설치하고서, 의장(儀仗)을 뜰의 동쪽과 서쪽에 진열하고, 용정(龍亭)을 중문(中門) 안에 설치한다. 집사(執事)가 전문(箋文)을 안(案)에 둔다. 여러 관원이 조복을 갖추고 뜰로 들어온다.** ❷ 이하는 '멀리서 하례하는 의식'과 같다. **집사가 세 번 향을 올리면 반수(班首)가 서쪽 계단을 통해 올라가서 전안(箋案) 앞에 나아가서 무릎을 꿇는다. 집사가 전문을 가져다가 무릎을 꿇고 반수에게 준다. 반수가 전문을 받아서 진전관(進箋官)에게 주면 진전관이 무릎을 꿇고 받아서 다시 안(案)에 둔다. 반수가 일어나 내려가 자리로 돌아가면 관원들이 일어난다. 음악을 연주한다. 네 번 절한다. 음악을 그친다. 예를 마친다. 진전관이 전문을 받들고 나가는데, 여러 관원이 반열에 돌아서 몸을 굽혔다가 지나가면 몸을 편다. 진전관이 전문을 용정 안에 두고 문을 나온다. 의장과 고악(鼓樂)이 앞에서 인도하면 진전관이 따른다. 여러 관원은 전송하여 원정(遠亭)에 이른다.** ❸ 관문(官門)과의 거리는 5리이다. ❹ '진위전(陳慰箋)에 절하는 의식'에는 의장과 음악을 연주하는 절차가 없다.〈오례〉

제 1 항 ❶ 전패(殿牌)를 여는 것은 '멀리서 하례하는 의식'과 같다. **교서안(敎書案)과 향탁(香卓)을 설치한다. 교서(敎書)를 받들고 오는 사신의 관직 고하를 따지지 않고 관찰사 이하의 대소(大小) 사신과** ❷ 교서가 있으면 사신은 받들고 온 교서를 묵고 있는 객관(客館)에 안치(安置)한다. **외관은 모두 조복(朝服)을 입고 용정(龍亭)과 의장(儀仗)을 갖추어 원정(遠亭)에서 맞이한다. 교서가 장차 이르면 여러 사신과 외관은 자리를 구분하여 국궁(鞠躬)하고 길 왼편에서 맞이한다. 사신으로 온 사람이 이르러 말에서 내려 교서를 용정 안에 둔다. 여러 사신과 외관이 몸을 편다. 외관이 앞에서 인도하고, 다음은 여러 사신이 따르고,** ❸ 사신으로 온 사람이 말에 오르면 모두 말에 오른다. **다음은 금고(金鼓)와 의장이 따르고, 다음은 고취(鼓吹)가 따르고, 다음은 향정(香亭)이 따르고, 다음은 용정이 따르고, 다음은 사신으로 온 사람이 따라 행차하여 관문(官門) 밖에 이른다. 모두 말에서 내린다. 여러 관원이 서문(西門)을 통해 뜰로 들어간다.** ❹ 위차(位次)는 '멀리서 하례하는 의식'과 같다. **의장과 고취가 들어가 진열한다. 용정이 정문을 통해 들어간다. 사신과 외관이 서로를 향하여 국궁하고, 지나가면 몸을 펴고 북쪽을 향해서 선다. 사신으로 온 사람이 용정을 따라 정청(正廳)에 이르러 교서를 받들어 교서안에 둔 다음 동쪽 가까이로**

98 사신과……의식 : 《국조오례의》 〈가례(嘉禮)〉에 있다.

조금 물러나 서쪽을 향해서 선다. 음악을 연주한다. 여러 관원이 네 번 절한다. 음악을 그친다. 여러 관원이 무릎을 꿇고 앉는다. 집사자(執事者)가 세 번 향을 올린다. 여러 관원이 일어난다. 사신으로 온 사람이 교서안 앞에 나아가서 교서를 받들고 서서 교서를 선포하는 사람에게 준다. 교서를 선포하는 사람이 무릎을 꿇고 받아서 동쪽 섬돌 위로 나아가 서쪽을 향하여 서서 교서를 집사자에게 준다. 집사자 두 사람이 무릎을 꿇고 교서를 받아 서서 마주 잡고 펼친다. 사신으로 온 사람이 조금 앞으로 나아가 남쪽을 향해 서서 교서가 있다고 말한다. 여러 관원이 모두 무릎을 꿇는다. 교서를 선포하는 사람이 선포한 다음 교서를 받들고 도로 들어와서 무릎을 꿇고 교서안에 둔다. 여러 관원이 일어난다. 음악을 연주한다. 네 번 절한다. 음악을 그친다. 여러 관원이 무릎을 꿇고 홀을 띠에 꽂는다. 집사자가 '삼고두(三叩頭)'를 창(唱)한다. 5 이하는 '멀리서 하례하는 의식'과 같다. 6 경사(慶事)와 관계된 것이 아니면 고두례를 행하지 않는다. **예를 마친다. 상회례(相會禮)를 평상시의 의식과 같이 한다.** 7 교서가 한 곳만 지나면 지나가는 주(州)나 현(縣)은 평상복 차림으로 관문(官門) 밖에서 맞이하여, 뜰 가운데에 나아가서 네 번 절하는 예식을 거행한다. 전송하는 예식은 맞이하는 의식과 같다.〈오례〉

제 4 절 사신과 외관이 유서를 받는 의식[使臣外官受諭書儀]

관교(官敎)를 받는 의식도 같다.

제 1 항 **유서(諭書)를 받든 자가 중문(中門)을 통해 들어가 안(案)에 두고 서쪽을 향해 선다. 받는 자는 시복(時服)을 입고 뜰 가운데 서쪽 가까운 곳에서 북쪽을 향해 네 번 절한다. 서쪽 계단을 통하여 안(案) 앞에 나아가 북쪽을 향해 꿇어앉는다. 유서를 받든 자가 받을 사람에게 주면 받은 자는 유서를 읽는다. 읽은 다음 집사(執事)에게 주어 도로 안(案)에 둔다.** 1 관교(官敎)는 받아서 몸에 지닌다. **일어나서 자리로 돌아가 네 번 절하고 나간다.**〈오례〉

제5절 사신과 외관이 선로를 받는 의식[使臣外官受宣勞儀][99]

제1항 **선온안(宣醞案)을 정청(正廳)에 설치하고** ❶ 남향(南向)으로 한다. **사물(賜物)을 받는 사람과 외관은 평상복 차림으로 의장(儀仗)을 갖추고 원정(遠亭)에서 맞이한다.** ❷ 이하는 '교서를 맞이하는 의식'과 같다. 다만 집사(執事)가 선온(宣醞)을 여담(舁擔)[100]으로 한다. 하사하는 물품이 있으면 또한 여담을 하게 한다. **외관이 앞에서 인도하고, 다음은 사물을 받는 사람이 따르고, 다음은 금고(金鼓)와 의장이 따르고, 다음은 여담이 따르고, 다음은 사신으로 온 사람이 따른다.** ❸ 이하는 '교서를 맞이하는 의식'과 같다. **사신으로 온 사람이 따라서 정청(正廳)에 이르면 집사가 선온을 안(案)에 두고** ❹ 하사하는 물품이 있으면 사물안(賜物案)은 왼쪽에 있고, 선온안은 오른쪽에 있다. **서쪽을 향해 선다. 사물을 받는 사람 이하는 네 번 절한다. 사물을 받는 사람은 서쪽 계단을 통하여 안(案) 앞에 이르러 북쪽을 향해 선다. 사신으로 온 사람이 교서가 있다고 말하면 사물을 받는 사람은 꿇어앉는다. 사신으로 온 사람이 서쪽을 향해 교서의 내용을 전한다. 사물을 받는 사람이 일어난**

99 사신과……의식 : 《국조오례의》 〈가례(嘉禮)〉에 있다. 선로(宣勞)는 공이 있는 사람을 위로할 때나 재해, 병란 등을 겪은 뒤 지방 벼슬아치들의 노고를 위로할 때 임금이 술이나 물품을 내리는 것을 말한다. 《世宗實錄 11年 9月 29日》《明宗實錄 10年 7月 15日》

100 여담(舁擔) : 물건을 실어 나르는 가마나 들것을 말하는데, 여기서는 가마나 들것에 선온이나 하사하는 물품을 싣고 가는 것이다.

다. 5 사물이 있으면 사신은 서서 주고, 사물을 받는 사람은 무릎을 꿇고서 받은 다음 종자(從者)에게 주고서 일어난다. **사신으로 온 사람과 사물을 받는 사람이 모두 자리에 선다.** 6 사신은 동쪽이고 사물을 받는 사람은 서쪽이다. **음악을 연주한다. 찬탁(饌卓)을 설치한다. 사신으로 온 사람이 술을 받아 남쪽을 향해 서서 주면 사물을 받는 자는 나아가 꿇어앉아 술을 마신다. 술을 마신 다음 일어나서 술을 꿇어앉아 올리면 사신으로 온 사람이 마신다. 각각 자리로 나아간다. 탕(湯)을 올리고 찬탁을 치운다. 사물을 받는 사람이 내려가면 사신으로 온 사람은 서쪽을 향하는 자리로 돌아간다. 사물을 받는 사람이 네 번 절하고 나간다.**

제6절 사신과 외관이 내향을 맞이하는 의식[使臣外官迎內香儀][101]

제1항 **내향안(內香案)을 전패(殿牌) 앞에 설치한다. 사신으로 온 사람이 도착할 즈음 여러 사신과 외관은 평상복 차림으로 관문(官門) 밖에 나가 향을 맞이한다. 사신으로 온 사람은 도착하여 향을 따라 중문(中門)을 경유해 들어와서 향을 안(案) 위에 놓고 조금 물러나 서쪽을 향해 선다. 여러 사신과 외관이 뜰로 들어와서 북쪽을 향해 네 번 절하고 나간다.** ❶ 내향이 지나가는 주(州)나 현(縣)에서의 전송은 맞이하는 의식과 같다. ❷ 봉향 사신(奉香使臣)이 먼저 도착한 사신이 묵고 있는 객관의 문 밖을 지나갈 때에는 먼저 도착한 사신이 길 왼쪽으로 나와 전송한다.〈오례〉 ❸ 봉명 사신(奉命使臣)이 길에서 향축을 만났을 경우 말에서 내려 몸을 굽히고 봉향축 사신(奉香祝使臣)은 말에서 내리지 않는다. ❹ 봉명 사신은 모두 직품(職品)의 차례를 따른다. ❺ 소명(召命)을 받은 시종(侍從)은 봉명한 사람과 맞버티지 못한다.

101 사신과……의식 : 《국조오례의》〈가례(嘉禮)〉에 있다. 내향(內香)은 임금이 하사하는 향이다.

제10조 경외관상접의(京外官相接儀)

제 1 절 외관이 관찰사를 맞이하는 의식[外官迎觀察使儀][102]

제 1 항 **먼저 도착해 있는 사신과 외관은 조복(朝服) 차림으로 나가 교서를 맞이한다.** ❶ 모두 '교서를 맞이하는 의식'과 같다. 다만 사신과 외관은 길 왼쪽에서 맞이하고 관찰사는 말을 멈춘다. 만약 먼저 도착해 있는 사신 중에 2품 이상이 있으면 말에서 내린다. 집사(執事)가 교서를 용정(龍亭) 안에 놓는다. 먼저 도착해 있는 사신은 관찰사를 따라 뒤에 간다. 외관은 들어가서 뜰 서쪽으로 나아간다. 용정은 정문(正門)을 통해 들어가고 관찰사가 따라간다. 이때 외관은 몸을 굽힌다. **용정이 정청(正廳)에 올라가면 집사는 교서를 받들어 교서안(敎書案)에 놓는다. 관찰사는 용정을 따라 들어와 정청에 이르러 동쪽에서 서쪽을 향해 선다. 음악을 연주한다. 외관이 네 번 절한다. 음악을 그친다. 외관이 무릎을 꿇는다. 집사가 세 번 향을 올린다. 외관이 일어선다. 반수(班首)가 서쪽 계단을 통해 관찰사 앞에 이르러 동쪽을 향해 몸을 굽히고 '상의 체후가 어떠하십니까?'라고 묻는다. 관찰사는 '천세를 누리실 것입니다.'라고 답한다. 반수가 무릎을 꿇었다가 일어나** ❷ 자리에 있는 자도 같

102 외관이……의식 : 《국조오례의》 〈가례(嘉禮)〉에 있다.

다. **자리로 돌아간다. 음악을 연주한다. 네 번 절한다. 음악을 그친다.** ❸ 그다음에 먼저 도착해 있는 사신이 들어와 뜰에 나아간다. 사배(四拜)를 예대로 행한다. **예를 마친다. 상회례**(相會禮)**를 행한다.** ❹ 관찰사가 거듭 온 경우 외관은 평상복 차림으로 나가 맞이한다. ❺ 관찰사가 도착한 뒤에 부임한 외관은 상의 체후를 묻는 예가 없다. ❻ 대소(大小)의 진장(鎭將)이 본진(本鎭)에 있는 경우는 군의(軍儀)를 갖추고 원정(遠亭)에서 맞이한다.〈오례〉

제 1 항 **7품 이하는 5·6품에 대해 계단 아래에서, 3·4품에 대해 중문(中門) 안에서, 2품에 대해 중문 밖에서, 1품에 대해 대문 밖에서 몸을 굽히고, 6품은 3·4품에 대해, 5품은 3품에 대해 계단 아래에서 몸을 굽히고 상관(上官)이 읍(揖)을 행한다. 3품 이하 6품 이상은 2품에 대해** ❶ 3품 당상관에게도 같다. **중문 안에서, 1품에 대해서는 중문 밖에서 몸을 굽히고, 3품 당상관은 1, 2품에 대해, 종2품은 정2품 이상에 대해, 종1품과 정2품은 정1품에 대해 계단 서쪽에 나아가 몸을 굽히고 상관이 읍을 행한다. 먼저 도착한 3품 이하는 나중에 도착한 사람과 품계가 다르면** ❷ 4품의 3품에 대한 관계와 같은 따위이다. **몸을 숨겨 자리를 피하고, 품계가 같으면 좌석 앞에 서서 기다린다.** ❸ 맞이할 때는 남쪽 위에, 보낼 때는 북쪽 위에 서 있는데 품계마다 조금씩 뒤에 선다. 아래도 같다.

제 2 항 **녹사(錄事)는 당상관에 대해 중문(中門) 밖에서 땅에 엎드리고, 6품 이상에 대해 중문 안에서 몸을 굽힌다.**

제 3 항 **서리(書吏)는 당상관에 대해 대문 밖에서, 6품 이상에 대해 중문(中門) 밖에서, 7품 이하에 대해 중문 안에서 땅에 엎드린다.**

103 경외관 영송(京外官迎送) : 《경국대전》 〈예전 경외관영송(京外官迎送)〉에 있다.

제4항 **당상관인 외관은 당상관 사신(使臣)에 대해 대문 안에서, 3품 이하의 사신에 대해 중문(中門) 안에서 몸을 굽힌다. 6품 이상인 외관은 대소(大小) 사신에 대해 대문 안에서, 7품 이하인 외관은 대문 밖에서 몸을 굽힌다. 모두 시복(時服) 차림으로 한다.** 1 의정이 사신인 경우는 오리정(五里亭)에서 맞이한다.

제5항 **향리(鄕吏)는** 1 호장(戶長), 기관(記官), 장교(將校) 중 우두머리 각 1인이다. **공복(公服) 차림으로** 2 초행(初行)이 아니면 직령(直領) 차림이다. **오리정(五里亭)에서 맞이하며 땅에 엎드린다.** 3 나머지는 대문 밖에서 맞이하며, 보낼 때에는 모두 대문 밖에서 한다. 4 장교는 지역의 경계에서 영송한다. 2품 이상이면 4인이, 3품 당상관이면 3인이, 6품 이상이면 2인이, 7품 이하이면 1인이 영송한다. **토관(土官)과 교생(校生)은 대문 밖에서 영송한다.** 〈경〉

제 1 항 **품계가 2등급 차이가 나는 경우는** ❶ 5품의 3품에 대한 관계와 같은 따위이다. **앞에 나아가 재배(再拜)하고 상관(上官)은 답배(答拜)하지 않는다.** ❷ 품계가 1등급 차이가 나면 답배한다. ❸ 읍례(揖禮)를 할 때도 같다. **길에서 만나면 하관(下官)은 말에서 내리고 상관은 채찍을 내려놓고 지나간다.** ❹ 1등급 차이가 나면 말에서 내려 서로 읍한다. **품계가 같은 경우는 말 위에서 서로 읍하고, 당상관 사이에는 2등급 차이가 나더라도 모두 말에서 내려 서로 읍한다.**〈경〉 ❺ 각 관사의 관원이 이조 낭청을 만난 경우는 말머리를 돌려 몸을 숨겨 피한다. 당하 문관은 당상 무관을 벽제(辟除)할 수 없다.〈증〉

제 2 항 **만나 뵙기를 청하는 경우에 품계가 1등급 차이가 나면 몸을 보이지 않은 채로 만나 뵙기를 청한다. 당상관에 대해서는 3품 이하는 계단 위 서쪽에 동쪽을 향하여 서고, 7품 이하는 북쪽을 향하여 서고,** ❶ 품계마다 조금씩 뒤에 선다. **맨 하위는 무릎을 꿇고 청한다.** ❷ 3품의 당상관 및 사헌부, 사간원에게 동시에 만나 뵙기를 청하지 못한다. **서리가 전해 알리면 앞에 나아가 예를 행한다.** ❸ 응답할 자는 먼저 들어가 예를 행하되, 7품 이하는 기둥 밖에 나아간다.

104 경외관 상견(京外官相見) : 《경국대전》〈예전 경외관상견(京外官相見)〉, 《대전통편》〈예전 경외관상견〉에 있다.

제 3 항 **당상관이라도 사헌부와 사간원의 관원에 대해서는 우대하는 예에 따라 답례(答禮)한다.**

제 4 항 **각 아문에 새로 제수된 관원이 상관이면 신관(新官)과 구관(舊官)이 모두 공복(公服) 차림으로 상회례(相會禮)를 행한다.** [1] 구관의 경우는 예를 행하여야 할 자가 아니면 참석하지 않는다. **보통 때에는 단지 읍례(揖禮)만을 행한다.**

제 5 항 **녹사(錄事)는 기둥 밖에서, 서리(書吏)는 계단 위에서 재배(再拜)한다. 보통 때에는 읍한다.** [1] 복례(僕隷)는 뜰아래에서 절한다.

제 6 항 **당상관인 외관은 당상관 사신(使臣)에게는 서쪽 문으로 들어가서 앞에 나아가 재배(再拜)하고 사신은 답배(答拜)하며, 3품 이하의 사신에게는 객(客)은 동쪽에서, 주인은 서쪽에서 마주 보고 재배한다. 3품 이하의 관원은 당상관 사신에게는 직접 가서 뵙기를 청하고,** [1] 계단 위로 나아간다. 이하는 같다. **3품 이하의 사신에게는 인편이나 서신으로 뵙기를 청하되 모두 서쪽 문으로 들어가서 앞에 나아가 재배한다. 사신은 품계가 1등급 차이가 나면 답배하고 2등급 차이가 나면 답배하지 않는다.** [2] 이하는 같다. **7품 이하의 관원은 6품 이상의 사신에게는 직접 가서 뵙기를 청하고, 7품 이하의 사신에게는 인편이나 서신으로 뵙기를 청하되 모두 앞에 나아가 재배한다.**

제 7 항 **토관(土官)과 교생(校生)은 계단 위에서, 향리(鄕吏)는 뜰아래**

에서 재배(再拜)한다.

제8항 **정1품 관원이 의정부 관원과 서로 모일 때에는 녹사(錄事)로 하여금 들어가서 보고하게 한다. 의정은 좌석 앞에서 북쪽을 향하여 서서 기다리고 찬성(贊成) 이하는 몸을 숨겨 자리를 피한다. 정1품 관원은 중문(中門)을 통해 들어와서 의정과 한 줄로 서서 재배(再拜)하고** ❶ 좌목(座目)에 따른다. **찬성 이하는 앞으로 나아가 재배하며 정1품 관원은 답배(答拜)한다.**

제9항 **왕자와 대신(大臣)이 교좌(交坐)할 때에는 왕자가 도착할 즈음에 정1품 관원은 몸을 숨겨 자리를 피하고 종1품 이하의 관원은 평상시와 같이 공경히 맞이한다. 왕자가 들어와 북쪽을 향하여 선다. 정1품 관원이 들어와 한 줄로 서서 읍하고 각각 자리 앞에 나아가 선다.** ❶ 대군의 경우는 좌석 조금 앞이다. **종1품 이하의 관원은 앞에 나아가 읍하고 왕자가 답읍(答揖)하면 각각 자리에 나아간다. 왕자가 나가려 할 때 종1품 이하의 관원은 앞에 나아가 읍하고 나가서 공경히 전송하는 자리에 나아가고 정1품 관원은 왕자와 더불어 한 줄로 서서 읍하고 몸을 숨겨 자리를 피한다.**

제10항 **종학관(宗學官)[105]이 종친과 더불어 모일 때에는 3품은 북쪽,**

105 종학관(宗學官) : 종실의 자제를 교육하는 종학의 교관으로서 정4품 도선(道善), 정5품 전훈(典訓), 정6품 사회(司誨) 등이 있었다. 이들은 성균

4품은 동쪽, 5·6품은 서쪽에 좌정(坐定)하고 종친이 앞으로 나아가 여러 줄로 서서 ❶ 대군이 한 줄, 2품 이상이 한 줄, 3품 이하가 한 줄, 관직이 없는 자가 한 줄이다. **재배(再拜)하면 종학관이 일시에 답배(答拜)한다.** ❷ 평상시에는 읍한다.〈경〉

제11항 **내각(內閣 규장각)의 직각과 대교가 제학에게 앞에 나아가서 절하면 제학은 손을 들어 답읍(答揖)하고, 직제학에게 앞에 나아가서 절하면 직제학은 몸을 굽혀 답읍한다. 대교가 앞에 나아가서 몸을 굽혀 읍하면 직각은 몸을 굽혀 답읍하고, 직제학이 앞에 나아가서 몸을 굽혀 읍하면 제학은 몸을 굽혀 답읍한다. 제학과 직제학은 한 줄로 서서 모두 읍한다.** ❶ 규장각의 속관(屬官)**106**이 제학과 직제학에게 앞에 나아가서 절하면 제학과 직제학은 답읍하지 않고, 직각과 대교에게도 앞에 나아가서 절하면 직각과 대교는 손을 들어서 답읍한다.〈증〉

관의 사성(司成) 이하, 전적(典籍) 이상이 겸직하였는데 《속대전》에서 혁파했다고 하였다. 《經國大典 吏典 京官職 宗學》《續大典 吏典 京官職 宗學》

106 규장각의 속관(屬官) : 각감(閣監), 사권(司卷), 검서관(檢書官), 감서(監書), 사자관(寫字官), 화원(畫員), 검률(檢律) 등이다. 이들은 대개 품관(品官)이면서도 신분상의 이유와 직무의 성격 등으로 인하여 규장각의 정규 관원으로 인정받지 못하고 속관이라 칭해졌다.

제4절 경외관 회좌(京外官會坐)[107]

제1항 **당상관이 회좌할 경우에는 정1품이 북쪽, 종1품이 동쪽, 2품이 서쪽, 3품이 남쪽에 앉는다.** ❶ 의정부에서 방물(方物)을 봉과(封裹)할 때에는 집의가 남쪽에 앉는다. 수(守) 집의는 앉지 못한다. **정1품이 없으면 종1품이 북쪽, 2품이 동쪽, 3품이 서쪽에 앉는다. 3품 이하 관원의 경우에는 3품이 북쪽, 4품이 동쪽, 6품 이상이 서쪽, 7품 이하가 남쪽에 앉는다.** ❷ 7품 이하가 6품 이상과 모이는 곳에서는 모두 남쪽에 앉는다. 관아에서의 좌석 차례도 같다. **3품이 없으면 4품이 북쪽, 6품 이상이 동쪽에 앉는다. 4품이 없으면 6품 이상이 북쪽에 앉는다. 6품 이상이 없으면 7품 이하가 모두 북쪽에 앉는다.** ❸ 육조에서는 종1품과 판서가 모두 북쪽에 앉는다. 외방에서는 관찰사, 절도사가 모두 북쪽에 앉지만 정3품 절도사는 동쪽에 앉는다.

제2항 **아문(衙門)에서 회좌할 경우에 1품 아문에서는 장관(長官)이 북쪽, 좌이관(佐貳官)인 종1품이 동쪽, 2품이 서쪽, 3품이 남쪽에 앉는다.** ❶ 의금부에서는 판사가 북쪽, 지사가 동쪽, 동지사가 서쪽에 앉는다. **2품 아문에서는 장관이 북쪽, 좌이관인 종2품이 동쪽, 3품이 서쪽에 앉고 당하관은 청(廳)을 달리하여 앉는다.** ❷ 사헌부에서는 대사헌이 북쪽, 집의가 동쪽, 장령

107 경외관 회좌(京外官會坐) : 《경국대전》 〈예전 경외관회좌(京外官會坐)〉에 있다.

과 지평이 서쪽에 앉고 감찰은 청(廳)을 달리하여 앉는다. **3품 아문에서는 장관이 북쪽, 좌이관인 4품 이상이 동쪽, 6품 이상이 서쪽에 앉는다. 4, 5품 아문에서는 장관이 북쪽, 좌이관인 6품 이상이 동쪽에 앉는다. 6품 아문에서는 장관이 북쪽, 좌이관인 7품 이하가 남쪽에 앉는다.** 3 무릇 좌차(座次)는 본아문(本衙門)에서는 직사(職事)를 따르고, 관사 밖에서는 산관(散官)을 따르되 산관만을 받은 자는 실직 본품(本品)의 끝에 앉는다.

제3항 **사신(使臣)이 외관과 회좌할 경우에는 정1품인 사신이 북쪽에 앉으면 종2품 이상이 동쪽, 3품 당상관이 서쪽, 3품 이하가 조금 뒤에 앉고 대소(大小) 외관은 좌석이 없다. 정2품 이상인 사신이 북쪽에 앉으면 종2품이 동쪽, 3품 당상관이 조금 뒤에 앉고, 3품 이하가 또 조금 뒤에 앉고, 당상관인 외관이 서쪽에 앉는다. 종2품인 사신이 북쪽에 앉으면 3품 당상관이 동쪽, 3품 이하가 조금 뒤에 앉고, 당상관인 외관이 서쪽에 앉는다. 3품 당상관인 사신이 북쪽에 앉으면 3품 이하가 동쪽, 당상관인 외관이 서쪽에 앉는다. 당상관인 사신이 없는 경우에는 3품 이하가 동쪽, 당상관인 외관이 서쪽, 6품 이상이 남쪽에 앉는다. 당상관인 외관이 없는 경우에는 6품 이상인 사신이 북쪽, 7품 이하가 동쪽, 6품 이상인 외관이 서쪽, 7품 이하가 남쪽에 앉는다. 6품 이상인 사신이 없는 경우에는 7품 이하가 동쪽, 6품 이상인 외관이 서쪽, 7품 이하가 남쪽에 앉는다.**

제4항 **무릇 당상관은 교의(交椅)에 앉고** ❶ 3품 당상관이 남쪽에 있을 때에는 승상(繩床)에 앉는다. **3품 이하는 승상에 앉는다.** ❷ 봉명 사신(奉命使臣)은 임시로 교의에 앉는다.

제5항 **우후가 홀로 만나 볼 때에는 당상관 수령의 예에 따른다.** ❶ 당상관 수령은 서쪽 앞줄 교의(交椅)에 앉는다.

제6항 **우후가 순행할 때에는 우후가 동쪽, 당상관 수령이 서쪽에 앉되** ❶ 모두 교의(交椅)에 앉는다. **3품 이하의 수령은 남쪽에 앉는다. 당상관 수령이 없는 경우에는 우후가 북쪽, 6품 이상의 수령이 서쪽에 앉는다.** ❷ 도사나 평사(評事)의 경우도 같다.

제7항 **우후가 평상시에 절도사나 겸절도사에 대해서는 비록 당상관일지라도 남쪽 줄 승상(繩床)에 앉는다.** ❶ 도사나 평사(評事)의 경우도 같다.〈경〉

제5절 청대(請臺)[108]

제1항 **각 아문에서 청대할 때에** 1 당상관이 있는 아문은 당상관은 참석하지 않는다. **감찰이 도착하면 7품 이하는 평상시처럼 공손히 맞이하고 6품 이상은 자리를 피한다. 감찰이 배위(拜位)로 올라가면 6품 이상이 들어와 자리로 나아가서** 2 2품 아문의 경우 감찰은 서쪽에서부터, 그 관사의 관원은 동쪽에서부터, 3품 아문의 경우 감찰은 동쪽에서부터, 그 관사의 관원은 서쪽에서부터 자리한다. **서로 마주 대하고 재배(再拜)한 다음 각각 자리 앞에 나아가 서며, 7품 이하는 평상시처럼 예를 행하고 각각 자리로 나아간다.** 3 2품 아문의 경우 당하관의 청사에 앉되 감찰은 서쪽에, 당하관은 동쪽에 앉는다. 3품 이하 아문이면 감찰은 북쪽 가까운 동쪽, 장관(長官)은 북쪽 가까운 서쪽에 자리한다. 시장(試場)의 경우 직차(職次)를 따른다. **예를 행하고 문안(文案)에 서명하는 일을 마친다. 이렇게 하고 나서 해당 관원과 감찰이 봉고(封庫)한다. 6품 이상은 감찰과 함께 읍하고 자리를 피해 나가고 7품 이하는 전송할 자리로 나아간다. 감찰이 이에 나간다.** 4 소속 조(曹)의 당하관이 감찰과 교좌(交坐)할 때는 여러 관청의 의례와 같다. 다만 감찰이 먼저 청 위에 이르러 북쪽을 향하여 서서 기다린다. 소속 조의 관원이 이르러 동쪽에 서면 감찰이 서쪽에서 한 줄로 재배한다. 또

108 청대(請臺) : 《경국대전》 〈예전 청대(請臺)〉, 《대전통편》 〈예전 청대〉에 있다.

그 관사의 6품 이상의 관원과 상회례(相會禮)를 행한다. 6품 이상의 관원이 피해 나간다. 감찰 및 소속 조의 관원이 북쪽에 앉으면 7품 이하의 관원이 예를 행하고 피해 나간다. 감찰 및 소속 조의 관원은 행수(行首) 및 해당 관원과 함께 창고에 나아가 점검하고 소속 조의 관원이 먼저 나간다.〈경〉 **5** 군자감, 광흥창, 봉상시, 장흥고 이외에 각 관사의 청대하는 규례는 지금은 폐지되었다.〈증〉

제11조 사대문자식(事大文字式)

제 1 절 하표(賀表)

1 사대문서식(事大文書式)은 《통문관지(通文館志)》와 현재 쓰이는 흑초(黑草)를 참고하였다.

2 정조(正朝), 동지, 성절(聖節)에 올린다.

3 절일(節日)에 올리는 표문(表文)이나 전문(箋文)의 장단구(長短句)는 정본(定本)이 있고, 그 나머지 경우는 사안에 따라 별도로 짓는다.

4 문서의 연, 월, 일은 모두 갖은자를 쓰니, 이를테면 '일(一)' 자를 '일(壹)' 자로 쓰는 따위이다. 물목(物目)에서도 같다.

5 대국(大國)에 올리는 주어문자(奏御文字)는 4항(行)이다. -1 항(行)은 곧 층(層)이다.- 제4항이 바로 평항(平行)이며 한 글자마다 1항이 된다. 주본(奏本)이나 자문(咨文)은 1자를 건너서 2자 간격으로 1항이 된다. -2 진향문(進香文)도 같다.-

6 문서의 폭을 이어 붙인 곳 및 봉지(封紙) -3 '삼가 표문을 올립니다.〔謹上表〕'의 위이다.-에 어보(御寶)를 찍는다.

7 표(表)나 전(箋)은 모두 정본(正本)과 부본(副本)이 있는데 장(狀)은 정본만 있다. 정본은 길이가 1자 6치 6푼쯤 -4 주척(周尺)이다.- 되며 매 줄에 21자 -5 극항(極行)부터 계산한다.-를 쓰는데, 연한 먹물을 사용하여 매우 가는 글자로 쓴다. 겉봉의 옷깃 모양으로 겹쳐 붙인 곳에는 '조선국왕 신 성 휘가 삼가 표를 올립니다.[朝鮮國王臣姓諱謹上表] -6

'삼가[謹]'는 1자를 띄고 쓴다.–'라고 쓴다. 전(箋)은 '전(箋)'이라고 한다. 장(狀)은 '삼가 봉함[謹封]'이라고 쓴다. 겉봉투에 어보를 찍는다. 부본은 첩(帖)으로 만드는데 길이는 1자 6치 6푼이고 너비는 6치이다. 첩은 정해진 수가 없으며 매 첩에 6줄이고 매 줄에 21자인데 짙은 먹물을 사용하여 소자(小字)로 쓴다. 황색의 광적(廣的)으로 겉표지를 입히고 겉표지를 입힌 표면에 광적으로 첨지를 붙여 '표의 부본[表副]'이라고 쓴다. 전은 '전의 부본[箋副]'이라고 쓴다. '부(副)' 자에 어보를 찍는다.

8 표통(表筒)은 황색으로 용을 그리고 납으로 장식한다.–**7** 전(箋)은 홍색으로 용을 그리고, 장(狀)은 황색으로 용을 그린다. 황후에게 올리는 경우에는 홍색으로 그린다.– 겹으로 된 비단 보자기에 황색으로 용을 그리고–**8** 전(箋)이나 장(狀)은 위의 경우와 같다.– 명주로 띠를 두른다. 봉지(封紙) 앞면의 옷깃 모양으로 겹쳐 붙인 곳에는 '조선국왕 신 성 휘가 삼가 표를 올립니다.[朝鮮國王臣姓諱謹上表]'라고 쓴다.–**9** 전(箋)과 장(狀)은 위의 경우와 같다.–

9 문서 가운데 본조(本朝)에서 올리는 시호(諡號)는 현엽(玄燁), 윤진(胤禛), 홍력(弘曆), 호(胡) 등의 글자를 모두 꺼려 피한다.[109]

제 1 항 **조선국왕** **1** '조(朝)'는 평항에 쓴다. **신**(臣) **성**(姓) **휘**(諱)**는 공경히** **2** '공경히[欽]'는 별행하여 평항에 쓴다. **연호**(年號) **몇 년**

109 문서……피한다 : 청(淸)나라 황제의 이름이나 중국(中國)에서 이적(夷狄)을 이르던 말인 '호(胡)' 자를 피하여 쓰지 않는 것이다. 현엽(玄燁)은 청(淸)나라 성조 인황제(聖祖仁皇帝) 강희(康熙)의 휘이고, 윤진(胤禛)은 세종 헌황제(世宗憲皇帝) 옹정(雍正)의 휘이고, 홍력(弘曆)은 고종 순황제(高宗純皇帝) 건륭(乾隆)의 휘이다.《국역 임하필기 춘명일사(春明逸史)》

모월(某月) 모일(某日) 정단(正旦)의 [3] '정(正)'은 별행하여 3항에 쓴다. [4] 동지에는 '동지(冬至)'라고 하고 성절(聖節)에는 '만수성절(萬壽聖節)'이라고 한다. -[1] '만(萬)'은 별행하여 2항에 쓴다.- **좋은 시절을 만나서 삼가 표(表)를** [5] '표(表)'는 별행하여 3항에 쓴다. **받들어서 하례를 드립니다.** [6] '하(賀)'는 별행하여 3항에 쓴다. **신 휘는 진실로 기쁘고 즐거워 머리를 조아리고 하례를 올립니다.** [7] '올립니다[上]'는 별행하여 3항에 쓴다. [8] '하례를[賀]'은 별행하여 3항에 쓴다. **삼가 아룁니다.** [9] 장구(長句) **공손히** [10] '공손히[恭]'는 별행하여 평항에 쓴다. **생각하건대 황제(皇帝)** [11] '황(皇)'은 별행하여 2항에 쓴다. [12] '황'에 황색 첨지를 붙인다. **폐하께서** [13] 단구(短句), 장구, 단구 **하시니, 신은** [14] 단구 **합니다. 삼가** [15] 장구 **하기를 바랍니다. 신은 황상(皇上)을 바라보고 우러르며[瞻天仰聖]** [16] '천(天)'은 별행하여 2항에 쓴다. [17] '성(聖)'은 별행하여 2항에 쓴다. **너무나 기쁜 마음을 금할 수 없습니다. 삼가 표(表)를** [18] '표(表)'는 별행하여 3항에 쓴다. **올려 하례를 드리며 아룁니다.** [19] '하례를[賀]'은 별행하여 3항에 쓴다. [20] '아룁니다[聞]'는 별행하여 2항에 쓴다.

연호 [21] '연(年)'은 별행하여 평항에 쓴다. **몇** [22] 어보(御寶)를 찍는다. **년 모월 모일. 조선국왕 신 성 휘가 삼가 표를 올립니다.** [23] 연호 이하는 글자를 조금 작게 빈칸에 쓴다. 부본(副本)의 부류는 첩(帖)으로 만든 것이니, 첩을 넘겨 한가운데에 쓴다. [24] 장구나 단구는 '삼가 아룁니다[伏以]'와 연이어서 쓰지 않고 별행에 쓴다. 아래도 모두 같다.

1항	2항	3항	평항
			朝鮮國王臣姓 諱
			欽遇年號幾年某月某日
		正	旦令節謹奉
		表	稱
		賀	者臣諱誠懽誠忭稽首頓首
		上	
		賀	伏以
			[長句]
			恭惟
	皇[付黃籤]	帝	陛下[短句長句短句]臣[短句]伏願[長句]臣無任瞻
	天	仰	
	聖	歡	忭之至謹奉
		表	稱
		賀	以
	聞		
			年號幾[寶]年某月某日朝鮮國王臣姓 諱謹 上表

[표11_1. 하표]

■1 정조(正朝), 동지, 성절(聖節)에 올린다.

■2 사은표(謝恩表), 진하표(進賀表), 문안표(問安表)도 같지만 장구(長句)나 단구(短句)는 사안에 따라 쓴다.

제 1 항 **조선국왕** ■1 '조(朝)'는 평항에 쓴다. **신(臣) 성(姓) 휘(諱). 위 사람은** ■2 '위 사람[右]'은 별행하여 평항에 쓴다. **삼가 아룁니다.** ■3 장구 **삼가** ■4 '삼가[謹]'는 별행하여 평항에 쓴다. **갖춥니다.** ■5 물목(物目)은 평항에 열거하여 쓰되 글자를 조금 작게 쓴다. **위** ■6 '위[右]'는 별행하여 평항에 쓴다. **물건 등은** ■7 단구, 장구 **신이 매우 황공하고 감격스러운 마음을 견딜 수 없습니다. 삼가 표(表)와** ■8 '표(表)'는 별행하여 3항에 쓴다. **함께 봉진(奉進)하여 아룁니다.** ■9 '아룁니다[聞]'는 별행하여 2항에 쓴다.

연호 이하는 위 하표(賀表)와 같다.

1항	2항	3항	평항
			朝鮮國王臣姓 諱
			右伏以
			[長句]
			謹備
			[物目]
			右件物等[短句長句]臣無任兢惶激切之至謹隨
		表	奉進以
	聞		
			年號幾[實]年某月某日朝鮮國王臣姓 諱謹 上表

[표11_2. 방물표]

제 3 절 하전(賀箋)

❶ 정조(正朝), 동지에 올린다.

❷ 살펴보건대 옛 서식은 하전(賀箋)과 하표(賀表)가 같은데, 다만 '황태자전하(皇太子殿下)'라 하고 옅은 갈색 찌를 붙인다. '흠우(欽遇)'는 '공우(恭遇)'라 하며, '공유(恭惟)'는 '경유(敬惟)'라 하며, '표(表)'는 '전(箋)'이라 하며, '황상을 바라보고 우러른다[瞻天仰聖]'는 없고 단지 '기뻐 뛰며[懽忭踴躍]'라고만 하며, 장구(長句)와 단구(短句)는 많고 적음이 차이 날 뿐이다. 지금 하표는 대국(大國)이 새로 반포한 서식을 쓰니, 하전을 옛 서식으로 실어서는 안 된다. 그러므로 우선 빼 둔다.

제 4 절 방물전(方物箋)

❶ 정조(正朝), 동지, 사은(謝恩), 진하(進賀)에 올린다.

❷ 방물표(方物表)와 같은데, 다만 '표(表)'를 '전(箋)'이라 한다.

■1 정조(正朝), 동지, 성절(聖節)에 올린다.

■2 사은(謝恩), 진하(進賀)도 같다.

제 1 항 **조선국왕** ■1 '조(朝)'는 평항에 쓴다. **신(臣) 성(姓) 휘(諱)는 삼가** ■2 '삼가[謹]'는 별행하여 평항에 쓴다. **갖추어 존호(尊號)** ■3 '존(尊)'은 별행하여 1항에 쓴다. ■4 '존(尊)'에 황색 찌를 붙인다. **황태후폐하께** ■5 황후(皇后)는 '중궁전하(中宮殿下)' –■1 '중(中)'은 별행하여 2항에 쓴다. ■2 '중(中)'에 붉은 찌를 붙인다.– 라고 한다. **예물을 진헌(進獻)합니다.** ■6 '진(進)'은 별행하여 평항에 쓴다. ■7 '헌(獻)'은 별행하여 3항에 쓴다. ■8 물목(物目)은 평항에 열거하여 쓰되 글자를 조금 작게 쓴다. **위** ■9 '위[右]'는 별행하여 평항에 쓴다. **물건 등을 삼가 봉진(奉進)하면서 아룁니다.** ■10 '아룁니다[聞]'는 별행하여 2항에 쓴다.

연호 이하는 방물표(方物表)와 같다. ■11 다만 '삼가 표를 올립니다.[謹上表]'라는 내용이 없다.

항		
1항	尊[付黃籤]	
2항	號	聞
3항	皇 獻	
평항	朝鮮國王臣姓 諱 謹備 太后陛下 進 禮物 [物目]	右件物等謹奉進以 年號幾[寶]年某月某日朝鮮國王臣姓 諱

[표11_3. 방물장]

■1 곧 세폐(歲幣)이다.

■2 길이, 너비 및 어보(御寶)를 찍는 것은 부본(副本)과 같다. 다만 첩(帖)마다 7줄 40자이고 글자는 부본에 비해 조금 작다.

제 1 항 **조선국왕** ■1 '조(朝)'는 평항에 쓴다. **신(臣) 성(姓) 휘(諱)는 삼가 진공(進貢)하는 일을 아뢰옵니다.** ■2 '아뢰옵니다[奏]'는 별행하여 3항에 쓴다. ■3 '공(貢)'은 별행하여 3항에 쓴다. **삼가 진공할** ■4 '공(貢)'은 별행하여 3항에 쓴다. **예물을 갖추어 순차배신(順差陪臣) 관직 성명(姓名),** ■5 상사(上使) **관직 성명** ■6 부사(副使) **등이 가져가 진헌(進獻)하는** ■7 '헌(獻)'은 별행하여 3항에 쓴다. **외에 이번에 보낸 예물을 열거하여 삼가 갖추어 아뢰옵니다.** ■8 '아뢰옵니다[聞]'는 별행하여 2항에 쓴다. ■9 물목은 별행하여 평항에 열거하여 쓰되 글자를 조금 작게 쓴다. ■10 물목의 왼쪽에 2자를 낮추어서 "'위(爲)' 자부터 '석(石)' 자까지 글자 수를 계산하면 몇 자, 종이 1장입니다."라고 작게 쓴다. **이상** ■11 '이상[右]'은 별행하여 평항에 쓴다. **삼가** ■12 '삼가[謹]'는 3자를 띄고 쓴다. **아뢰옵니다[奏聞].** ■13 '주(奏)'는 3자를 띄고 쓴다. ■14 '문(聞)'은 별행하여 2항에 쓴다.

연호 이하는 방물장(方物狀)과 같다.

항	본문	말미
1항		
2항	聞	聞
3항	奏　貢　貢　獻	
평항	朝鮮國王臣姓　諱謹 爲進 事謹備進 禮物順差陪臣職姓名[上使]職姓名[副使]等齎領進 外 今將禮物開坐謹具奏	[物目] 自爲字起至石字止計字幾箇紙一張 右　謹　奏 年號幾[寶]年某月某日朝鮮國王臣姓　諱

[표11_4. 연공 주본]

1 정조(正朝), 동지, 성절(聖節), 세폐(歲幣)에 올린다.

2 사은(謝恩), 진하(進賀), 문안, 주청(奏請), 진주(陳奏)도 같다.

3 첩(帖)으로 만든다. 길이와 너비, 행수, 글자 모양이 자문과 같다.

4 태자, 태후, 황후가 있으면 방물(方物)에 함께 기록한다.

제1항 **조선국에서** **1** '조(朝)'는 평항에 쓴다. **보낸 배신(陪臣) 관직 성명,** **2** 상사(上使) **관직 성명** **3** 부사(副使) **등이 올립니다.** **4** '올립니다[呈]'는 별행하여 평항에 쓴다. **지금 가져온 만수성절(萬壽聖節) 진하 예물(進賀禮物),** **5** '만(萬)'은 별행하여 2항에 쓴다. **6** '하(賀)'는 별행하여 3항에 쓴다. **동지(冬至)의 좋은 시절 진하 예물,** **7** '동(冬)'은 별행하여 3항에 쓴다. **8** '하(賀)'는 별행하여 3항에 쓴다. **정단(正旦)의 좋은 시절 진하 예물,** **9** '정(正)'은 별행하여 3항에 쓴다. **10** '하(賀)'는 별행하여 3항에 쓴다. **진공 예물(進貢禮物)의 수량과 품목을 열거하여 이에 갖추어 올립니다.** **11** '공(貢)'은 별행하여 3항에 쓴다. **항목별로 열거하면 다음과 같습니다.[計開]** **12** '계(計)'는 별행하여 평항에 쓴다.

성절 예물(聖節禮物) 어전(御前). **13** '성(聖)'은 별행하여 2항에 쓴다. **14** '어(御)'는 별행하여 2항에 쓴다. **15** 물목(物目)은 별행하여 평항에 열거하여 쓴다.

동지 예물(冬至禮物) 어전. **16** '동(冬)'은 별행하여 3항에 쓴다. **17** '어(御)'는 별행하여 2항에 쓴다. **18** 물목은 별행하여 평항에 열거하여 쓴다.

정단 예물(正旦禮物) **어전.** 19 '정(正)'은 별행하여 3항에 쓴다. 20 '어(御)'는 별행하여 2항에 쓴다. 21 물목은 별행하여 평항에 열거하여 쓴다.

진공 예물(進貢禮物). 22 '진(進)'은 별행하여 평항에 쓴다. 23 '공(貢)'은 별행하여 3항에 쓴다. 24 물목은 별행하여 평항에 열거하여 쓴다.

이상을 25 '이상[右]'은 별행하여 평항에 쓴다. **갖추어** 26 '갖추어[具]'는 1자를 띄고 쓴다. **올립니다.** 27 '올립니다[呈]'는 1자를 띄고 쓴다.

연호 28 '연(年)'은 별행하여 평항에 쓴다. **몇 년 모월 모일. 조선국에서 보낸 배신 관직 성명,** 29 상사 **관직 성명** 30 부사 **등.**

1항	2항	3항	평항
			朝鮮國差來陪臣職姓名[上使]職姓名[副使]等
			呈今將
	萬	壽	聖節進
		賀	禮物
		冬	至令節進
		賀	禮物
		正	旦令節進
		賀	禮物進
		貢	禮物數目開坐合行具呈
			計開
	聖	節	禮物
	御	前	
			[物目]
		冬	至禮物
	御	前	
			[物目]
		正	旦禮物
	御	前	
			[物目]
			進
		貢	禮物
			[物目]
			右 具 呈
			年號幾年某月某日朝鮮國差來陪臣職姓名[上使]職姓名[副使]等

[표11_5. 예물총단]

제8절 사은표(謝恩表)

[1] 사은전(謝恩箋)도 같다.

제1항 **조선국왕** [1] '조(朝)'는 평항에 쓴다. **신(臣) 성(姓) 휘(諱)는 말씀을 올립니다.** [2] '말씀[言]'은 별행하여 평항에 쓴다. **연호 몇 년 모월 모일에 신이 삼가 황제께서** [3] '황(皇)'은 별행하여 2항에 쓴다. **특별히 정사(正使) 모관(某官) 아무개와 부사(副使) 모관 아무개 등의 관원을** [4] 우리나라 사신이 외교 문서를 가지고 돌아왔을 적에는 '아무 사신인 배신 관직 성명 등이 경사로부터 돌아왔다.[某使陪臣職姓名等回自京師] –[1] '경(京)'은 별행하여 3항에 쓴다.–'라고 한다. **보내신 은혜를 입었는데, …… 신은 온 나라의 신민(臣民)과 함께 감격스러움을 금할 수 없습니다.** [5] 예부(禮部)의 자문(咨文)은 '신이 예부 자문을 받들어 보니 운운하였습니다. 이를 받들어 공경히 따르는 것 외에도 신이 온 나라 신민과 더불어 감격하고 송축해 마지않습니다.[臣承準禮部咨節該云云等因奉此除欽遵外臣與一國臣民不勝感戴頌祝]'라고 한다. **삼가 표를** [6] '표(表)'는 별행하여 3항에 쓴다. **올려 사례합니다.** [7] '사(謝)'는 별행하여 3항에 쓴다. **신 휘는 삼가 진실로 두려워 머리를 조아립니다. 삼가** [8] '삼가[伏]'는 별행하여 평항에 쓴다. **아룁니다.** [9] 장구(長句), 단구(短句)는 상식(常式)을 따르나 구수(句數)에 구애되지 않는다. **신은 황상을 바라보고 우러르며[瞻天仰聖]** [10] '천(天)'은 별행하여 2항에 쓴다. [11] '성(聖)'은 별행하여 2항에 쓴다. **너무나 간절하고 두**

려운 심정을 감당할 수 없습니다. 삼가 표를 ⓬ '표(表)'는 별행하여 3항에 쓴다. **받들어 사례하며** ⓭ '사(謝)'는 별행하여 3항에 쓴다. **아뢰옵니다.** ⓮ '아뢰옵니다[聞]'는 별행하여 2항에 쓴다. **연호 이하는 하표(賀表)와 같다.**

			1항
聞	天 聖	皇	2항
	仰 無 表 謝	上 表 謝	3항
年號幾[寶]年某月某日朝鮮國王臣姓 諱謹 上表	伏以 [長短句]臣瞻 任激切屛營之至謹奉 稱 以	朝鮮國王臣姓 諱 言年號幾年某月某日臣欽蒙 特遣正使某官某副使某官某等官云云 臣與一國臣民不勝感激謹奉 稱 者臣諱誠惶誠恐稽首稽首	평항

[표11_6. 사은표]

제 9 절 진하표(進賀表)

1 진하전(進賀箋)도 같다.

제 1 항 **조선 이하는 위와 같다. 말씀을 올립니다.** **1** '말씀[言]'은 별행하여 평항에 쓴다. **연호 몇 년 모월 모일에 신(臣)은 공경히 조지(詔旨)를** **2** '조(詔)'는 별행하여 2항에 쓴다. **받들어 보니 …… 신은 공경히 문서를 펼쳐 읽고 나서 온 나라의 신민(臣民)과 함께 경하하는 마음을 금할 수 없었습니다. 삼가 표를** **3** '표(表)'는 별행하여 3항에 쓴다. **받들어 경하드립니다.** **4** '하(賀)'는 별행하여 3항에 쓴다. **신 휘(諱)는 참으로 기쁘고 기쁜 마음으로 머리를 조아리며 경하드립니다**[上賀]**.** **5** '상(上)'은 별행하여 3항에 쓴다. **6** '하(賀)'는 별행하여 3항에 쓴다. **삼가 아룁니다.** **7** 사은표와 같다. **신은 황상을 바라보고 우러르며** [瞻天仰聖] **8** '천(天)'은 별행하여 2항에 쓴다. **9** '성(聖)'은 별행하여 2항에 쓴다. **너무나 기쁜 마음을 이기지 못하겠습니다. 삼가 표를** **10** '표(表)'는 별행하여 3항에 쓴다. **받들어 경하드리며 아룁니다.** **11** '하(賀)'는 별행하여 3항에 쓴다. **12** '아룁니다[聞]'는 별행하여 2항에 쓴다.

연호 이하는 위와 같다.

1항	2항	3항	평항
			朝鮮國王臣姓 諱
			言年號幾年某月某日臣欽奉
	詔	旨	節該云云
			臣欽依開讀訖與一國臣民不勝慶忭謹奉
		表	稱
		賀	者臣諱誠懽誠忭稽首頓首
		上	
		賀	
			伏以
			[長短句]臣無任瞻
	天	仰	
	聖	懽	忭之至謹奉
		表	稱
		賀	以
	聞		
			年號幾[寶]年某月某日朝鮮國王臣姓 諱謹 上表

[표11_7. 진하표]

■1 진위전(陳慰箋)도 같다.

제 1 항 **조선 이하는 위와 같다. 말씀을 올립니다.** ■1 '말씀[言]'은 별행하여 평항에 쓴다. **연호 몇 년 모월 모일에 칙사(勅使)가** ■2 '칙(勅)'은 별행하여 2항에 쓴다. **대행 황제(大行皇帝)의** ■3 '대(大)'는 별행하여 1항에 쓴다. ■4 '대(大)' 자에 황색 찌를 붙인다. **유조(遺詔)를** ■5 '유(遺)'는 별행하여 1항에 쓴다. **가지고 와서 포고(布告)하였습니다.** ■6 황태후(皇太后)의 경우는 '존호 황태후의 - ■1 존호의 첫 글자는 별행하여 1항에 쓴다. ■2 존호의 첫 글자에 황색 찌를 붙인다. - 유고를 - ■3 '유(遺)'는 별행하여 1항에 쓴다. - 가지고 와서 포유하였습니다.[尊號皇太后遺誥布諭]'라고 한다. **공경히 이에 신(臣)은 온 나라의 신민과 함께 놀랍고 애통한 마음을 금치 못해 공경히 이에 따라 거애(擧哀)하고** ■7 '애(哀)'는 별행하여 2항에 쓴다. **상복(喪服)을 입었습니다.** ■8 황태후의 경우는 상복이 없다. ■9 황후(皇后): 모일 이상은 같다. 신이 공경히 칙유를 - ■4 '칙(勅)'은 별행하여 2항에 쓴다. - 받들어 …… 신은 공경히 이에 온 나라의 신민과 더불어 놀라고 애통한 마음을 금치 못하겠습니다.[臣欽奉勅諭云云臣欽此與一國臣民不勝驚慟] '삼가 표를 받들어[謹奉表]' 이하 내용은 황제에 대한 진위표와 같다. **각 항의 예식을 준행하는 것 외에 삼가 표를** ■10 '표(表)'는 별행하여 3항에 쓴다. **받들어 위로드립니다.** ■11 '위(慰)'는 별행하여 3항에 쓴다. **신 휘(諱)는 참으로 황공한 마음**

으로 머리를 조아립니다. 삼가 ⓬ '삼가[伏]'는 별행하여 평항에 쓴다. **아룁니다.** …… **신은 황상을 바라보고 우러르며**[望天仰聖] ⓭ '천(天)'은 별행하여 2항에 쓴다. ⓮ '성(聖)'은 별행하여 2항에 쓴다. **너무나 애통하고 두려운 심정을 견디지 못하겠습니다. 삼가 표를** ⓯ '표(表)'는 별행하여 3항에 쓴다. **받들어 위로드리며** ⓰ '위(慰)'는 별행하여 3항에 쓴다. **아룁니다.** ⓱ '아룁니다[聞]'는 별행하여 2항에 쓴다.

연호 이하는 위와 같다.

1항	2항	3항	평항
			朝鮮國王臣姓 諱
			言年號幾年某月某日
	勅	使	賫捧到
大[付黃籤]	行	皇	帝
遺	詔	布	告欽此臣與一國臣民不勝驚慟欽依擧
	哀	喪	服等項禮式遵行外謹奉
		表	稱
		慰	者臣諱誠惶誠恐稽首稽首
			伏以云云臣無任望
	天	仰	
	聖	哀	慟屛營之至謹奉
		表	稱
		慰	以
	聞		
			年號幾[寶]年某月某日朝鮮國王臣姓 諱謹 上表

[표11_8. 진위표]

❶ 두루마리로 만든다. 길이는 2자 1치 5푼이고, 줄마다 36자이다.

❷ 겉봉의 옷깃 모양으로 겹쳐 붙인 곳은 표(表)의 정본(正本)과 같은데, 다만 '삼가 표를 올립니다.[謹上表]'라는 말을 '삼가 제문을 올립니다.[謹上祭文]'라고 한다.

제 1 항 **유(維)** ❶ '유(維)'는 평항에 쓴다. **연호 몇 년 세차(歲次) 모년 모월 간지(干支) 모일 간지에 조선국왕 신(臣) 성(姓) 휘(諱)는 삼가** ❷ '삼가[謹]'는 별행하여 평항에 쓴다. **배신(陪臣) 관직명 성명을** ❸ 상사(上使) **보내어 맑은 술과 대뢰(大牢)의 제물(祭物)로 대행 황제 폐하(大行皇帝陛下)의** ❹ '대(大)'는 별행하여 1항에 쓴다. ❺ '대(大)' 자에 황색 찌를 붙인다. ❻ 태후(太后)는 '존호 황태후(尊號皇太后)'－❶ 존호의 첫 글자는 별행하여 1항에 쓴다. ❷ 존호의 첫 글자에 황색 찌를 붙인다.－**라고** 칭하고 황후는 '황후(皇后)'**라고**－❸ '황(皇)'은 별행하여 2항에 쓴다. ❹ '황(皇)' 자에 붉은색 찌를 붙인다.－ 칭한다. **영연(靈筵)에 감히 분명히 고합니다. 삼가 아룁니다.** ❼ 제문의 내용은 4자로 쓰되 구수(句數)에 구애되지 않는다. **상향(尙饗)하소서.** ❽ '향(饗)'은 별행하여 1항에 쓴다.

	1열	2열	3열	4열
1항			大[付黃籤]	饗
2항			行	
3항			皇	
평항	維年號幾年歲次某年某月干支某日干支朝鮮國王臣姓 諱	謹遣陪臣職姓名[上使]以淸酌大牢之奠敢昭告于	帝陛下靈筵伏以[四字不限句數]尙	

[표11_9. 진향 제문]

1 첩(帖)으로 만든다.

제 1 항 **조선국에서** **1** '조(朝)'는 평항에 쓴다. **보낸 배신(陪臣) 관직명 성명(姓名)이** **2** 상사(上使) **올립니다.** **3** '올립니다[呈]'는 별행하여 평항에 쓴다. **지금 가져온 진향 예물(進香禮物)의** **4** '향(香)'은 별행하여 3항에 쓴다. **수량과 품목을 열거하여 이에 갖추어 올립니다. 이 정문(呈文)이 잘 도착하기를 바랍니다. 항목별로 열거합니다[計開].** **5** '계(計)'는 별행하여 평항에 쓴다. **6** 물목(物目)은 별행하여 평항에 열거하여 쓴다. **이상을** **7** '이상[右]'은 별행하여 평항에 쓴다. **갖추어** **8** '갖추어[具]'는 글자를 띄어 쓴다. **올립니다.** **9** '올립니다[呈]'는 글자를 띄어 쓴다. **연호** **10** '연(年)'은 별행하여 평항에 쓴다. **몇 년 모월 모일. 조선국에서 보낸 배신 관직명 성명.** **11** 상사

1항	2항	3항	평항
			朝鮮國差來陪臣職姓名[上使]
			呈今將進
		香	禮物數目開坐合行具呈須至呈者
			計開
			[物目]
			右 具 呈
			年號幾年某月某日朝鮮國差來陪臣職姓名[上使]

[표11_10. 제물 단자]

제 1 항 **조선 이하는 사은표와 같다. 말씀을 올립니다.** ❶ '말씀[言]'은 별행하여 평항에 쓴다. **연호 몇 년 모월 모일에 예부(禮部)의** ❷ '예(禮)'는 별행하여 평항에 쓴다. **자문을 받들어 보니,** ❸ 우리나라 사신이 가지고 온 경우는 '아무 사신 배신 관직 성명 등이 경사로부터 -❶ '경(京)'은 별행하여 3항에 쓴다.- 돌아오면서 가지고 온 예부의 자문을 받들어 보니[承準某使陪臣職姓名等回自京師齎到禮部咨]'라고 한다. **삼가 듣건대** …… **신(臣)은 온 나라의 신민(臣民)과 더불어 바라보며 기쁜 마음을 감당하지 못하겠습니다. 삼가 표를** ❹ '표(表)'는 별행하여 3항에 쓴다. **받들어 문안드립니다[起居].** ❺ '기(起)'는 별행하여 2항에 쓴다. **신 휘(諱)는 참으로 기쁜 마음으로 머리를 조아립니다. 삼가** ❻ '삼가[伏]'는 별행하여 평항에 쓴다. **아룁니다.** ❼ 장구(長句), 단구(短句) **공경히 생각건대** ❽ 단구, 장구, 단구 **삼가 생각건대** ❾ 단구, 장구 **신은 황상을 바라보고 우러르며[望天仰聖]** ❿ '천(天)'은 별행하여 2항에 쓴다. ⓫ '성(聖)'은 별행하여 2항에 쓴다. **너무나 간절하고 두려운 심정을 감당하지 못하겠습니다. 삼가 표를** ⓬ '표(表)'는 별행하여 3항에 쓴다. **받들어 문안드리며[起居]** ⓭ '기(起)'는 별행하여 2항에 쓴다. **아룁니다.** ⓮ '아룁니다[聞]'는 별행하여 2항에 쓴다.

연호 이하는 사은표와 같다.

1항	2항	3항	평항
			朝鮮國王臣姓 諱
			言年號幾年某月某日承準
			禮部咨伏聞云云臣與一國臣民不勝瞻望欣聳謹奉
		表	
	起	居	者臣諱誠懽誠忭稽首稽首
			伏以[長句短句]
			欽惟[短句長句短句]伏念[短句長句]臣無任望
	天	仰	
	聖	激	切屏營之至謹奉
		表	
	起	居	以
	聞		
			年號幾[寶]年某月某日朝鮮國王臣姓 諱謹 上表

[표11_11. 기거표]

제14절 고부표(告訃表)

❶ 고부전(告訃箋)도 같다.

제 1 항 **조선국** ❶ '조(朝)'는 평항에 쓴다. **국사(國事)를 대행하는 신(臣) 성(姓) 휘(諱)는 말씀을 올립니다.** ❷ '말씀[言]'은 별행하여 평항에 쓴다. **신의 아버지 선신(先臣) 휘는 연호 몇 년 모월 모일에 훙서(薨逝)하였습니다. 삼가 표를** ❸ '표(表)'는 별행하여 3항에 쓴다. **받들어 부음을 알립니다. 신 휘는 진실로 황공한 마음으로 머리를 조아립니다. 삼가** ❹ '삼가[伏]'는 별행하여 평항에 쓴다. **아룁니다.** ❺ 단구(短句), 장구(長句) **신은 황상을 바라보고 우러르며[瞻天仰聖]** ❻ '천(天)'은 별행하여 2항에 쓴다. ❼ '성(聖)'은 별행하여 2항에 쓴다. **너무나 간절하고 두려운 심정을 견디지 못하겠습니다. 이 때문에 주본(奏本)을 갖추어 삼가 갖추어 주문(奏聞)합니다.** ❽ '문(聞)'은 별행하여 2항에 쓴다.

연호 이하는 진위표와 같다. ❾ 다만 왕은 '권서국사(權署國事)'라고 한다.

1항		
2항	天 聖	聞
3항	表 仰 無	
평항	朝鮮國權署國事臣姓 諱 言臣父先臣諱於年號幾年某月某日薨逝謹奉 告訃者臣諱誠惶誠恐稽首稽首 伏以[短句長句]臣瞻 任激切屏營之至爲此具本謹具奏	年號幾[寶]年某月某日朝鮮國權署國事臣姓 諱謹 上表

[표11_12. 고부표]

제 1 항 **조선 이하는 위와 같다. 삼가 고부(告訃)하는 일로 아룁니다.** ❶ '아뢥니다[奏]'는 별행하여 3항에 쓴다. …… **동월(同月) 모일(某日) 모시(某時)에 훙서(薨逝)하였습니다. 고부하는 사리(事理)를 연유하여 이 때문에 삼가 갖추어 주문(奏聞)합니다.** ❷ '문(聞)'은 별행하여 2항에 쓴다. **이상을** ❸ '이상[右]'은 별행하여 3항에 쓴다. **삼가** ❹ '삼가[謹]'는 글자를 띄어 쓴다. ❺ '삼가[謹]'의 오른편에 "'위(爲)' 자부터 '차(此)' 자까지 글자 수를 계산하면 몇 자, 종이 1장입니다."라고 작게 쓴다. **주문합니다.** ❻ '주(奏)'는 글자를 띄어 쓴다. ❼ '문(聞)'은 별행하여 2항에 쓴다.

연호 이하는 위와 같다.

1항	
2항	聞　聞
3항	右　奏
평항	朝鮮國權署國事臣姓 諱謹 爲告訃事云云 乃於同月某日某時薨逝緣係告訃事理爲此謹具奏 自爲字起至此字止計字幾箇紙一張 謹 奏 年號幾[寶]年某月某日朝鮮國權署國事臣姓 諱謹 上表

[표11_13. 고부 주본]

1 진주 주본(陳奏奏本)도 같다.

제 1 항 **조선국왕** 1 '조(朝)'는 평항에 쓴다. **신(臣) 성(姓) 휘(諱)가 삼가 아무 일로 아룁니다.** 2 '아룁니다[奏]'는 별행하여 3항에 쓴다. …… **아무 일에 관계된 것입니다. 이 때문에 삼가 갖추어 주문(奏聞)합니다.** 3 '문(聞)'은 별행하여 2항에 쓴다. **이상을** 4 '이상[右]'은 별행하여 3항에 쓴다. **삼가** 5 '삼가[謹]'는 글자를 띄어 쓴다. 6 '근(謹)'의 오른쪽에 "'위(爲)' 자부터 시작해 '아무개[某]' 자–1 아무 일 운운하는 부분의 마지막 자이다.–까지 글자 수를 계산하면 몇 자, 종이 몇 장입니다."라고 작게 쓴다. **주문합니다.** 7 '주(奏)'는 글자를 띄어 쓴다. 8 '문(聞)'은 별행하여 2항에 쓴다. **삼가 성지(聖旨)를 기다립니다.** 9 '삼가[伏]'는 글자를 띄어 쓴다. 10 '기다립니다[候]'는 글자를 띄어 쓴다. 11 '성(聖)'은 별행하여 2항에 쓴다. 12 '성(聖)'은 혹 '칙(勅)'이라고 쓰기도 한다. 13 '지(旨)'는 글자를 띄어 쓴다.

연호 이하는 하표와 같다. 14 단지 '삼가 표를 올립니다.[謹上表]'는 없다.

1항	
2항	聞 聞 聖
3항	奏 右
평항	朝鮮國王臣姓 諱謹 爲某事云云緣係某事理爲此謹具奏 謹奏 自爲字起至某字止計字幾箇紙幾張 伏候 旨 年號幾[寶]年某月某日朝鮮國王臣姓 諱

[표11_14. 주청 주본]

제17절 방물 주본(方物奏本)

1 주청(奏請)하거나 진주(陳奏)할 때 올린다.

2 연공 주본(年貢奏本)과 같은데, 다만 '진공(進貢)'을 '진헌(進獻)'이라 하며 '순차(順差)'를 '전차(專差)'라 한다.

제18절 방물 계본(方物啓本)

1 주청(奏請)하거나 진주(陳奏)할 때 올린다.

2 황태자(皇太子)에게 올리는 것을 '계본(啓本)'이라 한다. 방물 주본(方物奏本)과 같은데, 다만 '주(奏)'를 '계(啓)'라 한다.

제19절 방물 단본(方物單本)

1 주청(奏請)하거나 진주(陳奏)할 때 올린다.

2 황태후(皇太后)와 황후(皇后)에게 올리는 것을 '단본(單本)'이라 한다. 방물장(方物狀)과 같다.

제20절 자문(咨文)

❶ 표문(表文), 주본(奏本), 전문(箋文), 장(狀)을 올릴 때 모두 자문(咨文)을 갖춘다.

❷ 첩(帖)으로 만든다. 길이는 2자 8치 8푼이고 너비는 7치 8푼쯤이다. 첩마다 9줄이고 줄마다 66자를 쓰는데, 글자의 크기는 부본(副本)과 비교해 조금 작다.

❸ 자문은 사안에 따라 말을 만들어 규식이 일정하지 않아 다 기록할 수 없다. 여기서는 단지 진청(陳請)하는 규례와 회답 자문의 규식을 기록하였다.

❹ 중국의 아문(衙門)에 공문을 보내는 경우 의정부 이하는 '신(申)' 자를 써서 '신품(申稟)'이라고 하고, 아문이 아닌 경우는 '정(呈)' 자를 써서 '정품(呈稟)'이라고 한다.

제 1 항 **조선국왕이** ❶ '조(朝)'는 평항에 쓴다. **모(某) 하는 일입니다.** …… **배신(陪臣) 관직 성명,** ❷ 상사(上使) **관직 성명** ❸ 부사(副使) **등에게 전적으로 맡겨 경사(京師)에** ❹ '경(京)'은 별행하여 3항에 쓴다. **나아가 올리게 하였습니다. 이를 위하여 자문을 가지고 가게 하였으니, 번거롭겠지만 귀부(貴部)에서** ❺ '귀(貴)'는 별행하여 평항에 쓴다. **황제께 아뢰어 주시고[轉奏天聽]** ❻ '아뢰어[奏]'는 별행하여 3항에 쓴다. ❼ '천(天)'은 별행하여 2항에 쓴다. **분명히 지시를 내려 시행하시기 바랍니다.** ❽ 회답 자문의 경우는 "귀부의 자문을 받들어 보니[承準貴部咨] – ❶ '받들어 보니〔承準〕'는 혹은 단지 '준하다〔准〕'라고 한다. ❷ '귀(貴)'는

별행하여 평항에 쓴다.－ …… **응당 그대로 시행할 것입니다.**－3 혹은 '응당 그대로 시행할 것입니다[相應欽遵]'라고 쓰지 않고 단지 '이외에[外]'라고 한다.－ **이를 위하여**[爲此]－4 혹은 '이 사안을 위하여[爲此事理]'라고 한다.－ **이에 회답 자문을 보내니 잘 살펴본 뒤에 시행하시기 바랍니다**[合行咨覆請照施行].－5 '조(照)'는 별행하여 평항에 쓴다. 6 '잘 살펴보다[照詳]'는 혹은 '자세히 살펴보다[照驗]'라고도 하고 혹은 '번거롭겠지만 귀부에서 잘 살펴본 뒤에 아뢰어 주시기 바랍니다.[煩乞貴部照詳轉奏]'라고도 한다.－**"라**고 한다. **이 자문이 잘 도착되기를 바랍니다. 위의** 9 '위[右]'는 별행하여 평항에서 3자 아래에 쓴다. **자문을** 10 '자(咨)'는 5자를 띄고 쓴다. **예부에 보냅니다.** 11 '예(禮)'는 별행하여 '위[右]'와 나란히 쓴다. 12 '부(部)'는 '자(咨)'와 나란히 쓴다.

연호 13 '연(年)'은 별행하여 평항에 쓴다. **몇** 14 어보(御寶)를 찍는다. **년 모월 모일.** 15 연호의 두 번째 글자의 왼쪽에 '아무 일[某事]'이라고 쓰는데 글자가 작다. 첩을 넘겨 한가운데에 '자(咨)' 자를 크게 쓰고 그 아래에 어압(御押)을 찍는다.

항	본문	
1항		
2항	天	
3항	京 奏 聽	
평항	朝鮮國王爲某事云云事理專差陪臣職姓名[上使]職姓名[副使]等前赴 師進呈爲此合行移咨前去煩乞 貴部轉 明降施行須至咨者 右 咨 禮 部 年號幾[寶]年某月某日 [某事]	咨

[표11_15. 자문]

제1항 **조선국왕이** 1 '조(朝)'는 평항에 쓴다. **진하(進賀)하는** 2 '하(賀)'는 별행하여 3항에 쓴다. 3 여기서부터 아래 '진헌하는 예물'까지는 사안에 따라 다르게 칭한다. **일입니다. 삼가 연호 몇 년 모월 모일 정조(正朝)의** 4 '정(正)'은 별행하여 3항에 쓴다. **좋은 시절을 만나 진하하는** 5 '하(賀)'는 별행하여 3항에 쓴다. **표문을** 6 '표(表)'는 별행하여 3항에 쓴다. **짓고 아울러 진헌하는** 7 '헌(獻)'은 별행하여 3항에 쓴다. **예물을 갖추어 배신(陪臣) 관직 성명,** 8 상사(上使) **관직 성명** 9 부사(副使) **등에게 전적으로 맡겨 가지고 가서** 10 진주(陳奏)할 경우에는 '진헌하는 예물을 가지고 가게 하다.[齎領進獻禮物]'라고 한다. **경사에** 11 '경(京)'은 별행하여 3항에 쓴다. **나아가 진하하도록 하였습니다.** 12 '하(賀)'는 별행하여 3항에 쓴다. **이 밖에 이번에 가지고 가는 예물을 열거하여 이에 자문을 보내니 자세히 살펴[照驗] 확인한** 13 '조(照)'는 별행하여 평항에 쓴다. **다음 황제께 아뢰어** 14 '아뢰어[聞]'는 별행하여 2항에 쓴다. **시행하시기 바랍니다. 이 자문이 잘 도착하기를 바랍니다.[須至咨者]** 15 '자(者)' 자 왼쪽에 '일(一)' 자를 쓰고 그 아래에 물목을 연속해 쓰되, 줄마다 5층으로 나누고 항마다 4자를 띄고 글자는 조금 작게 쓴다. **위의** 16 '위[右]'는 별행하여 평항에서 3자 낮추어 쓴다. **자문을 예부에 보냅니다.** 17 '자(咨)'는 5자를 띄고 쓴다. 18 '예(禮)'는 별행하여 '위[右]'와 나란히 쓴다. 19 '부(部)'는 '자(咨)'와 나란히 쓴다.

연호 이하는 위와 같다. 20 단지 왼쪽에 1자 낮추어 '진하(進賀)' – 1 '하(賀)'는 별행하여 3항에 쓴다. 2 사안에 따라 다르게 칭한다. – **라고 쓰되 글자가 작다.**

항	(우)	(좌)
1항		
2항		聞
3항	賀 正 賀 表 獻 京 賀	奏 … 賀
평항	朝鮮國王爲進 事欽遇年號幾年某月某日 朝令節修撰到進 文竝備進 禮物專差陪臣職姓名[上使]職姓名[副使]等齎擎管領前赴 師進 外今將禮物開坐合行移咨請 照驗	施行須至咨者 [一物目 物目 物目 物目 物目] … 右 咨 禮 部 年號幾[寶]年某月某日 進

[표11_16. 방물 자문]

❶ 첩(帖)으로 만든다. 글자의 모양은 자문(咨文)과 같다.

제 1 항 **조선국** ❶ '조(朝)'는 평항에 쓴다. **의정부 영의정 성명 등이 삼가 아무 것을 하는 일로 신문(申文)합니다.** …… **이를 위하여 이에 갖추어 신문하니, 살펴 의논한[照議] 뒤에** ❷ '조(照)'는 별행하여 평항에 쓴다. **황제께 아뢰어** ❸ '아뢰어[奏]'는 별행하여 3항에 쓴다. **시행하시기를 엎드려 청합니다. 이 신문이 잘 도착하기를 바랍니다. 위의** ❹ '위[右]'는 별행하여 평항에서 3자 낮추어 쓴다. **신문을** ❺ '신(申)'은 5자를 띄고 쓴다. **예부에 보냅니다.** ❻ '예(禮)'는 별행하여 '위[右]'와 나란히 쓴다. ❼ '부(部)'는 '신(申)'과 나란히 쓴다.

연호 ❽ '연(年)'은 별행하여 평항에 쓴다. **몇** ❾ '몇[幾]'에 관인을 찍는다. **년 모월 모일.** ❿ 연호 왼쪽에 1자 낮추어 '모사(某事)'라고 쓴다.

항	내용
1항	
2항	
3항	奏
평항	朝鮮國議政府領議政姓名等謹申爲某事云云爲此合行具申伏請 照議轉 施行須至申者 右　申 禮　部 年號幾[印]年某月某日 某事

[표11_17. 신문]

❶ 첩(帖)으로 만든다. 글자의 모양은 신문(申文)에 비해 조금 크다.

제 1 항 **조선국에서** ❶ '조(朝)'는 평항에 쓴다. **차임되어 온 배신**(陪臣) **관직 성명 등이 정문**(呈文)**합니다.** ❷ '정(呈)'은 별행하여 평항에 쓴다. …… **이상을** ❸ '이상[右]'은 별행하여 평항에서 2자 낮추어 쓴다. **삼가** ❹ '삼가[謹]'는 2자를 띄고 쓴다. **갖추어** ❺ '갖추어[具]'는 2자를 띄고 쓴다. **정문합니다.** ❻ '정(呈)'은 2자를 띄고 쓴다.

연호 ❼ '연(年)'은 별행하여 평항에 쓴다. **몇 년 모월 모일. 조선국에서 차임되어 온 배신 관직 성명 등.**

항	내용
1항	
2항	
3항	
평항	朝鮮國差來陪臣職姓名等 呈云云 右　謹　具　呈 年號幾年某月某日朝鮮國差來陪臣職姓名等

[표11_18. 정문]

제12조 교린문자식(交隣文字式)

제 1 절 국서(國書)[110]

1 교린문서식(交隣文書式)은 《통문관지(通文館志)》와 현재 쓰이는 《본초(本草)》[111]를 참고하였다.

2 일본으로 보내는 문서는 3항(行)인데, 3항이 곧 평항(平行)이다.

3 두루마리로 만든다. 길이는 2자 4치 –**1** 주척(周尺)이다.– 이고, 너비는 5치 5푼이다. 첩마다 4줄로 쓴다. 겉면의 오른쪽에 '봉서(奉書)'라고 쓰며, 왼쪽에 '일본국 대군전하(日本國大君殿下) –**2** '전(殿)'은 글자를 띄어 쓴다.–'라고 쓰며,[112] 옷깃 모양으로 겹쳐 붙인 곳에 '조선국왕 성 휘

110 국서(國書) : 다른 나라에 보내는 외교 문서로 조선 시대에는 주로 교린 관계에 있는 일본 등에 보내는 외교 문서를 지칭하였다.

111 본초(本草) : 송(宋)나라 당신미(唐愼微)가 편찬한 의서(醫書)로, 왜학(倭學)을 취재(取才)할 때에 시험 보인 과목 가운데 하나이다. 《經國大典 禮典 取才 倭學》《經國大典註解 後集 禮典 春官 宗伯 取才》

112 일본국……쓰며 : 《통문관지》 권6 〈교린(交隣) 국서식(國書式)〉 주(注)에 보면, "처음에는 '일본국왕(日本國王)'이라고 칭하였는데, 숭정 병자년(1636, 인조14) 왜사(倭使) 평지우(平智友)가 와서 '대군(大君)'으로 고쳐 칭하기를 요청하였고, 강희 기축년(1709, 숙종35) 관백(關白) 원가선(源家宣)이 왜황(倭皇)에게 땅을 바치어 탕목읍(湯沐邑)으로 삼게 하니 왜황이 기뻐하여 그의 왕호(王號)를 다시 쓰도록 명하였다. 신묘년(1711)에는 통신사가 서울을 떠난 후에 왜사 우삼동(雨森東)이 와서 옛날의 예대로 '왕'이라 칭하기를 요청하였고 조정에서 이를 허락하였다. 기해년(1719)에 또 대마도주의 말로 인하여 다시 '대군'이라 칭하였다."라는 내용이 보인다. 《인조실록》 13

가 삼가 봉함.[朝鮮國王姓諱謹封]'이라고 쓴다.

4 '봉(奉)' 자는 평항에 '일(日)' 자와 나란히 쓰고, '서(書)' 자는 '하(下)' 자와 나란히 쓴다. 성(姓) 아래에 글자를 띄고, 휘(諱) 아래에 글자를 띈다. '휘(諱)' 자를 쓴 곳에 어보(御寶)를 찍는다.[113] 아래는 모두 같다.

5 문서 중에 강(康), 충(忠), 광(光), 강(綱), 길(吉), 선(宣), 수(秀), 중(重), 치(治) 등의 글자는 피한다.[114]

겉면 왼쪽	겉면 오른쪽	
		1항
		2항
日本國大君 殿下	奉 書	평항

겹쳐 붙인 곳 [合襟處]
朝鮮國王姓 諱[寶] 謹封

[표12_1. 국서 겉면]

년 12월 계사에는 "조선에서 막부(幕府)에 보내는 회답서(回答書)에도 장군(將軍)을 국왕(國王)이나 관백(關白)이라 하지 말고 대군(大君)으로 칭하게 하라고 하였다."라고 한 기록이 있다.

113 어보(御寶)를 찍는다 : 《통문관지》 권6 〈교린(交隣) 국서식(國書式)〉 주(注)에 보면, "'위정이덕(爲政以德)'이라고 새긴 어보를 찍는데, 성(姓)과 휘(諱)를 쓰는 곳에는 모두 이 어보를 찍는다."라고 되어 있다.

114 문서……피한다 : 《통문관지》 권6 〈교린(交隣) 국서식(國書式)〉 주(注)에 덕천가강(德川家康) 이후 관백(關白) 이름에 해당하는 글자는 서계에 사용하지 않는다고 한 내용이 보인다. 다만 《증정교린지(增正交隣志)》 〈국서식〉에서는 '치(治)' 자 대신에 계(繼), 종(宗), 제(齊) 자가 들어 있다.

제1항 **조선국왕** ❶ '조(朝)'는 3첩의 한가운데 2항에 쓴다. **성**(姓) **휘**(諱)**는 글을 올립니다.** ❷ '올립니다[奉]'는 글자를 띄어 쓴다.

일본국(日本國) **대군전하**(大君殿下) ❸ '일(日)'은 4첩의 한가운데 2항에 쓴다. ❹ '전(殿)'은 글자를 띄어 쓴다.

……. ❺ '……[云云]'은 5첩의 평항에 쓴다. **이만 줄입니다.**

모년 ❻ '모(某)'는 별행하여 평항에 쓴다. **모월 일.** ❼ '일(日)'은 글자를 띄어 쓴다.

조선국왕 ❽ '조(朝)' 는 마지막 첩의 한가운데 2항에 쓴다. **성**(姓) **휘**(諱).

말첩	5첩	4첩	3첩	2첩	1첩	
						1항
朝		日	朝			2항
鮮國王姓諱	云云 不備 某年某月　日	本國大君　殿下	鮮國王姓諱　奉書			평항

[표12_2. 국서]

제2항 **별폭**(別幅) ❶ 두루마리로 만든다. 첩마다 4줄로 쓴다. 3첩의 첫 번째 줄 평항에서 1자를 낮추어 '별폭(別幅)'이라고 쓴다.

물목(物目).[115] ❷ 평항에 열거하여 쓴다. **끝.** ❸ '끝[際]'은 물목

115 물목(物目) : 관백에게 지급된 별폭의 품목과 수량은 준마안구(駿馬鞍

왼쪽에 1자를 낮추어 쓴다.

모년 ❹ '모(某)'는 별행하여 평항에 쓴다. **모월 일.** ❺ '일(日)'은 글자를 띄어 쓴다.

조선국왕 ❻ '조(朝)'는 마지막 첩의 한가운데 평항에서 1자를 높여 쓴다. **성**(姓) **휘**(諱).

말첩	…	3첩	2첩	1첩	
					1항
朝					2항
鮮國王姓諱	[物目] … 際 某年某月 日	別幅 [物目] [物目] [物目]			평항

[표12_3. 국서 별폭]

具) 2필, 호피(虎皮) 15장, 표피(豹皮) 20장, 청서피(靑黍皮) 30장, 어피(魚皮) 100장, 색종이[色紙] 30권, 인삼(人蔘) 50근, 대수자(大繻子) 10필, 대단자(大段子) 10필, 백면주(白綿紬) 50필, 백저포(白苧布) 30필, 생저포(生苧布) 30필, 흑마포(黑麻布) 30필, 채화석(彩花席) 20장, 각색필(各色筆) 50자루, 참먹[眞墨] 50개, 황밀(黃蜜) 100근, 꿀[淸蜜] 10말, 매[鷹子] 20마리 등이다. 1682년(숙종8), 1711년(숙종37) 통신사 때에 백면주 50필, 채화석 20장, 황저포·백저포 각 10필, 매 10마리를 감하고 별도로 색대사(色大紗) 20필을 보냈으나, 1719년(숙종45) 통신사 때는 다시 전례대로 보냈다. 《通文館志 卷6 國書式》

❶ 두루마리로 만든다. 길이는 2자 3치이다. 첩마다 4줄이다. -❶ 어떤 것은 5줄이다.- 겉면 오른쪽에 '봉서(奉書)'라고 쓰고 -❷ 답일 경우에는 '복(復)'이라고 칭한다.- 왼쪽에는 '일본국 집정 구함[116] 모공 합하(日本國執政具銜某公閤下)'라고 쓴다. -❸ '합(閤)'은 글자를 띄어 쓴다.- 겹쳐 붙인 곳에는 '조선국 예조 참판 성명이 삼가 봉함.[朝鮮國禮曹參判姓名謹封]'이라고 쓴다.

❷ 집정(執政) 이하는 그 관호(官號)를 따르는데 대마도주(對馬島主)는 '일본국 대마주 태수 모공(日本國對馬州太守某公)'이라고 하고 이상(以上)은 '합하(閤下)'라고 하며, 만송원(萬松院)은 '일본국 대마주 종벽산 만송원(日本國對馬州鍾碧山萬松院)'이라고 하고, 이정암(以酊菴)은 '일본국 대마주 사문 이정암(日本國對馬州沙門以酊菴)'이라고 하고, 강호 호행장로(江戶護行長老)는 '일본국 모(日本國某)'라고 하고 장로 이상은 '족하(足下)'[117]라 한다. -❹ '족(足)'은 글자를 띄어 쓴다.-

❸ 도주(島主)에게는 예조 참의가 쓰고, 만송원·이정암·호행장로에게는

116 구함 : 공신호(功臣號), 품계(品階), 관직명(官職名), 봉호(封號) 등을 모두 갖추어 쓰는 것이다.

117 족하(足下) : 1635년(인조13) 이전까지는 대마도주가 예조 참의를 '합하(閤下)', 동래 부사와 부산 첨사를 '족하'라고 칭하였다. 이에 대해 예조 참의와 동래 부사, 부산 첨사는 대마도주를 '족하'라고 하였다. '족하'는 동년배 이하의 사람에 대한 경칭이며, '합하'는 '족하'보다는 존경의 뜻이 강한 경칭이므로 서계식이 변경되기 이전에는 예조 참의가 대마도주보다 우위에 있었음을 알 수 있다.《장순순, 朝鮮後期 日本의 書契 違式實態와 朝鮮의 對應, 한일관계사연구 창간호, 1993》

예조 좌랑이 쓴다.

4 '봉(奉)' 자는 평항으로 '일(日)'과 나란히 쓰고, '서(書)' 자는 '하(下)'와 나란히 쓴다. 성(姓) 아래에 글자를 띄고, 이름[名] 아래에 글자를 띈다. 이름을 쓴 곳에는 도서(圖書)를 찍는다. 아래도 모두 같다.

겉면 왼쪽	겉면 오른쪽	
		1항
		2항
日本國執政具銜某公 閤下	奉 書	평항

겹쳐 붙인 곳 [合襟處]
朝鮮國禮曹參判姓 名[圖書] 謹封

[표12_4. 서계 겉면]

제 1 항 **조선국** **1** '조(朝)'는 3첩의 1항에 쓴다. **예조 참판 성명은** **2** '명(名)'은 글자를 띄어 쓴다. **글을 올립니다.** **3** '올립니다[奉]'는 글자를 띄어 쓴다.

일본국 **4** '일(日)'은 별행하여 1항에 쓴다. **집정(執政) 구함(具銜) 모공 합하** **5** '합(閤)'은 글자를 띄어 쓴다.

……. **6** '……[云云]'은 4첩의 평항에 쓴다. **이만 줄입니다.**

모년 **7** '모(某)'는 별행하여 평항에 쓴다. **모월 일** **8** '일(日)'은 글자를 띄어 쓴다.

예조 ❾ ‘예(禮)’는 첩을 넘겨 한가운데에서 글자를 낮추어 쓴다. **참판 성명.** ❿ 도주(島主) 이하에게 주는 서계식(書契式)은 앞에 보인 대로 하되 참의와 좌랑으로 신분에 맞추어 칭한다.

말첩	4첩	3첩	2첩	1첩	
		朝 日			1항
		鮮 本			2항
禮曹參判姓名	云云 不備 某年某月 日	國禮曹參判姓 名 奉書 國執政具銜某公 閣下			평항

[표12_5. 서계]

제 2 항 **별폭(別幅)** ❶ 두루마리로 만든다. 줄 수는 서계와 같다. 3첩의 첫 번째 줄 평항에서 1자를 낮추어 ‘별폭(別幅)’이라고 쓴다. 연례사(年例使)는 별폭 오른쪽 평항에 ‘모년조(某年條) 모송사(某送使)’ 혹은 ‘모선(某船)’이라고 쓴다.

물목. ❷ 평항에 열거하여 쓴다. **끝.** ❸ ‘끝[際]’은 물목 왼쪽에 1자를 낮추어 쓴다.

모년 이하는 위와 같다.

말첩	…	3첩	2첩	1첩	
					1항
					2항
禮曹參判姓名	[物目] … 際 某年某月 日	別幅 [物目] [物目] [物目]			평항

[표12_6. 서계 별폭]

제13조 본조문자식(本朝文字式)

제 1 절 유서식(諭書式)[118]

■ 첫째 줄에 유(諭), 구함(具銜) 성명(姓名)을 쓴다.

제 1 항 **경은 한 지방을 위임받았으니 맡은 책임이 가볍지 아니하다. 무릇 군사를 동원하고 사변(事變)에 대응하며 백성을 편안하게 하고 적을 제압하는 모든 일상적인 일은 본래 옛 제도가 있다. 혹시 내가 경과 함께 독단하여 처리할 일이 있게 되면 밀부(密符)가 아니고서는 시행할 수 없을까 염려한다. 또 뜻밖의 간사한 모략은 미리 방비하지 않을 수 없다. 만일 비상(非常)한 명령이 있으면 부절(符節)을 합하여 의심이 없은 뒤에야 명을 따라야 할 것이다. 그러므로 친압(親押)한 제몇 부(符)를** ■ 제1부부터 제45부까지 있다. **내려 주니, 경은 이를 받으라. 이에 유시한다.**

118 유서식(諭書式) : 《경국대전》 〈예전 용문자식(用文字式)〉에는 수록되지 않았다. 그러나 세조 6년(1460)에 황해도 관찰사 김수(金脩)에게 내려 준 유서를 살펴보면 뒷부분에 추가된 '또 뜻밖의……명을 따라야 할 것이다.[且意外……當就命]'의 내용을 제외하고는 이와 거의 같다. 이로써 보면 《경국대전》이 편찬되기 이전부터 유서식이 형식화되었고 시대가 바뀌면서 필요에 의해서 내용도 추가된 듯하다. 《世祖實錄 6年 1月 7日》

諭□□大夫□□□□□
□姓名
卿受委一方體任非輕
凡發兵應機安民制敵
一應常事自有舊章
慮或有予與卿獨斷處
置事非密符莫可施爲
且意外姦謀不可不預
防如有非常之命合符
無疑然後當就命故賜
押第□符卿其受之
故諭

[표13_1. 유서식]

❶ 고신(告身) 등의 서식은 2항(行)으로 한다. 제2항이 곧 평항(平行)이다.
❷ 잉임(仍任)은 연호 왼쪽에 1자 낮추어 '잉임하는 일로 승전하라.[仍任事承傳] – ❶ '전(傳)'은 별행하여 중항(中行)에 쓴다. –'라고 쓴다. 가자(加資)도 같은데, 단지 '아무 일로 가자하는 일이다.[某事加資事]'라고 쓴다.〈보〉
❸ 당상관 처의 고신식은 '아무 봉작 아무씨를 아무 부인으로 임명한다.[某封某氏爲某夫人者]'라고 한다. 교지와 연호 이하는 같으며, 왼쪽에 '아무 관직 성명의 처에게 법전대로 남편의 관직을 따라 임명한다.[某官姓名妻依法典從夫職]'라고 쓴다.〈경〉〈증〉〈보〉
❹ 무릇 연호 왼쪽에 쓴다고 말한 것은 모두 1자를 낮추어 쓴다.〈보〉

제 1 항 교지(敎旨) ❶ '교(敎)'는 중항에 쓴다.

성명을 ❷ '성(姓)'은 별행하여 평항에 쓴다. **아무 품계 아무 관직에 임명한다.**

연호 ❸ '연(年)'은 별행하여 중항에 쓴다. ❹ '호(號)'에 어보(御寶)를 찍는다. **몇 년 모월 모일.**〈경〉〈보〉

年		教	중항
號[寶]幾年某月某日	姓名爲某階某職者	旨	평항

[표13_2. 4품 이상 고신식]

	年		教	중항
某官姓名妻依法典從夫職	號[寶]幾年某月某日	某封某氏爲某夫人者	旨	평항

[표13_3. 당상관 처의 고신식]

1 별가(別加)는 연호 왼쪽에 '모년 모월 별가(某年某月別加)'라고 쓴다. 대가(代加)는 '아버지 –**1** 삼촌숙(三寸叔), 동생형(同生兄),[119] 처부(妻父)를 상황에 따라 칭한다. – 아무 관직 성명의 별가를 대가한다.[父某職姓名別代加]'라고 쓰고, 음가(蔭加)는 '아무 공신 성명의 아들 –**2** 손자, 형제, 삼촌질(三寸姪), 사위, 생질을 상황에 따라 칭한다. –에게 음가한다.[某功臣姓名子蔭加]'라고 쓴다.

2 종신(宗臣)은 4품 이상과 같다.〈보〉

3 3품 이하 처의 고신식은 '아무 조에서 왕명을 받들어 아무 봉작 아무 씨를 모인으로 임명한다.[某曹奉教某封某氏爲某人者]'라고 한다. 연호 이하는 같으며, 왼쪽에 '아무 관직 성명의 처에게 법전대로 남편의 관직을 따라 임명한다.[某官姓名妻依法典從夫職]'라고 쓴다.〈경〉〈보〉

4 무릇 구함(具銜)[120]은 겸직을 아울러 쓰는 것이다.〈보〉

제 1 항 아무 조(曹)에서 **1** '아무[某]'는 평항에 쓴다. 연호 몇 년 모월 모일에 왕명을 받들어[奉教] **2** '교(教)'는 별행하여 중항에 쓴다. 구함(具銜) 성명을 아무 품계 아무 관직에 임명한다.

119 동생형(同生兄) : 같은 아버지의 아들로서 먼저 태어난 사람이다.

120 구함(具銜) : 《경국대전》과 《대전통편》에는 '구관(具官)'으로 되어 있다.

연호 ❸ '연(年)'은 별행하여 중항에 쓴다. ❹ '호(號)'에 관인(官印)을 찍는다.[121] **몇 년 모월 모일.**

판서, ❺ '판(判)'은 별행하여 평항에 쓴다. **참판,** ❻ '참(參)'은 글자를 띄어 쓴다. **참의.** ❼ '참(參)'은 글자를 띄어 쓴다. ❽ 정랑과 좌랑은 열거하여 쓰되 '좌(佐)' 자는 '정(正)'과 나란히 쓴다. –❶ '정랑(正郎)'의 '정'은 글자를 띄어 쓴다. – 〈경〉〈보〉 ❾ **단지 한 당상관만 서명(署名)하고, 서명한 관원만 '신(臣) 성(姓)'이라고 한다.**

중항	年 教
평항	某曹年號幾年某月某日奉 具銜姓名爲某階某職者 號[印]幾年某月某日 判書 參判 參議 正郎 佐郎

[표13_4. 5품 이하 고신식]

중항	年 教
평항	某曹奉 某封某氏爲某人者 號[印]幾年某月某日 某官姓名妻依法典從夫職 判書 參判 參議 正郎 佐郎

[표13_5. 3품 이하 처의 고신식]

121 호(號)에 관인(官印)을 찍는다 : 5품 이하의 관직은 이조와 병조에서 왕명을 받들어 임명하는데, 인사(人事)를 이조에서 관장할 경우에는 '이조지인(吏曹之印)', 병조에서 관장할 경우에는 '병조지인(兵曹之印)'을 찍는다.

제 4 절　추증식(追贈式)〈경〉

1 교지와 연호 이하는 4품 고신식과 같고, 왼쪽에 '아무 관직 성명의 아버지에게 법전대로 추증한다.[某官姓名考依法典追贈] -**1** '증(贈)'은 별행하여 중항에 쓴다.-'라고 쓴다. 할아버지와 증조할아버지 및 어머니와 할머니와 증조할머니는 상황에 맞게 쓴다. 처는 '아무 관직 성명의 처에게 법전대로 남편의 관직에 따라 추증한다.[某官姓名妻依法典從夫職]'라고 한다.〈증〉〈보〉

제 1 항　구함(具銜) 성명에게 아무 품계 아무 관직을 추증한다.

1 '구(具)'는 평항에 쓴다. **2** 어머니는 '아무 봉작 아무씨에게 모 부인을 추증한다.[某封某氏贈某夫人者]'라고 한다. 처(妻)도 같다. 〈경〉〈증〉〈보〉

중항	평항
教	旨
	具銜姓名贈某階某職者
年	號[寶]幾年某月某日
	某官姓名考依法典追
贈	

[표13_6. 추증식]

1 의금부의 참하 도사(參下都事), 사부(師傅), 교부(敎傅), 교관(敎官), 감역(監役), 별검(別檢), 겸인의(兼引儀), 가인의(假引儀), 수직관(守直官), 수봉관(守奉官), 수위관(守衛官)은 이 서식을 쓴다. 삼관(三館)의 분관(分館)[122]도 같다.

2 연호 왼쪽에 '차정(差定)'이라 쓴다.

제 1 항 **아무 조(曹)에서** 1 '아무[某]'는 평항에 쓴다. **차정하는 일이다. 연호 몇 년 모월 모일 도승지 신 성명 담당. 구전으로** 2 '전(傳)'은 별행하여 중항에 쓴다. **아무 관직 성명이 천전되었으므로,** 3 혹은 '차임되지 않았다[未差]', 혹은 '임기가 찼다[瓜滿]' 등으로 쓴다. **본(本) 아무개가** 4 차정된 사람의 이름이 외자이면 성(姓)을 아울러 쓴다. **나아오게 하도록 구전으로** 5 '전(傳)'은 별행하여 중항에 쓴다. **시행하였다 하니, 즉시 우러러 자세히 살펴서[仰照]** 6 '조(照)'는 별행하여 평항에 쓴다. **시행합니다. 이 첩(帖)이 잘 도착하기를 바랍니다. 위의** 7 '위[右]'는 별행하여 평항에 쓴다. **첩을 아무 품계 성명에게 내리니 이를 따르라.**

연호 8 '연(年)'은 별행하여 중항에 쓴다. 9 '호(號)'에 관인(官印)을 찍는다. **몇 년 모월 모일.**

122 삼관(三館)의 분관(分館) : 삼관은 승문원, 성균관, 교서관이다. 분관 절차는《전율통보》〈이전 경관격식(京官格式)〉 71항 참조.

판서, ❿ '판(判)'은 별행하여 평항에 쓴다. **참판,** ⓫ '참(參)'은 글자를 띄어 쓴다. **참의.** ⓬ '참(參)'은 글자를 띄어 쓴다. ⓭ 정랑과 좌랑은 –❶ '정(正)'은 글자를 띄어 쓴다.– 나열하여 쓰되, '좌(佐)' 자는 '정(正)'과 나란히 쓴다. ⓮ 단지 한 당상관만 수결(手決)을 쓴다.

중항	평항
	某曹爲差定事年號幾年某月
	某日都承旨臣姓名次知口
傳	某官姓名遷轉本某弋只
	進叱使内良如爲口
傳	施行爲有置有等以合下仰
	照驗施行須至帖者
	右帖下某階姓名準此
年	號[印]幾年某月某日
	差定
	判書　參判　參議　正郎
	佐郎

[표13_7. 차첩식]

제 6 절 홍패식(紅牌式)〈경〉

1 교지 및 연호 이하는 4품 고신식과 같다.〈경〉〈보〉

제 1 항 **구함**(具銜) 1 '구(具)'는 평항에 쓴다. **성명이 문과**(文科) 2 무과는 '무과(武科)'라고 한다. **아무 과**(科) 3 갑과(甲科)·을과(乙科)·병과(丙科) **제몇 인으로 급제하여 출신하였음을 증명한다.** 〈경〉

年			教	중항
號[寶]幾年某月某日	第幾人及第出身者	具銜姓名文科某科	旨	평항

[표13_8. 홍패식]

제 7 절 백패식(白牌式)〈경〉

1 교지 및 연호 이하는 4품 고신식과 같다.〈경〉〈보〉

제 1 항 구함(具銜) **1** '구(具)'는 평항에 쓴다. **성명이 생원(生員)** **2** 진사는 '진사(進士)'라고 한다. **몇 등 제몇 인으로 입격하였음을 증명한다.**〈경〉

年			教	중항
號[寶]幾年某月某日	幾等第幾人入格者	具銜姓名生員	旨	평항

[표13_9. 백패식]

제 8 절 잡과백패식(雜科白牌式)〈경〉

■1 연호 이하는 5품 고신식과 같다.〈경〉〈보〉

제 1 항 **아무 조(曹)에서** ■1 '아무[某]'는 평항에 쓴다. **왕명을 받들어[奉教]** ■2 '교(教)'는 별행하여 중항에 쓴다. **구함(具銜) 성명이 아무 과 몇 등 제몇 인으로 출신하였음을 증명한다.**〈경〉

중항	教　年
평항	某曹奉 具銜姓名某科 幾等第幾人出身者 號[印]幾年某月某日 判書 參判 參議 正郎 佐郎

[표13_10. 잡과백패식]

제 9 절　녹패[123]식(祿牌式)〈경〉

1 연호 이하는 5품 고신식과 같다.〈경〉〈보〉

2 녹(祿)을 나누어 줄 때 작은 종이에 감찰(監察)이 단함(單銜)을 쓰고 서명(署名)과 착압(着押)을 하며, 해당 창고 역시 서명과 착압을 한다.〈속〉〈보〉

제 1 항　아무 조(曹)에서 1 '아무[某]'는 평항에 쓴다. **왕명을 받들어[奉敎]** 2 '교(敎)'는 별행하여 중항에 쓴다. **구함(具銜) 성명에게 이번** 3 '이번[今]'은 별행하여 평항에 쓴다. **모년 제 몇 과의 녹을 내린다.**〈경〉〈보〉

중항	年　　　敎
평항	某曹奉 賜具銜姓名 今某年第幾科祿者 號[印]幾年某月某日 判書　參判　參議 正郎　佐郎

[표13_11. 녹패식]

123　녹패 : 이조와 병조에서 왕명을 받아 발급하는 녹과의 등급을 정해 주는 증서이다. 호조에서 이 녹패에 의해 관원에게 녹봉 인수증인 녹표(祿標)를 발급하였다. 관원은 이 녹표를 소지하고 광흥창에 가서 정해진 녹봉을 인수하였다. 내시의 경우에는 풍저창(豐儲倉)에서 지급하였다.《최승희, 한국고문서연구, 지식산업사, 2006, 249쪽》

■ 교지 및 연호 이하는 4품 고신식과 같다.〈경〉〈보〉

제 1 항 **생각건대** ■ '생각건대[惟]'는 평항에 쓴다. **그대 아무 도(道) 아무 읍(邑) 향리 성명은 아무 공(功)이 있으니, 특명으로 그대에게 향역을 면제해서 대대로 미치도록 한다.**〈경〉

중항	教　　　年
평항	旨 惟爾某道某邑鄉吏姓名有某功 特命爾免役以及永世者 號[寶]幾年某月某日

[표13_12. 향리면역사패식]

1 교지 및 연호 이하는 4품 고신식과 같다.〈경〉〈보〉

제 1 항 생각건대 **1** '생각건대[惟]'는 평항에 쓴다. **그대 성명은 아무 공(功)이 있으니, 남종과 여종 몇 구(口)와 토전 몇 결(結)을 가지고 특별히 그대에게 상을 내려 주어 대대로 전할 수 있도록 한다.** **2** 단지 당사자에게만 줄 경우에는 '대대로 전할 수 있도록 한다.[可傳永世者]'를 '그대는 이것을 받으라.[爾其受之]'로 고친다.[124]〈경〉

중항	教
평항	旨
	惟爾姓名有某功將藏獲幾口土田幾結
	特賜賞爾可傳永世者
	年號[寶]幾年某月某日

[표13_13. 노비전토사패식]

124 당사자에게만……고친다 : 노비와 토지의 하사는 대대로 상속하는 영세사패(永世賜牌)와 당사자에게 한정하는 기신한사패(己身限賜牌) 두 경우가 있었다. 《經國大典 戶典 田宅》《전율통보》〈호전 제전(諸田)〉 7항 소주 **4** 참조.

1 본조(本朝)의 주어문자(奏御文字) 서식은 3항(行)이며, 제3항이 평항(平行)이다.

2 전문(箋文)은 서울과 지방이 같다. 서울은 정본(正本)과 부본(副本)이 있고 부본은 첩(帖)으로 만들어 올리며, 지방은 정본만 있다. 위전(慰箋)은 지방에만 있다.

3 종이의 길이와 글자의 모양, 매 행의 글자 수는 사대문자식(事大文字式) 하표(賀表)와 같다.[125]

4 피봉(皮封)에는 '구함 신 성명이 삼가 봉함.[具銜臣姓名謹封]'이라고 쓰고서 '근봉(謹封)' 위에 관인(官印)을 찍는다. 지방에서는 또 궤에 넣고 봉한 다음 '신 삼가 봉함.[臣謹封]'이라 쓰며, 모피(毛皮)로 싸서 묶는다. 봉한 쪽에 '구함 신 성 서명 삼가 봉함.[具銜臣姓署名謹封]'이라 쓰며, 보자기에 싸서 봉인(封印)한 다음 보자기 위에 '아무 도 아무 관직 아무 일 – **1** 탄일이면 별행하여 글자를 높여서 쓴다. – 진하 – **2** '하(賀)'는 별행하여 글자를 높여서 쓴다. – 전문 – **3** '전(箋)'은 글자를 띄어 쓴다. – 1도[某道某職某事陳賀箋文一度]'라고 쓴다.

5 외방에서 봉진(封進)하는 물품의 종류는 예조에 보고하고, 예조에서 별단(別單)으로 써서 들인다.

제 1 항 구함(具銜) **1** '구(具)'는 평항에 쓴다. **신**(臣) **성명은 공손히**

125 종이의……같다 : 본서 〈사대문자식(事大文字式)〉 1절 하표(賀表) 소주 **7** 참조.

2 '공손히[恭]'는 평항에 쓴다. **연호 몇 년 모월 모일에 정조(正朝)의** 3 '정(正)'은 별행하여 2항에 쓴다. **좋은 시절을 만나서** 4 동지 – 1 '동(冬)'은 별행하여 2항에 쓴다. – 와 탄신(誕辰) – 2 '탄(誕)'은 별행하여 1항에 쓴다. – 은 사안에 따라 칭하되, 탄신에는 '좋은 시절[令節]' 2자가 없다. 5 경사(慶事)는 일에 따라 칭하되 아래에 '신은 지극히 기쁜 마음을 금할 수 없습니다.[臣不勝慶忭之至]'라고 쓴다. 6 조위(弔慰)는 '구함 신 성명은 삼가 – 3 '삼가[伏]'는 별행하여 평항에 쓴다. – 아룁니다. 연호 몇 년 모월 모일에 대행 대왕께서 – 4 대행(大行)의 '대'는 별행하여 1항에 쓴다. – 승하하셨으니, 신은 땅을 치고 울부짖으며 절통한 마음을 금할 수 없습니다.[具銜臣姓名伏聞年號幾年某月某日大行大王昇遐臣不勝攀號摧慟之至]'라고 쓴다. 7 내상(內喪)과 내상이 먼저 있는 경우에도 같은데, 다만 내상에는 '존호 왕대비전(尊號王大妃殿)'이라 – 5 존호의 첫 글자는 별행하여 1항에 쓴다. – 쓰고 내상이 먼저 있는 경우에는 '존호 중궁전(尊號中宮殿)'이라 – 6 존호의 첫 글자는 별행하여 1항에 쓴다. – 쓴다. 소상(小喪)에는 '왕세자가 – 7 '왕(王)'은 별행하여 1항에 쓴다. – 훙서하였습니다. 신은 너무나 두려운 마음을 금할 수 없습니다.[王世子薨逝臣不勝驚隕之至]'라 쓰고 소내상(小內喪)도 같은데 다만 '왕세자빈(王世子嬪)'이라 – 8 '왕(王)'은 별행하여 1항에 쓴다. – 쓴다. **삼가 전문(箋文)을 올려** 8 '전(箋)'은 별행하여 2항에 쓴다. **하례드립니다.** 9 '하(賀)'는 별행하여 2항에 쓴다. 10 조위(弔慰)에는 '위(慰)'라고 한다. **신 이름은 진실로 기쁜 마음으로** 11 조위에는 '진실로 황공합니다.[誠惶誠恐]'라고 한다. **머리를 조아리고 또**

조아리며 상언(上言)합니다. ⑫ '상(上)'은 별행하여 2항에 쓴다. **삼가** ⑬ 장구(長句), 단구(短句) **공손히 생각건대 존호 주상전하(尊號主上殿下)** ⑭ 존호의 첫 글자는 별행하여 1항에 쓴다. ⑮ 존호의 첫 글자에 붉은 찌를 붙이는데, 찌의 길이는 문서의 세로 폭과 같다. 존호는 붉은 찌 위에 쓴다. ⑯ 조위에는 흰 찌를 붙인다. ⑰ 단구, 장구, 단구 ⑱ 이 아래는 장구 또는 단구를 편의대로 쓰기도 한다. **신은 삼가 생각하건대** ⑲ 단구, 장구 **성상을 바라보고 우러르며[望天仰聖]** ⑳ '천(天)'은 별행하여 1항에 쓴다. ㉑ '성(聖)'은 별행하여 1항에 쓴다. **너무나 간절하고** ㉒ 조위에는 '애통(哀痛)'이라 한다. **황공한 마음을 감당할 수 없습니다. 삼가 전문을 올려 하례드리며 아룁니다.** ㉓ '전(箋)'은 별행하여 2항에 쓴다. ㉔ '하(賀)'는 별행하여 2항에 쓴다. ㉕ '하(賀)'는 조위의 경우 '위(慰)'라 한다. ㉖ '아룁니다[聞]'는 별행하여 2항에 쓴다.

연호 ㉗ '연(年)'은 별행하여 평항에 쓴다. ㉘ '호(號)'에 관인(官印)을 찍는다. **몇 년 모월 모일 구함(具銜) 신 성명은 삼가 전문을 올립니다.** ㉙ '삼가[謹]'는 글자를 띄어 쓴다. ㉚ '전(箋)'은 2자를 띄고 쓴다.

1항	2항	평항
		具銜臣姓名
		恭遇年號幾年某月某日
	正	朝令節謹奉
	箋	稱
	賀	者臣名誠歡誠忭稽首稽首
	上	言伏以
		[長句短句]
		恭惟
尊[紅籤]	號	主上殿下[短句長句短句]
		臣伏念[短句長句]
		臣無任望
天	仰	
聖	激	切屛營之至謹奉
	箋	稱
	賀	以
	聞	
		年號[印]幾年某月某日具銜
		臣姓名　謹上　箋

[표13_14. 진전식]

제13절 경사 계본식(京司啓本式)〈경〉

❶ 첩(帖)으로 만든다.

❷ 폭(幅)을 이은 부분은 그 뒷면에 관인(官印)을 찍는다. 계목(啓目)도 같다.〈보〉

❸ 임금의 재가를 받는 일이 아니면 '복후(伏候)' 이하 6자[伏候教旨謹啓]를 뺀다.[126]

❹ 큰일을 보고할 때는 계본을 사용하고 작은 일을 보고할 때는 계목을 사용한다. 지방에서는 계목을 사용할 수 없다.[127]〈경〉

❺ 동궁(東宮)에게 보고할 때 사용하는 신본(申本)도 같은데, '계문(啓聞)'을 '신문(申聞)'이라고 한다.

❻ 무릇 단함(單銜)으로 쓰고 품계를 뺀다.〈보〉

제 1 항 단함(單銜) ❶ '단(單)'은 첫 번째 첩의 첫 번째 줄 평항에 쓴다. **신(臣) 성명 등이 삼가 아무 일로 아룁니다.** ❷ '아룁니다[啓]'는 별행하여 2항에 쓴다. …… **삼가 갖추어 계문합니다.** ❸ '문(聞)'은 별행하여 2항에 쓴다. **교지를 내려 주시기를 엎드려 바라면서[伏候教旨]** ❹ '복(伏)'은 글자를 띄어 쓴다. ❺ '후(候)'는 글자를 띄어 쓴다. ❻ '교(教)'는 별행하여 2항에 쓴다. ❼ '지(旨)'는 글자를 띄어 쓴다. **삼가** ❽ '삼가[謹]'는 글자를 띄어 쓴

126 임금의……뺀다 : 《경국대전》〈예전 용문자식(用文字式)〉 계본식(啓本式) 조에 있다.

127 큰일을……없다 : 《경국대전》〈예전 용문자식(用文字式)〉 2품아문직계(二品衙門直啓) 조 원주(原註)에 있다.

다. **아룁니다.** 9 '아룁니다[啓]'는 글자를 띄어 쓴다. 10 '아룁니다[啓]'는 '후(候)'와 나란히 쓴다..

연호 11 '연(年)'은 한가운데 평항에 쓴다. 12 '호(號)'에 관인(官印)을 찍는다. **몇 년 모월 모일 단함** 13 관사명을 모두 뺀다. 14 당상관이다. **신 성(姓) 서명(署名), 단함** 15 '단(單)'은 글자를 띄어 쓴다. 16 관사명을 모두 뺀다. 17 낭청이다. **신 성(姓) 서명.** 18 현재 참석한 당상관만을 쓰되 2원을 갖춘다.[128] 〈경〉〈보〉

말첩	…	1첩	
			1항
	敎	聞 啓	2항
年號[印]幾年某月某日單銜 臣姓署名 單銜臣姓署名	旨謹啓	單銜臣姓名等謹 爲某事云云 謹具啓 伏候	평항

[표13_15. 경사 계본식]

128 현재……갖춘다 : 일반적인 문서에서는 관사에 현재 배정된 관원의 직명을 다 쓰고 또 서명(署名)과 착압(着押)을 반드시 하지는 않는다. 《경국대전》에서 계본은 일반적인 문서와는 달리 현재 참석한 관원의 직함만을 쓰고 서명한다고 하였다. 《經國大典 禮典 用文字式》

❶ 첩(帖)으로 만든다.〈보〉

❷ 다른 관사에서 보내온 공문으로 내용이 번잡한 것은 원본(元本)을 첨부한다.〈경〉

❸ 연호 이하는 위의 계본 서식과 같다.

❹ 동궁(東宮)에게 보고하는 신목(申目)도 같다.

❺ 계목이 없는 단자 서식[129]은 "아무 관사가 아뢰기를 '아무 일 …… 하는 것이 어떻겠습니까?[某司某事云云何如]'"라고 하며, 연호 이하가 없다.〈보〉

제 1 항 **아무 관사의 계목에** ❶ '아무[某]'는 첫 번째 첩의 첫 번째 줄 평항에 쓴다. ❷ '계(啓)'는 별행하여 2항에 쓴다. **"이번에 올린** ❸ 점련(粘連)의 경우에는 '첩정을 첨부하였습니다. 저번에[粘連牒呈是白有亦向前]'라고 한다. **아무 일……. 저번에** ❹ 점련의 경우에는 '아무 일……. 저번에[某事云云向前]'를 뺀다. ……**하는 것이 어떻겠습니까?"**〈경〉〈보〉

129 계목이……서식 : 계목이 없는 단자 서식[無啓目單子式]은 계문(啓文)의 일종으로 조선 후기에 널리 활용되었다. '무계목 단자(無啓目單子)'에서 '무계목'은 일반적인 계목에 '기두어(起頭語)'로 있는 '계목'이 없다는 의미이다. 무계목 단자는 단자 내의 전달 사항이나 종결어 등에 특별한 규제 사항이나 문서만의 고유한 문투가 없다. 따라서 무계목 단자는 기능적으로 중요한 사안보다는 반복되는 단순한 보고나 일상적인 사안을 담을 때 사용되었을 듯하다.《명경일, 無啓目單子의 서식과 용례, 고문서연구 37권, 2010》

말첩	1첩	
		1항
	啓	2항
年號[印]幾年某月某日單銜 臣姓署名　單銜臣姓署名	某司 目節呈某事云云 向前云云何如	평항

[표13_16. 계목식]

■ 두루마리로 만든다.

제 1 항 **아무 관사가 아뢰기를** ■ '모(某)'는 첫 번째 첩의 첫 번째 줄 평항에 쓴다. ■ '아뢰기를[啓]'은 별행하여 2항에 쓴다. ■ 혹은 '아무 관사의 낭청이 도제조의 뜻으로 아뢰기를[某司郎廳以提調意啓曰]'이다. "……**하는 것이 어떻겠습니까?**" ■ 다른 형식은 '……하겠습니다. 감히 아룁니다.[云云之意敢啓] – ■ '계(啓)'는 별행하여 2항에 쓴다. –'이다.

1첩	
	1항
啓	2항
某司 日云云何如	평항

1첩	
	1항
啓 啓	2항
某司 日云云之意敢	평항

[표13_17. 초기식1]

1첩	
	1항
啓	2항
某司郎廳以提調意 日云云何如	평항

1첩	
	1항
啓 啓	2항
某司郎廳以提調意 日云云之意敢	평항

[표13_18. 초기식2]

1 첩(帖)으로 만든다.

2 관인(官印)을 찍는 것은 경사 계본식과 같다.[130]

3 동궁(東宮)에게 보고하는 신본(申本)도 같은데, '계문(啓聞)'을 '신문(申聞)'이라고 한다.

제 1 항 **단함**(單銜) **1** '단(單)'은 첫 번째 첩의 첫 번째 줄 평항에 쓴다. **신**(臣) **성명이 삼가 아무 일로 아룁니다.** **2** '아룁니다[啓]'는 별행하여 2항에 쓴다. ……**하옵도록** **3** 혹은 '하옵고(爲白遣)'이다. **삼가 갖추어 계문합니다.** **4** '문(聞)'은 별행하여 2항에 쓴다. **연호** **5** '연(年)'은 첩을 넘겨 한가운데 평항에 쓴다. **6** '호(號)'에 관인을 찍는다. **몇 년 모월 모일 단함 신 성**(姓) **서명**(署名). **7** 성책(成冊)이 있으면 뒤에 나열하여 기록한다. 예를 들어 세찬(歲饌)일 경우에 읍명(邑名)은 1자 낮추어 쓰고 인명(人名)은 평항에 쓰고 물품의 종류는 2자 낮추어 나열하여 쓴다.

130 관인(官印)을……같다 : 본조 13절 경사 계본식(京司啓本式) 소주 **2** 참조.

	1첩	말첩
1항		
2항	啓 聞	
평항	單銜臣姓名謹 爲某事云云爲白只爲 謹具啓	年號[印]幾年某月某日 單銜臣姓署名

[표13_19. 외방 계본식]

1 두루마리로 만든다.

2 겉면의 오른쪽에 '승정원에서 개탁할 것.[承政院開拆] –1 '개(開)'는 글자를 띄어 쓴다. –'이라 쓴다. 옷깃 모양으로 겹쳐 붙인 곳에는 '신 서명 삼가–2 '삼가〔謹〕'는 글자를 띄어 쓴다. – 봉함.[臣署名謹封]'이라 쓴다. 폭을 이은 곳 뒷면에는 '신 서명(臣署名)'이라 쓴다.

3 동궁(東宮)에게 보고하는 장달(狀達)도 같은데, '선계(善啓)'를 '선달(善達)'이라 한다.

제1항 **구함**(具銜) 1 '구(具)'는 2첩의 마지막 줄 평항에서 글자를 낮추어 쓴다. **신**(臣) **성**(姓) **서명**(署名).

"아무 일 2 '아무[某]'는 별행하여 평항에 쓴다. ……**라는 일이니만큼** 3 혹은 '하도록[爲白只爲]'이다. **차근차근 잘 아뢰어** 4 '잘[善]'은 별행하여 평항에 쓴다. **주소서."라고 한 일입니다.**

연호 5 '연(年)'은 별행하여 평항에 쓴다. **몇 년 모월 모일.**

말첩	2첩	1첩	
			1항
善			2항
某事云云 爲白臥乎事是良尒詮次 啓向教是事 年號幾年某月某日	具銜臣姓署名		평항

[표13_20. 장계식]

❶ 겉봉에 '주상 앞에서 개탁할 것.[上前開坼] -❶ '개(開)'는 글자를 띄어 쓴다.-'이라고 쓰며, 옷깃 모양으로 겹쳐 붙인 곳에는 '신 서명 삼가-❷ '삼가[謹]'는 글자를 띄어 쓴다.- 봉함.[臣署名謹封]'이라고 쓴다. 폭을 이은 곳 뒷면에는 '신 서명(臣署名)'이라고 쓴다.

제 1 항 **구함(具銜)** ❶ '구(具)'는 평항에 쓴다. **신(臣) 성명이 진실로 황공하여 머리를 조아리며 삼가 백번 절하고 존호 주상 전하께 글을 올립니다.[上言于尊號主上殿下]** ❷ '올립니다[上]'는 별행하여 2항에 쓴다. ❸ 존호의 첫 글자는 별행하여 1항에 쓴다. **삼가 아룁니다.** …… **신은 지극히 두렵고 간절한 마음을 금할 수 없습니다. 삼가 죽음을 무릅쓰고 아룁니다.** ❹ '아룁니다[聞]'는 별행하여 2항에 쓴다.

연호 ❺ '연(年)'은 별행하여 평항에 쓴다. **몇 년 모월 일.** ❻ '일(日)'은 글자를 띄어 쓴다. **단함(單銜)** ❼ '단(單)'은 글자를 띄어 쓴다. **신 성(姓) 서명(署名).**

구분	내용
1항	尊
2항	上　號　聞
평항	具銜臣姓名誠惶誠恐頓首頓首謹百拜 言于 主上殿下伏以云云臣無任屛營祈懇之至 謹昧死以 年號幾年某月　日　單銜臣姓署名

[표13_21. 상소식]

제19절 차자식(箚子式)

1 첩(帖)으로 만든다.

제 1 항 **단함**(單銜) **1** '단(單)'은 첫 번째 첩의 첫 번째 줄 평항에 쓴다.

신(臣) **성명이 삼가 아룁니다.** …… **재결하여 주소서**[取進止].

2 '진(進)'은 별행하여 2항에 쓴다.

연호 **3** '연(年)'은 별행하여 평항에 쓴다. **몇 년 모월 모일.**

	1첩
1항	
2항	進
평항	單銜臣姓名伏以云云取 止 年號幾年某月某日

[표13_22. 차자식]

1 겉봉은 상소식과 같은데 '상전(上前)'을 '세자궁(世子宮)'이라 한다.

제 1 항 **구함**(具銜) **1** '구(具)'는 평항에 쓴다. **신**(臣) **성명은 진실로 황공하여 머리를 조아리고 삼가 두 번 절하며 왕세자 저하**(王世子邸下)**께 글을 올립니다.** **2** 글을 올립니다[上書]의 '상(上)'은 별행하여 2항에 쓴다. **3** '왕(王)'은 별행하여 1항에 쓴다. **삼가 아룁니다.** ……. **4** '신무임(臣無任)' 이하의 형식은 상소식과 같다.

1항	王
2항	上 世 聞
평항	具銜臣姓名誠惶誠恐頓首頓首謹再拜 書于 子邸下伏以云云臣無任屛營祈懇之至 謹昧死以 年號幾年某月 日 單銜臣姓署名

[표13_23. 상서식]

제21절 상언식(上言式)[131]

❶ 첩(帖)으로 만든다.

제1항 **아무 도**(道) ❶ '아무[某]'는 평항에서 글자를 낮추어 쓴다. **아무 읍**(邑)**에** ❷ 서울은 '아무 부 아무 방 아무 계[某部某坊某契]'라고 쓴다. **사는 구함**(具銜) ❸ 혹은 역명(役名)을 쓴다. **신**(臣) **성명 서명**(署名)**.** ❹ 공천(公賤)과 사천(私賤)은 수촌(手寸)을 그린다.

위 ❺ '위[右]'는 별행하여 평항에 쓴다. **사람은 삼가 아룁니다.** ❻ '아룁니다[啓]'는 1자를 띄고 쓴다. **신은 신 자신의 …… 특별히 성상의** ❼ '성상[天]'은 별행하여 1항에 쓴다. **은혜를 입고자 바라오니 차근차근 잘 아뢰어** ❽ '잘[善]'은 별행하여 2항에 쓴다. **주시기를 바라는 일입니다. 삼가 아룁니다.** ❾ '아룁니다[啓]'는 1자를 띄어 쓴다.

연호 ❿ '연(年)'은 별행하여 평항에 쓴다. **몇 년 모월 모일.** ⓫ 만일 연명(聯名)한 경우에는 위의 '신 성명(臣姓名)' 아래에 '등(等)' 자를 쓰고 서명하지 않는다. 첩의 끝에서 가장자리 줄부터 단함(單銜) 신 성명을 나열하여 쓰고 모두 서명한다.

131 상언식(上言式) : 개인이 국왕에게 올리는 문서 서식이다. 상언은 효자(孝子)·충신(忠臣)·열녀(烈女)의 정려(旌閭)·정문(旌門)과 효자·충신·학행(學行)의 증직(贈職)을 위하여 올리는 것이 대부분이다. 《최승희, 한국고문서연구, 지식산업사, 2003, 301~302쪽》

1첩	
天	1항
善 恩	2항
某道某邑居具銜臣姓名署名 右謹 啓臣矣段臣矣身云云特蒙 爲白良結望良白去乎詮次 啓向教是事望良白內臥乎事是亦在謹 啓 年號幾年某月某日	평항

[표13_24. 상언식_단독]

말첩	1첩	
	天	1항
	善 恩	2항
單銜臣姓名署名	某道某邑居具銜臣姓名等 右謹 啓臣矣段臣矣身等云云特蒙 爲白良結望良白去乎詮次 啓向教是事望良白內臥乎事是亦在謹 啓 年號幾年某月某日 單銜臣姓名署名 單銜臣姓名署名	평항

[표13_25. 상언식_연명]

1 첩(帖)으로 만든다.

2 병친 정사식(病親呈辭式)

3 신병 정사식(身病呈辭式)

4 근친 정사식(覲親呈辭式)

5 소분 정사식(掃墳呈辭式)

6 가토 정사식(加土呈辭式)

7 분황 정사식(焚黃呈辭式)

8 영분 정사식(榮墳呈辭式)

9 귀장 정사식(歸葬呈辭式)

10 성혼 정사식(成婚呈辭式)

11 침구 정사식(鍼灸呈辭式)

12 목욕 정사식(沐浴呈辭式)

제 1 항 병든 어버이를 이유로 올리는 정사식[病親呈辭式]

구함(具銜) **1** '구(具)'는 첫 번째 첩의 첫 번째 줄 평항에서 글자를 낮추어 쓴다. **신**(臣) **성명 서명**(署名).

위 **2** '위[右]'는 첫 번째 첩의 두 번째 줄 평항에 쓴다. **사람은 삼가 아룁니다.** **3** '아룁니다[啓]'는 1자를 띄어 쓴다. **신은 신의 아버지가** **4** 혹은 '어머니[母]'이다. 아래도 같다. **아무 도**(道) **아무 읍**(邑)**에** **5** 혹은 '아무 현(縣) 임소(任所)'이다. 아래도 같다. **있는데, 병이 위중하다고 전인**(專人)**이 와서 전하였으니 내려가서 만나 보고자 바라오므로, 차근차근 잘 아뢰어**

6 '잘[善]'은 별행하여 2항에 쓴다. **주시기를 바라는 일입니다. 삼가 아룁니다.** **7** '아룁니다[啓]'는 1자를 띄어 쓴다.
연호 **8** '연(年)'은 2첩의 한가운데 평항에 쓴다. **몇 년 모월 일.**
9 '일(日)'은 글자를 띄어 쓴다.

2첩	1첩	
		1항
	善	2항
年號幾年某月　日	具銜臣姓名署名 右謹　啓臣矣段臣矣身父在於某道某邑地 是白如乎節病重是如專人來到爲白有昆 下去相見爲白良結望良白去乎詮次 啓向教是事望良白內臥乎事是亦在謹　啓	평항

[표13_26. 정사식_병친]

제2항 신병을 이유로 올리는 정사식[身病呈辭式]

제2항의1 신병을 이유로 첫 번째 올리는 정사식

❶ '신은(臣矣段)' 이상은 위 서식과 같다. **신의 아무 병이 …… 짧은 시일 안에 몸을 움직여 직무를 수행할 가망이 전혀 없습니다. 아무 직임의** ❷ '언책(言責)', '경악(經幄)', '서연(書筵)', '사송(詞訟)' 등의 직책을 알맞게 쓴다. **중요한 자리는 오래도록 비워 두어서는 안 됩니다. 신의 직임을** ❸ 겸임이 있으면 '본직과 겸하고 있는 여러 직임을 아울러[本兼諸任竝]'라고 한다. **본차(本差)[132]하도록 바라오니…….** ❹ 이하는 위 서식과 같다.[133]

132 본차(本差) : '본래대로 다른 사람을 차출(差出)하다'라는 의미로 쓰인 듯하다.

133 이하는……같다 : "차근차근 잘 아뢰어-'잘[善]'은 별행하여 2항에 쓴다.- 주시기를 바라는 일입니다. 삼가 아뢰니다.-'아뢰니다[啓]'는 1자를 띄어 쓴다.- 연호-'연(年)'은 2첩의 한가운데 평항에 쓴다.- 몇 년 모월 일.-'일(日)'은 글자를 띄어 쓴다.-"라는 내용이다.

2첩	1첩	
		1항
	善	2항
年號幾年某月　日	具銜臣姓名署名 右謹　啓臣矣段臣矣身某病云云旬月之內 萬無起動供仕之望某職重地不宜久曠 臣矣職本差爲白只爲望良白去乎詮次 啓向教是事望良白內卧乎事是亦在謹　啓	평항

[표13_27. 정사식_신병1]

제2항의2 **신병을 이유로 두 번째 올리는 정사식**

1 ‘신은(臣矣段)’ 이상은 ‘신병을 이유로 첫 번째 올리는 정사식’과 같다. **신이 삼가 성상의** **2** ‘성상[天]’은 별행하여 1항에 쓴다. **은혜를 입어 말미를 받아서 조리하고 있지만** **3** 대리청정의 경우에는 ‘특별히 은혜로운 – **1** ‘은(恩)’은 별행하여 1항에 쓴다. – 식가(式暇)를 받아 조리하고 있지만[特蒙恩暇調理]’이라고 쓴다. **앓고 있는 이전의 증상이 심해지기만 하고 나아지지 않아 짧은 시일 안에 회복될 기약이 없습니다.** **4** 혹은 ‘결코 직무를 수행하기가 어렵습니다.[決難供職]’라고 한다. **신의 직임을……**.
5 이하는 ‘신병을 이유로 첫 번째 올리는 정사식’과 같다.

2첩	1첩	
	天	1항
	善　　恩	2항
年號幾年某月　日	具銜臣姓名署名 右謹　啓臣矣段臣矣身伏蒙 受由調理爲白良置所患前症有加無減旬月之內 差復無期臣矣職本差爲白只爲望良白去乎詮次 啓向教是事望良白內臥乎事是亦在謹　啓	평항

[표13_28. 정사식_신병2]

제2항의3 신병을 이유로 세 번째 올리는 정사식

1 '신병을 이유로 두 번째 올리는 정사식'과 같은데, '삼가 입다[伏蒙]'를 '재차 입다[再蒙]'라고 쓴다.

제 3 항 근친하기 위해 올리는 정사식[覲親呈辭式][134]

단함(單銜) **1** '단(單)'은 첫 번째 첩의 끝줄 말단에 쓴다. **신**(臣) **성명.**

134 근친하기……정사식 : 관원이나 종친 등이 정기적으로 어버이를 만나러 갈 때 올리는 정사식이다.

신은 ❷ ‘신(臣)’은 2첩의 첫 번째 줄 평항에 쓴다. **신의 아버지가 아무 도(道) 아무 읍(邑)에 있는데, 오랫동안 돌아가 뵙지 못하여 내려가서 만나 보고자 바라오니, 차근차근 잘 아뢰어** ❸ ‘잘[善]’은 별행하여 2항에 쓴다. **주실 일입니다.**

연호. ❹ 이하는 위 서식과 같다.[135]

3첩	2첩	1첩	
			1항
	善		2항
年號幾年某月　日	臣矣段臣矣身父在於某道某邑地久未歸 覲下去相見爲白良結望良白去乎詮次 啓向教是事	單銜臣姓名	평항

[표13_29. 정사식_근친]

135 이하는……같다 : 이하의 내용은 ‘몇 년 모월 일’이다. ‘근친하기 위해 올리는 정사식’ 앞에 기록된 ‘신병을 이유로 올리는 정사식’에서 ‘연호(年號) 몇 년 모월 일’의 “‘연(年)’은 2첩의 한가운데 평항에 쓴다.”라고 하였는데, ‘근친하기 위해 올리는 정사식’부터는 2첩에 정사 내용이 들어가므로 ‘연(年)’을 쓰는 위치가 다음 첩인 3첩의 한가운데 평항이다.

제 4 항 소분하기 위해 올리는 정사식[掃墳呈辭式]

1 '신은(臣矣段)' 이상은 위 서식과 같다. **신의 아버지 무덤이** **2** 혹은 어머니 무덤[母墳]이다. **아무 도(道) 아무 읍(邑)에 있는데, 오랫동안 성묘하지 못하여 내려가서 돌보고자**……. **3** 이하는 위 서식과 같다.[136]

3첩	2첩	1첩	
			1항
	善		2항
年號幾年某月 日	臣矣段臣矣身父墳在於某道某邑地是白如乎 久未展省下去拜掃爲白良結望良白去乎詮次 啓向教是事	單銜臣姓名	평항

[표13_30. 정사식_소분]

136 이하는……같다 : 바라오니 "차근차근 잘 아뢰어-'잘[善]'은 별행하여 2항에 쓴다.- 주실 일입니다. 연호-'연(年)'은 3첩의 한가운데 평항에 쓴다.- 몇 년 모월 일.-'일(日)'은 글자를 띄어 쓴다.-"라는 내용이다.

제5항 가토하기 위해 올리는 정사식[加土呈辭式]

1 '아무 읍에 있는데[某邑地是白如乎]' 이상은 위 서식과 같다. **세월이 오래되어 무너져 내려서** **2** 혹은 '이번 큰물에 무너져서[今番潦水頹圮]'라고 한다. **내려가서 가토하고자…….** **3** 이하는 위 서식과 같다.[137]

3첩	2첩	1첩	
			1항
	善		2항
年號幾年某月 日	臣矣段臣矣身父墳在於某道某邑地是白如乎 年久頹落下去加土爲白良結望良白去乎詮次 啓向教是事	單銜臣姓名	평항

[표13_31. 정사식_가토]

137 이하는……같다 : 191쪽 주136 참조.

제 6 항 분황하기 위해 올리는 정사식[焚黃呈辭式]

1 '아무 읍에 있는데[某邑地是白如乎]' 이상은 위 서식과 같다. **내려가서 분황하고자…….** **2** 이하는 위 서식과 같다.[138]

3첩	2첩	1첩	
			1항
	善		2항
年號幾年某月 日	臣矣段臣矣身父墳在於某道某邑地是白如乎 下去焚黃爲白良結望良白去乎詮次 啓向教是事	單銜臣姓名	평항

[표13_32. 정사식_분황]

138 이하는……같다 : 191쪽 주136 참조.

제7항 영분하기 위해 올리는 정사식[榮墳呈辭式]

❶ '아무 읍에 있는데[某邑地是白如乎]' 이상은 위 서식과 같다. **신이 다행히 성상의 은혜를 입어** ❷ '성상[天]'은 별행하여 1항에 쓴다. **외람되이 과거에 급제하여 내려가서 영분하고자**……. ❷ 이하는 위 서식과 같다.[139]

3첩	2첩	1첩	
	天		1항
	善 恩		2항
年號幾年某月 日	臣矣段臣矣身父墳在於某道某邑地是白如乎 臣矣身幸蒙 猥竊科名下去榮墳爲白良結望良白去乎詮次 啓向敎是事	單銜臣姓名	평항

[표13_33. 정사식_영분]

139 이하는……같다 : 191쪽 주136 참조.

제8항 귀장하기 위해 올리는 정사식[歸葬呈辭式]

1 '신은(臣矣段)' 이상은 '근친하기 위해 올리는 정사식'과 같다. **신의 죽은 처를 귀장하는 일로 아무 도(道) 아무 읍(邑)에 내려가고자…….** **2** 이하는 위 서식과 같다.[140] **3** 처부모를 귀장하는 경우도 같은데, 다만 '처부(妻父)' 혹은 '처모(妻母)'라고 한다.

3첩	2첩	1첩	
			1항
	善		2항
年號幾年某月 日	臣矣段臣矣身亡妻歸葬事以某道某邑地 下去爲白良結望良白去乎詮次 啓向教是事	單銜臣姓名	평항

[표13_34. 정사식_귀장]

140 이하는……같다 : 191쪽 주136 참조.

제9항 성혼하기 위해 올리는 정사식[成婚呈辭式]

1 '신의[臣矣身]' 이상은 위 서식과 같다. **자식 혼삿날이 아무 달 아무 날로 정해졌습니다. 삼가 휴가[恩暇]를 받아서** **2** '은(恩)'은 별행하여 1항에 쓴다. **아무 도(道) 아무 읍(邑)에 내려가 혼사를 치르고자…….** **3** 이하는 위 서식과 같다.[141]

3첩	2첩	1첩	
	恩		1항
	善　暇		2항
年號幾年某月　日	臣矣段臣矣身子息成婚定於某月 某日是白如乎乞蒙 某道某邑地下去成婚爲白良結 望良白去乎詮次 啓向教是事	單銜臣姓名	평항

[표13_35. 정사식_성혼]

141 이하는……같다 : 191쪽 주136 참조.

제10항 침구 치료를 위해 올리는 정사식[鍼灸呈辭式]

1 '신의[臣矣身]' 이상은 위 서식과 같다. **앓고 있는 병이 …… 침 맞고 뜸을 뜨면서 조리하고자…….** **2** 이하는 위 서식과 같다.[142]

3첩	2첩	1첩	
			1항
	善		2항
年號幾年某月 日	臣矣段臣矣身所患云云針灸調 理爲白良結望良白去乎詮次 啓向敎是事	單銜臣姓名	평항

[표13_36. 정사식_침구]

142 이하는……같다 : 191쪽 주136 참조.

제11항 목욕하기 위해 올리는 정사식[沐浴呈辭式]

1 '앓고 있는 병이[所患云云]' 이상은 위 서식과 같다. **아무 도(道) 아무 읍(邑)에 목욕하는 일로 내려가고자**……. **2** 이하는 위 서식과 같다.[143]

3첩	2첩	1첩	
			1항
	善		2항
年號幾年某月 日	臣矣段臣矣身所患云云某道某邑地沐 浴事以下去爲白良結望良白去乎詮次 啓向教是事	單銜臣姓名	평항

[표13_37. 정사식_목욕]

143 이하는……같다 : 191쪽 주136 참조.

■1 첩(帖)으로 만든다.

제 1 항 **단함**(單銜) ■1 '단(單)'은 첫 번째 첩의 끝줄 말단에 쓴다. **신**(臣) **성명.**

병든 ■2 '병든[病]'은 2첩의 평항에 쓴다. **아버지를** ■3 혹은 어머니이다. **만나 보는 일로** ■4 '부모의 묘에 가토(加土)하고 돌보는 일', '죽은 처 및 처부모를 귀장(歸葬)하는 일', '자식의 혼사를 치르는 일', '근친(覲親)하는 일', '영분(榮墳)하는 일', '분황(焚黃)하는 일' 등을 상황에 따라 기술한다. **아무 도**(道) **아무 읍**(邑)**에 말미를 받아 내려가는** ■5 '아무 과 아무 곳 아무 시관으로 나아가는[某科某所某試官以進去]', '증시는 아무 공 성명에게 시호를 내리는 일로 아무 도 아무 읍 지역으로 내려가는[贈諡某公姓名賜諡事以某道某邑地下去]', '아무 도에 영위하는 일로 관서와 해서로 내려가는[某道迎慰以西下]', '중로에 문안하는 가승지로 관서와 해서로 내려가는[中路問安假承旨以西下]', '아무 일로 연경에 가는[以某事赴燕]'이라고 하고, 원접사(遠接使)·통신사(通信使)·접위관(接慰官)·감예관(監刈官)·착어관(捉魚官)·치제관(致祭官)·봉심관(奉審官) 등 사명(使命)을 받들고 나가는 모든 경우에 상황에 따라 기술한다. **일입니다.**

	1첩	2첩
1항		
2항		
평항	單銜臣姓名	病父相見事以某道某邑地受由下去 爲白臥乎事

[표13_38. 하직 단자식]

제24절 사은 단자식(謝恩單子式)

[1] 첩(帖)으로 만든다.

[2] 탈이 있으면 2첩에 탈(頉)을 쓴다. 3일이 지났으면 '신병이 들었다는 일[身病爲白有如乎事]'이라 하고, 국기일과 서로 겹치면 '유고(有故)'라 하고, 지방에 있으면 '지방에 있음[在外]'이라 하고, 말미를 받아 나중에 들어왔다면 '아무 도 아무 읍에 말미를 받아 내려갔음[某道某邑地受由下去]'이라 하고, 어사(御史)면 '아무 어사로 아무 도에 내려갔음[某御史以某道下去]'이라 하고, 지방관에서 체차되어 왔으면 '아무 직에서 체임되어 올라왔음[某職遞任上來]'이라 한다.

[3] 가자(加資)에 대한 사은은 '하비된 뒤 아무 탈[下批後某頉] - [1] 곧 위의 신병과 유고 따위이다. -'이라 한다.

제 1 항 **사은.** [1] '사(謝)'는 첫 번째 첩의 첫 번째 줄 평항에 쓴다. [2] '은(恩)'은 별행하여 1항에 쓴다. **단함(單銜)** [3] '단(單)'은 첫 번째 첩의 끝줄 말단에 쓴다. **신(臣) 성명.** [4] 겸직(兼職)은 첫 번째 첩에 실직(實職) - [1] 군함(軍銜)도 같다. -을 쓰며, 2첩의 평항에 '겸 아무 관직을 하비하신 일[兼某職下批爲白卧乎事] - [2] '하(下)'는 별행하여 1항에 쓴다. -'이라고 쓴다. [5] 가자(加資)는 2첩에 '가자를 하비하신 일[加資下批爲白臥乎事] - [3] '하(下)'는 별행하여 1항에 쓴다. -'이라고 쓴다. [6] 감하(減下)에 대한 숙배는 '사은(謝恩)' 2자 없이 2첩에 '아무 관직 감하를 하비하신 일[某職減下下批爲白卧乎事] - [4] 하비(下批)의 '하(下)'는 별행하여 1항에 쓴다. -'이라고 쓴다.

1첩	
恩	1항
	2항
謝 單銜臣姓名	평항

[표13_39. 사은 단자식]

2첩	1첩	
下	恩	1항
		2항
兼某職[加資] 批爲白臥乎事	謝 單銜臣姓名	평항

[표13_40. 사은 단자식_겸직(가자)]

■ 장조지(長條紙)를 3층으로 가로로 접고, 또 반으로 똑같이 나누어 세로로 접는다.

제 1 항 문과에 새로 급제한 신(臣) 성명. ■ 생원·진사는 '신방(新榜) 생원·진사 신 성명'이라고 한다.

위의 신 이름[名]이 삼가 합문에 나아가 공경히 사례하기 위해 기다립니다. 삼가 재결을 기다립니다.

■ 연호 몇 년 모월 모일. 새로 급제한 신 성명이 삼가 아뢥니다.

文科新及第臣姓名
右 臣名 謹詣
閤門 祇候
謝 伏候
進 止
年號幾年某月某日新及第臣姓名謹狀

[표13_41. 육항 단자식_문과]

新榜生員[進士]臣姓名
右 臣名 謹詣
閤門 祇候
謝 伏候
進 止
年號幾年某月某日新及第臣姓名謹狀

[표13_42. 육항 단자식_생원(진사)]

제 1 항 새로 제수된 구함(具銜) 성명.

위의 이름[名]이 삼가 천관(天官 이조)**에** ❶ 의정부는 '도당(都堂)'이라고 한다. **나아가 공경히 참알하기 위해 기다립니다. 삼가 처분을 기다립니다.**

❷ 연호 몇 년 모월 모일. 새로 제수된 단함 성명이 삼가 아룁니다.

新授具銜姓名
右　名　謹詣
天官　祇候
參　伏候
處　分
年號幾年某月某日新授單銜姓名謹狀

[표13_43. 참알육항 단자식]

제27절 문안 단자식(問安單子式)

1 첩(帖)으로 만든다.

제 1 항 단함(單銜) 신(臣) 성명. **1** '명(名)'은 2첩의 첫 번째 줄 말단에 쓴다.

2첩	1첩
單銜臣姓名	

[표13_44. 문안 단자식]

제28절 지수 단자식(祗受單子式)

1 첩(帖)으로 만든다.

제 1 항 **내려보내 주신[賜送]** 1 '사(賜)'는 첫 번째 첩의 한가운데 1항에 쓴다. **아무 물건 아무 수량을 땅에 엎드려 공경히 받은 일입니다.**

연호 2 '연(年)'은 2첩의 한가운데 평항에 쓴다. **몇 년 모월 모일. 단함(單銜) 신(臣) 성명.**

2첩	1첩	
	賜	1항
	送	2항
年號幾年某月某日單銜臣姓名	某物某數伏地祗受爲白臥乎事	평항

[표13_45. 지수 단자식]

제29절 수령천[144] 단자식(守令薦單子式)

❶ 첩(帖)으로 만든다.

❷ 변장천 단자식(邊將薦單子式)도 같다.

❸ 외방(外方)이나 경사(京司) 모두 겉봉이 있다. 왼쪽에 '수령 천거 단자(守令薦擧單子)'라고 쓰며, 옷깃 모양으로 겹쳐 붙인 곳에는 '신(臣) 서명(署名) 삼가 봉합니다.[謹封]'라고 한다.

❹ 외방에서는 감영(監營)을 거치지 않고 곧바로 경사로 보낸다.

❺ 3인을 천거한다.

제 1 항 **수령에** ❶ '수(守)'는 첫 번째 첩의 끝줄 평항에 쓴다. **합당한 3인.**

단함(單銜) ❷ '단(單)'은 2첩의 첫 번째 줄에서 1자를 낮추어 쓴다. **성명.** ❸ 천거되는 사람을 나란히 쓴다.

연호 ❹ '연(年)'은 3첩의 한가운데 평항에 쓴다. **몇 년 모월 일.** ❺ '일(日)'은 글자를 띄어 쓴다. **단함 신(臣) 성명.** ❻ 다른 서식에서는 '성(姓) 서명(署名)'이라고 쓴다.

144 수령천(守令薦) : 매년 1월에 동반 3품 이상, 서반 2품 이상인 사람이 각각 수령, 만호를 맡을 만한 사람을 천거하되 모두 3인을 넘을 수 없다. 《典律通補 吏典 薦擧》

3첩	2첩	1첩	
			1항
			2항
年號幾年某月 日單銜臣 姓名	單銜姓名 單銜姓名 單銜姓名	守令可合三人	평항

[표13_46. 수령천 단자식]

제30절 첩정식(牒呈式)〈경〉

1 두루마리로 만든다.〈보〉

2 동등(同等) 이상의 아문에는 이 식을 사용한다.〈경〉

3 외방에는 첩정을 담는 갑(匣)이 있다.〈보〉

제 1 항 **아무** **1** '아무[某]'는 평항에 쓴다. **관직이** **2** 혹은 '아무 아문[某衙門]'이라 한다. **모(某) 하는 일입니다.** **3** '치보(馳報)', '첩보(牒報)', '행하(行下)', '상고(相考)', '상송(上送)' 등 사안에 따라서 칭한다. ……**하도록 합니다. 이에 첩정을 보내니 자세히 살펴서[照驗]** **4** '조(照)'는 별행하여 평항에 쓴다. **시행해 주시기를 엎드려 청합니다. 이 첩정이 잘 도착하기를 바랍니다.**

위의 **5** '위[右]'는 별행하여 평항에 쓴다. **첩정을** **6** '첩(牒)'은 글자를 띄어 쓴다. **7** '정(呈)'은 글자를 띄어 쓴다. **아무** **8** '아무[某]'는 '위[右]' 자와 나란히 쓴다. **아문에** **9** 아무 아문은 혹 '아무 관직[某職]'이다. **10** '문(門)'은 '정(呈)' 자와 나란히 쓴다. **보냅니다.**

연호 **11** '연(年)'은 별행하여 평항에 쓴다. **12** '호(號)'에 관인(官印)을 찍는다. **13** '호' 왼쪽에 '아무 일[某事]'이라 쓴다. **몇 년 모월 모일. 아무 관직 성(姓) 서명 착압.**〈경〉〈보〉

구분	내용
1항	
2항	
평항	某職爲某事云云爲只爲是良尓 合行牒呈伏請 照驗施行須至牒呈者 右 牒 呈 某 衙門 年號[印]幾年某月某日某職姓署名着押 某事

[표13_47. 첩정식]

서목식(書目式)

❶ 첩정(牒呈)에는 서목(書目)을 구비하되 외방에만 있다.

제 1 항 **아무** ❶ '아무[某]'는 평항에서 글자를 낮추어 쓴다. **관직 서목.** **아무 일** ❷ '아무[某]'는 별행하여 평항에 쓴다. ……. ❸ 대개(大概)이다. ❹ 연호 이하는 위 서식과 같은데, 단지 서명만 한다.

	1항
	2항
某職書目 某事云云 年號[印]幾年某月某日某職姓署名	평항

[표13_48. 서목식]

제32절 평관식(平關式)〈경〉

■1 두루마리로 만든다.〈보〉

■2 동등(同等) 이하의 아문에는 이 식을 사용한다.〈경〉

■3 외방에는 관문을 담는 갑(匣)이 있다.〈보〉

제1항 **아무** ■1 '아무[某]'는 평항에 쓴다. **아문에서 모(某) 하는 일입니다.** ■2 '상고(相考)' 등 일에 따라서 칭한다. …… **이에 관문을 보내니 자세히 살펴서[照驗]** ■3 '조(照)'는 별행하여 평항에 쓴다. **시행해 주시기를 바랍니다. 이 관문이 잘 도착하기를 바랍니다. 위의** ■4 '위[右]'는 평항에서 1자를 낮추어 쓴다. **관문을** ■5 '관(關)'은 글자를 띄어 쓴다. **아무** ■6 '아무[某]'는 '위[右]' 자와 나란히 쓴다. **아문에** ■7 '문(門)'은 '관(關)' 자와 나란히 쓴다. **보냅니다.**

연호 ■8 '연(年)'은 별행하여 평항에 쓴다. ■9 '호(號)'에 관인을 찍는다. ■10 '호' 왼쪽에 '아무 일[某事]'이라 쓴다. **몇 년 모월 모일.**

아무 ■11 '아무[某]'는 별행하여 평항에 쓴다. ■12 '아무[某]'에 관자인(關字印)을 찍는다. **관직 착압.**〈경〉〈보〉

구분	내용
1항	
2항	
평항	某衙門爲某事云云合行移關請 照驗施行須至關者 右 關 某衙門 年號[印]幾年某月某日 某事 某[踏關]職押

[표13_49. 평관식]

❶ 두루마리로 만든다.〈보〉

❷ 차정(差定), 물침(勿侵) 등의 일에 이 식을 사용하며, 윗사람이 소속 관원에게, 관계(官階)가 높은 아문이 7품 이하 관원에게도 첩(帖)을 내린다.〈경〉〈보〉

제 1 항 **아무** ❶ '아무[某]'는 평항에 쓴다. **아문에서 모(某) 하는 일이다.** ❷ '차정(差定)', '물침(勿侵)' 등 사안에 따라서 칭한다. …… **즉시 우러러 자세히 살펴서[照驗]** ❸ '조(照)'는 별행하여 평항에 쓴다. **시행하기 바란다. 이 첩이 잘 도착하기를 바란다.**

위의 ❹ '위[右]'는 평항에서 1자를 낮추어 쓴다. **첩을 아무에게 내리니,** ❺ 차정(差定)하는 일이면 성명(姓名)을 쓰고, 물침(勿侵)하는 일이면 아무 도(道) 아무 읍진(邑鎭) 등 알맞게 칭한다. **여기에 준하도록 하라.**

연호 ❻ '연(年)'은 별행하여 평항에 쓴다. ❼ '호(號)'에 관인(官印)을 찍는다. ❽ '호' 왼쪽에 '아무 일[某事]'이라 쓴다. **몇 년 모월 일.** ❾ '일(日)'은 글자를 띄어 쓴다.

아무 ❿ '아무[某]'는 별행하여 평항에 쓴다. ⓫ '아무[某]'에 첩자인(帖字印)을 찍는다. **아문 착압.**〈경〉〈보〉

구분	내용
1항	
2항	
평항	某衙門爲某事云云合下仰 照驗施行須至帖者 右帖下某準此 年號[印]幾年某月　日 某事 某[踏帖]衙門押

[표13_50. 첩식]

1 전임 관원이 후임 관원에게 관문(關文)을 보내는데, 첩정(牒呈)으로 할지 평관(平關)으로 할지는 해유장(解由狀)을 받을 관원의 관직 품계에 따른다.〈경〉〈보〉

제1항 **전임**(前任) **1** '전(前)'은 평항에 쓴다. **아무 관직 성명이 해유를 발급받기 위한 일입니다. 이 관직은 모년 모월 모일에 본직을 받고 모년 모월 모일에 부임하여 공사**(公事)**를 처리하다가 모년 모월 모일에 이르러 체차되었습니다.** **2** '아무 관직에 옮겨 제수되었습니다.[移拜某職]', '죄를 지어 파직되었습니다.[罪罷]', '모친상을 당했습니다.[遭母喪]' 등 상황에 따라 칭한다. **지금 근무한 기간 및 여러 가지 사유**(事由)**, 관리하던 물건을 일일이 열거하였으니, 자세히 살피고서 해유를 발급해 주시기 바랍니다. 이 때문에 관문을 보내니 자세히 살펴서**[照驗] **3** '조(照)'는 별행하여 평항에 쓴다. **시행해 주시기를 바랍니다. 이 관문이 잘 도착하기를 바랍니다.**

이번에 **4** '이번에[今]'는 별행하여 평항에서 1자를 낮추어 쓴다. **열거한 항목은 다음과 같습니다.**

1\. **5** '일(一)'은 별행하여 평항에 쓴다. **개명했는지의 유무.**

1\. **6** '일(一)'은 별행하여 평항에 쓴다. **실제 근무한 날 며칠,**

145 해유이관식(解由移關式) : 호조나 병조로부터 해유를 발급받기 위하여 전임자가 후임자에게 보내는 문서 서식이다.

휴가 며칠, 질병 며칠.

1. 7 '일(一)'은 별행하여 평항에 쓴다. **탄핵을 당했는지의 여부.**

1. 8 '일(一)'은 별행하여 평항에 쓴다. **관리한 물건 …….** 9 화폐, 곡식, 소금, 쇠, 군기(軍器), 성자(城子), 선척, 서책, 책판(冊板), 안적(案籍), 문서(文書), 인신(印信), 전세(田稅), 공물(貢物), 저전(楮田 닥나무밭), 완전(莞田 왕골밭), 뽕나무, 옻나무, 과일나무, 관가(官家)의 건물, 공천(公賤), 축산(畜産), 관복(冠服) 등과 같은 일체의 공물(公物)을 그 아문에 있는 대로 일일이 열거한다.

위의 10 '위[右]'는 별행하여 평항에서 1자를 낮추어 쓴다. **관문을** 11 '관(關)'은 글자를 띄어 쓴다. **아무** 12 '아무[某]'는 '위[右]' 자와 나란히 쓴다. **아문에** 13 '문(門)'은 '관(關)' 자와 나란히 쓴다. **보냅니다.**

연호 14 '연(年)'은 별행하여 평항에 쓴다. 15 '호(號)'에 관인(官印)을 찍는다. 16 '호' 왼쪽에 '해유(解由)'라고 쓴다. **몇 년 모월 모일.**

아무 17 '아무[某]'는 별행하여 평항에 쓴다. 18 '아무[某]'에 관자인(關字印)을 찍는다. **관직 착압.**〈경〉〈보〉

구분	내용
1항	
2항	
평항	前某職姓名爲解由事當職於某年某月某日 受本職某年某月某日禮任署事至某年某月 某日遞代今將歷仕日月及雜凡緣故該管物 件逐一開坐備細照詳解由成給爲此合行移 關請 照驗施行須至關者 　今開 一改名有無 一實歷幾箇日告暇患病幾箇日 一被劾有無 一該管物件云云 右　關 某衙門 年號[印]幾年某月某日 　解由 某[踏關]職押

[표13_51. 해유이관식]

해유첩정식(解由牒呈式)146 〈경〉

❶ 서울은 해당 관사의 현임(現任) 관원이 해당 조(曹)에 첩정을 보낸다. 월(月)과 일(日) 아래에 해당 관사의 당하관을 모두 품계에 따라 위아래로 나누어 쓰며, 같은 품계는 나란히 쓴다.〈보〉

제 1 항 **아무** ❶ '아무[某]'는 평항에 쓴다. **관직이 해유를 발급받기 위한 일입니다. 이번에 전임 아무 관직 성명의 관문(關文)에 따르면 그 내용은 '……'라고 하였습니다.** ❷ 곧 해유이관식(解由移關式)의 '이 관직[當職]'에서부터 '해유를 발급해 주시기 바랍니다.[解由成給]'까지이다. **이 관문을 받고 나서 본(本) 관원의 성명 및 부임한 날짜, 실제 근무한 날짜를 가지고 다시 조사해 본 결과 본(本) 관원이 보낸 원래의 문서 내용과 동일하였습니다. 그 밖에 임기 내의 실제 근무한 날짜 및 여러 가지 사유, 직장(職掌)으로 관리한 물건에 대해 여러 사람이 한자리에 모여 마감하되, 숫자를 살펴 수량을 계산해 보니 명백하였**

146 해유첩정식(解由牒呈式) : 해당 관직의 전임자가 해유를 발급받기 위하여 후임자에게 보낸 해유 관련 문서(본조 34절 해유이관식 참조)를 살펴보고서 사실 여부를 파악한 뒤 상급 아문에 첩정식으로 작성해 보내는 문서 서식이다. 이 절차는 서울과 지방이 서로 다르다. 서울은 후임자가 곧바로 호조나 병조로 첩정을 보내고,(본절 1항 참조) 지방은 후임자가 상급 아문인 관찰사나 순찰사에게 첩정을 보낸(본절 1항 참조) 다음 관찰사나 순찰사가 후임자의 첩정 뒤에 관문을 작성해 호조나 병조에 보낸다.(본절 2항 참조) 호조나 병조에서는 보내온 문건을 살펴보고서 탈이 없으면 '무탈(無頉)하다'는 해유를 작성해서 이조에 관문을 보낸다.(본절 3항 참조) 최종적으로 이조의 조흘(照訖)을 거쳐 해당 관원에게 해유장을 발급한다.

으므로 항목을 별도로 만들어 뒷부분에 열거하였습니다. 이 때문에 첩정을 보내니 자세히 살펴서[照驗] ❸ '조(照)'는 별행하여 평항에 쓴다. **시행해 주시기를 엎드려 청합니다. 이 첩정이 잘 도착하기를 바랍니다.**

위의 ❹ '위[右]'는 별행하여 평항에 쓴다. **첩정을** ❺ '첩(牒)'은 글자를 띄어 쓴다. ❻ '정(呈)'은 글자를 띄어 쓴다. **아무** ❼ '아무[某]'는 '위[右]' 자와 나란히 쓴다. **아문에** ❽ '문(門)'은 '정(呈)' 자와 나란히 쓴다. **보냅니다.**

연호 ❾ '연(年)'은 별행하여 평항에 쓴다. ❿ '호(號)'에 관인(官印)을 찍는다. ⓫ '호(號)' 왼쪽에 '해유(解由)'라고 쓴다. **몇 년 모월 모일. 아무 관직 성(姓) 서명 착압.**

뒷부분에 ⓬ '뒷부분[後]'은 별행하여 평항에서 1자를 낮추어 쓴다. **항목별로 열거한 내용은 다음과 같습니다.**

1. ⓭ '일(一)'은 별행하여 평항에 쓴다. **개명했는지의 유무.**

1. ⓮ '일(一)'은 별행하여 평항에 쓴다. **모년 모월 모일에 본직을 받았고, 모년 모월 모일에 부임하였고, 모년 모월 모일 교체되었다. 실제 근무한 날 며칠, 휴가 며칠, 질병 며칠.**

1. ⓯ '일(一)'은 별행하여 평항에 쓴다. **탄핵을 당했는지의 여부.**

1. ⓰ '일(一)'은 별행하여 평항에 쓴다. **관리한 물건 …….**

끝. ⓱ '끝[際]'은 별행하여 평항에 쓴다.〈경〉〈보〉

1항	
2항	
평항	某職爲解由事今準前某職姓名關節該云云 得此將本員姓名及到任實歷日月改行檢會 得與本員元狀相同外其餘任內實歷及雜凡 緣故職掌該管物件圓僉磨勘照數叩筭明白 另款開坐于後爲此合行牒呈伏請 照驗施行須至牒呈者 右　牒　呈 某　衙門 年號[印]幾年某月某日某職姓署名着押 解由 後計開 一改名有無 一某年某月某日受本職某年某月某日到任 某年某月某日得代實歷幾箇日告假患病幾 箇日一被劾有無 一該管物件云云 際

[표13_52. 해유첩정식1]

제2항 **아무** ❶ '아무[某]'는 평항에 쓴다. **관직이 해유를 발급받기 위한 일로 첩정을 첨부하였습니다. 이에 관문을 보내니 자세히 살펴서[照驗]** ❷ '조(照)'는 별행하여 평항에 쓴다. **시행해 주시기를 바랍니다. 이 관문이 잘 도착하기를 바랍니다.**

위의 ❸ '위[右]'는 별행하여 평항에서 1자를 낮추어 쓴다. **관문을** ❹ '관(關)'은 글자를 띄어 쓴다. **아무 조(曹)에** ❺ '아무[某]'는 '위[右]' 자와 나란히 쓴다. ❻ '조(曹)'는 '관(關)' 자와 나란히 쓴다. **보냅니다.**

연호 ❼ '연(年)'은 별행하여 평항에 쓴다. ❽ '호(號)'에 관인(官印)을 찍는다. ❾ '호(號)' 왼쪽에 '해유(解由)'라고 쓴다. **몇 년 모월 모일.**

아무 ❿ '아무[某]'는 별행하여 평항에 쓴다. ⓫ '아무[某]'에 관자인(關字印)을 찍는다. **관직 착압. 도사.** ⓬ '도(都)'는 글자를 띄어 쓴다. ⓭ 병영(兵營)은 우후(虞候)이다.

1항	
2항	
평항	某職爲解由事粘連牒呈是去有良尒 合行移關請 照驗施行須至關者 右　關 某　曹 年號[印]幾年某月某日 解由 某[踏關]職押　都事

[표13_53. 해유첩정식2]

제 3 항 **아무 조(曹)가** ❶ '아무[某]'는 평항에 쓴다. **해유하는 일입니다. 관문 및 첨부한** ❷ 서울의 관사에는 관문과 첨부하는 문서가 없다. **첩정의 내용으로 말미암아, 전임 아무 관직 성명의 임기 내에 해유를 '무탈(無頉)하다'로 발급하오니 상고하여 시행할 일입니다. 이에 관문을 보내니 자세히 살펴서[照驗]** ❸ '조(照)'는 별행하여 평항에 쓴다. **시행해 주시기를 바랍니다. 이 관문이 잘 도착하기를 바랍니다.**

위의 ❹ '위[右]'는 별행하여 평항에서 1자를 낮추어 쓴다. **관문을** ❺ '관(關)'은 글자를 띄어 쓴다. **이조에** ❻ '이(吏)'는 '위[右]' 자와 나란히 쓴다. ❼ '조(曹)'는 '관(關)' 자와 나란히 쓴다. **보냅니다.**

연호 ❽ '연(年)'은 별행하여 평항에 쓴다. ❾ '호(號)'에 관인(官

印)을 찍는다. ⑩ '호(號)' 왼쪽에 '해유(解由)'라고 쓴다. **몇 년 모월 일.** ⑪ '일(日)'은 글자를 띄어 쓴다.

판서 ⑫ '판(判)'은 별행하여 평항에 쓴다. ⑬ '판(判)'에 관자인(關字印)을 찍는다. **착압. 참판,** ⑭ '참(參)'은 글자를 띄어 쓴다. **참의,** ⑮ '참(參)'은 글자를 띄어 쓴다. **정랑,** ⑯ '정(正)'은 글자를 띄어 쓴다. ⑰ 세 정랑은 나열하여 쓴다. **좌랑.** ⑱ '좌(佐)'는 글자를 띄어 쓴다. ⑲ 세 좌랑은 나열하여 쓴다. ⑳ 앞의 관문은 순영에서 병조나 호조에 보내는 관문이며, 이 관문은 병조나 호조가 앞의 관문에 배관(背關)147한 것인데 서울에서는 첩정에 배관한다.

1항	
2항	
평항	某曹爲解由事關及粘連牒呈內乙用良前 某官姓名等內解由無頉成出爲去乎相考 施行向事合行移關請 照驗施行須至關者 右 關 吏 曹 年號[印]幾年某月 日 解由 判[踏關]書押 參判 參議 正郎 佐郎 正郎 佐郎 正郎 佐郎

[표13_54. 해유첩정식3]

147 배관(背關) : 별도의 종이에 쓰지 않고 받은 관문의 뒷부분에 관문을 쓰는 것이다.

■1 경관(京官)에 대해서는 함사를 보낼 때 관문으로 작성하여 보내지 않고 단지 해당 관사의 아전에게 감결(甘結)을 보낸다. 이직(移職)하거나 체직(遞職)되어 향리(鄕吏)에 있을 경우에도 추고를 당했을 때의 해당 관사 아전에게 함답(緘答)을 받아오게 한다. 만약 외관이 이미 체직되어 서울에 있을 경우에는 경저리(京邸吏)에게 감결을 보낸다.

제 1 항 **아무 아문이 상고하는 일입니다. 이번에 계하하신** ■1 '계(啓)'는 글자를 띄어 쓴다. …… **전지** ■2 '전(傳)'은 별행하여 중항에 쓴다. **내의 사연을 봉심하여 시행하되, 관문이 도착한 즉시 동 함사를 규례대로 지만(遲晩)하는 초사를 받고, 공(功)과 의(議)를 분간하여 해서로 써서 첩(帖)으로 만들어 회답함으로써 대조하고 검토하여 입계할** ■3 '계(啓)'는 글자를 띄어 쓴다. **수 있게 할 일입니다. 이에 관문을 보냅니다.** ■4 이하는 서식에 의거한다. ■5 동추(同推)가 없으면 '이번에 계하하신[節啓下敎]' 아래에 '본도의 계본에 의거하면 아무 일 …… [本道啓本據某事云云]'이라고 쓴다. 위 항목 추관(推官) 등의 추고는 본도(本道)에서 규례에 따라 함사를 보낸다. 나머지는 같다. 이외에는 사안에 따라 명칭을 달리한다.

傳	중항
某衙門爲相考事節　啓下敎云云 旨內辭意奉審施行爲乎矣到關卽時同緘 辭依例遲晩取招功議分揀楷書作貼回移 以爲照勘入　啓之地向事合行移關	평항

[표13_55. 외관추고발함식]

제 1 항 **아무 도(道) 관찰사 겸 순찰사가 추고에 대해 함답하는 일입니다. 이번에 도착한 조(曹)의** ❶ '조(曹)'는 1자를 띄어 쓴다. ❷ 혹은 '부(府)'이다. **관문은 '계하하신** ❸ '계(啓)'는 1자를 띄어 쓴다. ……' ❹ 함사를 보낸 관문의 내용이다. **라고 한 일에 대한 공함이었습니다[公緘是置有亦]. …… 문비하라고** ❺ '문(問)'은 1자를 띄어 쓴다. **명하시게 하였으니 전지** ❻ '전(傳)'은 1자를 띄어 쓴다. **안의 사연을 두려워하며 지만(遲晩)합니다. 공(功)으로는 몇 대 조(祖)** ❼ 부(父) 이상은 상황에 따라 기술하고 고조(高祖) 이상은 몇 대라고 칭한다. **아무 군(君) 아무개가 아무 공신이고, 의(議)로는 아무 군(君)** ❽ '아무 부원군(府院君)', '아무 위(尉)'는 상황에 따라 기술한다. **아무개가** ❾ 이성(異姓)은 성(姓)과 이름을 다 쓴다. **동성(同姓)** ❿ 이성은 '이성(異姓)'이라고 기술한다. **몇 촌 친척입니다.** ⓫ 없으면 '공과 의가 모두 없다는 뜻[功議幷只無是乎味]'이라고 쓴다. 공은 있는데 의가 없으면 공신 아래에 '의는 없다는 뜻[議段無是乎味]'이라고 쓴다. 공이 없는 경우도 이와 같이 한다. **이것을 말미암아 해서로 써서 첩(帖)으로 만들어 회답하오니 상고하여 시행할 일입니다. 이에 관문을 보냅니다.** ⓬ 이하는 서식에 의거한다. ⓭ 수령 및 다른 관직 -❶ 이를테면 절도사 등이다.- 은 '이었습니다[是置有亦]' 아래에 "위의 사연을 상세히 갖추어 상사에 함답하라는 뜻으로 분부하였습니다. 모년 모월 모일 모관 아무개의 함답에 '저는 …… 문비하라고 명하시게 하였습니다.'[右

良辭緣備細緘答上使之意分付爲有如乎某年某月某日某官姓名緘答內矣身云云致勤問備]"라고 쓴다. 나머지는 같다. 다만 '이것을 말미암아 해서로 써서 첩으로 만들어 회답하다[乙仍于楷書作貼回移]'를 '이온 바로, 연유를 회답하오니[是乎等以緣由回移爲去乎]'라고 바꾼다.

중항	
평항	某道觀察使兼巡察使爲推考事節到付　曹關 內節　啓下敎云云向事公緘是置有亦云云致 勤　問備之命　傳旨內辭緣惶恐遲晩是乎旀 功段幾代祖某君某爲某功臣議段某君某爲同 姓幾寸親乙仍于楷書作貼回移爲去乎相考施 行向事合行移關

[표13_56. 외관함답식]

1 첩(帖)으로 만든다.

2 지방관이 이미 체차되어 서울에 있거나 지방에 있는 사람도 같다.

제 1 항 **단함**(單銜) 1 '단(單)'은 평항에서 2자를 낮추어 쓴다. **성명. 나이 몇 살. 아뢰되** 2 '아뢰되[白]'는 별행하여 평항에 쓴다. **이 몸이 …… 이렇게 문비하라는** 3 '문(問)'은 1자를 띄어 쓴다. **명이 있게 하였습니다. 전지** 4 '전(傳)'은 별행하여 중항에 쓴다. **내의 사연에 대해서 황공하게 너무 오래 속여서 미안합니다. 백**(白) 5 '백(白)'은 다음 줄 끝에 쓴다. **서명.**

공(功)**은** 6 '공(功)'은 첩(帖)을 넘겨서 평항에서 1자를 낮추어 쓴다. ……**입니다. 의**(議)**는** 7 '의(議)'는 '공(功)' 자와 나란히 쓴다. ……**입니다.** 8 무릇 조율할 때 공의 단자(功議單子)는 작은 쪽지에 작은 글씨로 써서 조율 계본(照律啓本) 끝에 붙인다. 공(功)을 적을 경우에는 '성명, 몇 대 조(祖) 아무개, 아무 공신(功臣)'이라고 쓴다. –1 원종공신도 같다.– 의(議)를 적을 경우에는 '아무 군(君) –2 '아무 부원군(府院君)', '아무 위(尉)'는 호칭에 맞게 쓴다.– 아무개 –3 이성(異姓)인 경우 성과 이름을 함께 쓴다.– 동성(同姓) –4 이성인 경우 '이성(異姓)'이라고 쓴다.– 몇 촌(寸) 친(親)'이라고 쓴다. 의친(議親)으로 만약 공(功)과 의(議)가 모두 있으면 먼저 공을 쓰고 이어서 의를 쓴다. 의친이 없으면 공신 아래에 '의친이 아니다[非議親]'라고 쓰며, 공신이 없으면 의친 아래에 '공신이 아니다[非功臣]'라고 쓴다.〈보〉 9 공

(功)을 적을 경우에는 다만 '아무 공신(功臣)'이라고 쓰고 '아무 조(朝)'라고 쓰지 않으며, 의(議)를 적을 경우에는 '아무 군(君)', '아무 부원군(府院君)', '아무 위(尉)'라고만 쓰고 '대왕(大王)'이나 '왕후(王后)'는 쓰지 않는다.〈증〉〈보〉

월첩(越帖)	1첩	
	傳	중항
功云云 議云云	單銜姓名年幾 白等矣身云云致有此 問備之命 旨內辭緣惶恐遲晩 白署名	평항

[표13_57. 경관함답식]

제39절 입안식(立案式)

❶ 결송입안(決訟立案)은 당상관과 당하관이 함께 착압(着押)하되, 해당 당하관은 또 성명을 쓴다.

제 1 항 **모년** ❶ '모(某)'는 평항에 쓴다. **모월 모일 아무 관사의 입안입니다.**

위 ❷ '위[右]'는 별행하여 평항에 쓴다. **입안을 만들어 주는 일이다.** …… **이에 입안합니다.**

당상관 ❸ '당(堂)'은 별행하여 평항에 쓴다. **착압. 당하관** ❹ '당(堂)'은 글자를 띄어 쓴다. **착압.** ㉢

중항	
평항	某年某月某日某司立案 右立案爲成給事云云合行立案者 堂上官押　堂下官押

[표13_58. 입안식]

제40절 감합식(勘合式)

1 모든 전(錢), 양곡(糧穀), 군대 동원, 말의 징발, 검시(檢屍), 사형 등에 관한 공문을 보낼 때에는 원문서의 면에다가 접어서 대고 원문서와 작성한 문서가 서로 만나서 닿는 부분에 글자를 써넣고 도장을 찍어서 절반씩 나누어 뒷날 참고하는 증거로 삼는다.

제 1 항 모년 모월 모일에 아무 글자 제몇 호를 써넣어 감합한다.[某年某月某日書塡某字第幾號勘合]〈경〉

❶ 첩(帖)으로 만든다. 〈보〉

❷ 첫 번째 첩의 첫 번째 줄에 글자를 낮추어서 '아무 부(部) 아무 방(坊) 아무 계(契) 호구 단자(戶口單子)'라고 쓴다. 지방은 '아무 면(面) 아무 리(里) 호구 단자'라고 한다.〈경〉〈보〉

제 1 항 **제** ❶ '제(第)'는 별행하여 평항에 쓴다. **통** ❷ '통(統)'은 글자를 띄어 쓴다. **제** ❸ '제(第)'는 별행하여 평항에 쓴다. **호에** ❹ '호(戶)'는 글자를 띄어 쓴다. **거주하는 구함(具銜), 성명, 나이 몇 살, 모 간지생, 본관 아무이다.**

사조(四祖). ❺ 사조는 별행하여 평항에 열거하여 쓴다. ❻ 사조를 쓰는 서식은 과거비봉식(科擧秘封式)과 같다. ❼ 대수(代數)가 가까운 종친은 본종(本宗)을 쓰지 않는다.

모시고 사는 ❽ '모시고 사는[奉]'은 별행하여 평항에 쓴다. **어머니** ❾ 조모 이상이 살아 있으면 또한 기록한다. **모씨(某氏), 나이 몇 살, 모 간지생, 본관 아무이다.**

처 ❿ '처(妻)'는 별행하여 평항에서 1자를 낮추어 쓴다. **모씨, 나이 몇 살, 모 간지생, 본관 아무이다.**

사조(四祖). ⓫ 사조는 별행하여 평항에서 1자를 낮추어 쓴다. ⓬ 의빈(儀賓)은 모주(某主)에게 장가들었다고만 기록한다. ⓭ 서인(庶人) 가운데 사조를 알지 못하는 자는 다 기록할 필요가 없다.

데리고 사는 ⓮ '데리고 사는[率]'은 별행하여 평항에서 2자를 낮추어 쓴다. **자녀나 손주** ⓯ 만약 며느리를 맞이했으면 또 낮추어 쓴다. ⓰ 사위는 모두 본관을 기록한다. ⓱ 솔호(率戶)가 있으면 열거하여 쓰되 자손(子孫) 아래에 덧붙여 기록한다. **모모(某某), 나이 몇 살, 모 간지생이다.**

거느리고 있는 ⓲ '거느리고 있는[率]'은 또 글자를 낮추어 쓴다. **노비나 고공(雇工) 모모, 나이 몇 살, 모 간지생이다.**

연호 ⓳ '연(年)'은 별행하여 평항에 쓴다. **몇 년 모월 일.** ⓴ '일(日)'은 글자를 띄어 쓴다.〈경〉〈보〉

3첩	2첩	1첩	
			중항
外祖具銜姓名本某 率子女孫某某年幾某干支生 率奴婢雇工某某年幾某干支生 年號幾年某月 日	外祖具銜姓名本某 奉母某氏年幾某干支生籍某 妻某氏年幾某干支生籍某 父具銜 名 祖具銜 名 曾祖具銜 名	某部某坊某契戶口單子 第 統 第 戶住具銜姓名年幾某干支生本某 父具銜 名 祖具銜 名 曾祖具銜 名	평항

[표13_59. 호구 단자식]

제42절 준호구식(準戶口式)〈경〉

❶ 두루마리로 만든다.〈보〉

❷ 주협(周挾) 도장은 몸체가 길다. '주협자개인(周挾字改印)' 5자를 새기되 협(挾) 아래에 한 자를 비워 둔다. 비워 둔 곳에 고친 글자 수대로 숫자를 써넣으며, 고친 글자가 없으면 '무(無)' 자를 써넣는다. 호구를 발급하는 곳에서 비스듬히 '주협자개인'을 찍고 또 관인(官印)을 찍는다.〈경〉〈보〉

제 1 항 **연호** ❶ '연(年)'은 첫 번째 첩 평항에서 1자를 낮추어 쓴다. ❷ '호(號)'에 관인을 찍는다. **몇 년 모월 일** ❸ '일(日)'은 글자를 띄어 쓴다. **한성부에서** ❹ 지방은 '아무 읍(邑)'이라고 한다. -❶ 부(府), 목(牧), 군(郡), 현(縣)은 그에 따라 일컫는다.- **모년에 성적한 호구 장적을 상고해 보니** ❺ '상고해 보니[考]'는 별행하여 평항에 쓴다. ❻ '모년(某年)'에는 해당 식년(式年)의 간지를 기록한다. **아무 부(部) 아무 방(坊) 아무 계(契) 제 통(統)** ❼ '통(統)'은 글자를 띄어 쓴다. **제 호** ❽ '호(戶)'는 글자를 띄어 쓴다. …… ❾ 호구 단자대로 쓰되 다만 이어서 쓴다. **등으로 되어 있다. 모년** ❿ 지난번 식년 간지를 기록한다. **호구 장적에 의거하여 발급한다.**

당상 ⓫ '당(堂)'은 평항에서 글자를 높여 쓴다. **착압. 낭청** ⓬ '낭(郞)'은 글자를 띄어 쓴다. **착압. 감동관** ⓭ '감(監)'은 글자를 띄어 쓴다. **착압.** ⓮ 지방의 경우는 '행(行) 모관(某官)'이라고 한다. 부윤이나 목사 이하는 그에 따라 일컫는다.〈경〉〈보〉

1첩	
堂	중항
年號[印]幾年某月　日漢城府 考某年[當式年干支]成籍戶口帳內某部 某坊某契第　統第　戶云云等 某年[去式年干支]戶口準給者 上押　郎廳押　監董官押	평항

[표13_60. 준호구식]

❶ 첩(帖)으로 만든다.

❷ 장수(張數)는 좌기에 참여한 대관(臺官)의 인원수대로 작성한다.

제1항 **아무 품계, 앞서 수행한 관직, 성명, 본관 아무.**

아버지 쪽:

구함(具銜) 이름. ❶ 양자로 간 사람은 생부(生父)를 나란히 쓴다.

부(父) 구함 이름.

조부 구함 이름.

증조 구함 이름.

외조 구함 성명, 본관 아무.

어머니 쪽:

모씨(某氏) 본관 아무.

사조(四祖)를 열거하여 쓴다.

아내 쪽:

모씨 본관 아무.

사조를 열거하여 쓴다.

4첩	3첩	2첩	1첩
外祖具銜姓名本某	外祖具銜姓名本某 妻邊 某氏籍某 父具銜 名 祖具銜 名 曾祖具銜 名	外祖具銜姓名本某 母邊 某氏籍某 父具銜 名 祖具銜 名 曾祖具銜 名	某階前行職姓名本某 父邊 具銜 名 父具銜 名 祖具銜 名 曾祖具銜 名

[표13_61. 서경 단자식]

❶ 첩(帖)으로 만든다.

❷ 첫 번째 첩의 첫 번째 줄에 글자를 낮추어 '선원록세계 단자(璿源錄世系單子)'라고 쓴다.

❸ 친손과 외손은 대수(代數)를 한정하지 않고 모두 기록한다.

❹ 여러 형제의 파(派)를 합록(合錄)하는 경우는 먼저 형의 파를 쓴 뒤에 차례대로 아우의 파를 쓰되 그 소목(昭穆)에 따라 일제히 쓴다.

❺ 지방은 연호를 쓴 곳에 도장을 찍고 달과 날짜 아래에 지방관이 구함(具銜)과 성(姓)을 쓰고 서명한다. 삼향소(三鄕所)는 –❶ '삼(三)'은 글자를 띄어 쓴다.– 성명을 열거하여 쓰고 서명한다. 향소(鄕所) 오른쪽에 한 명의 보증인이 구함과 성명을 열거하여 쓰고 서명한다. 문장(門長)은 이름을 쓰고 서명한다.

제1항 대왕.

제몇 남 이름 모 대군. ❶ 혹은 '모 군(某君)'이다.

제몇 자(子) 이름 모 군. ❷ 이하는 이와 같다.

연호 몇 년 모월 일. 모 군 ❸ 가장(家長)이다. ❹ 종친의 대수가 다하면 '문장(門長) 충의위(忠義衛)'라고 쓰고, 서파(庶派)는 '족친위(族親衛)'라고 쓴다. **이름 서명.**

1첩
璿源錄世系單子 大王 第幾男名某大君 第幾子名某君 年號幾年某月　日某君名署名

[표13_62. 선원록세계 단자식]

1 첩(帖)으로 만든다.

2 첫 번째 첩의 첫 번째 줄에 글자를 낮추어 '돈녕 단자(敦寧單子)'라고 쓴다.

3 대수(代數)는 촌수(寸數)를 따르되 촌수 내에서는 외외손(外外孫)이더라도 모두 쓴다.

4 형제파(兄弟派)를 쓰는 서식과 지방에서 돈녕 단자를 작성해 올릴 때의 서식은 선원록세계 단자식과 같다.

제 1 항 대왕.

제몇 남 이름 모 군. 1 딸은 '제몇 여 모 공주 혹은 모 옹주가 모 위 성명에게 시집감[第幾女某公主或某翁主下嫁某尉姓名]'이라고 한다.

자 이름 모 군. 2 이하는 이와 같다. 공주와 옹주의 아들은 '모 직(某職)'이라고 한다. 3 딸은 '여(女)'라고 일컫고 그 남편의 성명과 모 직(某職)을 이어 쓰며 다음 줄에 1자를 낮추어 아들의 이름과 모 직(某職)을 쓴다. 이하는 이와 같다.

연호 몇 년 모월 일. 모 직 성명 4 가장(家長)이다. **서명.**

제 2 항 왕후 모씨.

아버지 이름 모 직 부원군.

아들 이름 모 직. 1 이하는 이와 같다. 2 딸과 외손, 연호 이하는 앞의 서식과 같다.

1첩
敦寧單子 大王 第幾男名某君 子名某君 年號幾年某月　日某職姓名署名

[표13_63. 돈녕 단자식1]

1첩
敦寧單子 王后某氏 考名某職府院君 子名某職 年號幾年某月　日某職姓名署名

[표13_64. 돈녕 단자식2]

❶ 첩(帖)으로 만든다.

❷ 첫 번째 첩의 첫 번째 줄에 글자를 낮추어 '공신자손세계 단자(功臣子孫世系單子)'라고 쓴다.

❸ 형제파(兄弟派)를 쓰는 서식과 지방에서 작성해 올릴 때의 서식은 선원록세계 단자식과 같다. 단지 문장(門長)의 왼쪽에 적장(嫡長)을 열거하여 쓴다. 보증인은 적장의 경우에만 있는데 보증인 3명을 갖추되 1명은 문관으로 한다.

❹ 적장의 세계 단자는 장파(長派)에 대해서 '자(子) 모(某)이다.'라고 곧바로 쓰고 보증인 이외에 지방관, 향소(鄕所), 적장은 쓰지 않는다.

제 1 항 **모 조(朝) 모 공신 모 직 모 군 성명. 자(子) 이름 모 직.**

자 이름 모 직. ❶ 이하는 이와 같다.

연호 몇 년 모월 일 문장(門長) 충의위 성명 서명.

1첩
功臣子孫世系單子 某朝某功臣某職某君姓名子名某職 子名某職 年號幾年某月　日門長忠義衛姓名署名

[표13_65. 공신자손세계 단자식]

1 식년시, 증광시, -1 소과의 초시·복시도 같다.- 별시의 초시와 복시, -2 정시(庭試)의 복시도 같다.- 전시(殿試)는 사조(四祖)를 갖추어 쓴다.

2 봉합하는 곳에 '근봉(謹封)'이라고 쓴다.

3 정시의 초시, 알성시, 춘당대시는 아버지만 쓰고, 절제(節製), 감제(柑製), 반제(泮製)도 같다.

4 친림하여 과거를 설행할 때 제목(題目)을 쓰라고 명하거나 패초(牌招)하기를 명한 경우에는 '신 성명 신 근봉(臣姓名臣謹封)'이라고 쓴다. 전시에는 비록 친림하지 않더라도 '신(臣)'이라고 쓴다.

제 1 항 **구함(具銜),** 1 낭(郎)이거나 생원, 진사, 유학(幼學)인 경우이다. 2 절제, 감제, 반제에는 관직을 쓸 수 없고 생원, 진사, 유학으로만 쓴다. 3 소과에는 대부(大夫)라고 쓸 수 없다. **성명, 나이 몇 살, 본관 아무, 서울 거주.** 4 지방은 '모 읍(邑)'이라고 쓴다. **부(父) 구함 이름.** 5 양자로 간 사람은 생부(生父)를 열거하여 쓴다.

조부 구함 이름.

증조 구함 이름.

외조 구함 성명, 본관 아무.

중항	
평항	具銜姓名年幾本某居 京 父具銜 名 祖具銜 名 曾祖具銜 名 外祖具銜姓名本某

[표13_66. 과거비봉식]

제14조 이문(吏文)[148]

제 1 항 某 名 弋只進叱使內良如爲 아모개이낫부려왜라다암 | **아무개가** 이름 **나아오게 하라고[하도록].**

望良白內臥乎事是亦在 ᄇᆞ라옵ᄂᆡ누오일이여견 | **바라[옵]는 일이라는 것.**

제 2 항 爲白有臥乎等用良 ᄒᆞ숣잇누온들뻐아 | **-하였[셨]으므로.**

제 3 항 教是臥乎在亦 이시누온견이여 | **-하였[셨]습니다. -하신 것입니다.**

爲乎乙喩在果 ᄒᆞ올지견과 | **-하겠거니와. -할 것이거니와.**

爲白有如乎事 ᄒᆞ숣잇다온일 | **-하였[셨]다는 일.**

제 4 항 使內白如乎 부리숣다온 | **시키는데.**

是去有良尒 이거이신아금 | **-이었은 만큼.**

爲有在而亦 ᄒᆞ잇견마리여 | **-하였던 것이지마는.**

爲白乎等以 ᄒᆞ숣온들노 | **-하온 바로. -하였기 때문에.**

是置有是亦 이두이신이여 | **-이었다. -이었으므로.**

直爲所如中 딕ᄒᆞᆫ바다히 | **바른 대로 말하건대.**

148 이문(吏文) : 이두(吏讀) 어휘를 글자 수에 따라 배열하고 어휘의 읽는 법을 달아 놓았다. 번역문은 주로 《이두자료 읽기 사전》(장세경, 한양대학교 출판부, 2001)의 풀이를 참고하였다.

望良白去乎 ᄇᆞ라ᅀᆞᆸ거온 | **바라오니.**

爲白有如乎 ᄒᆞᅀᆞᆸ잇다온 | **-하였는데. -하였더니.**

爲白臥乎事 ᄒᆞᅀᆞᆸ누온일 | **-하[옵]는 일.**

제5항 爲白有昆 ᄒᆞᅀᆞᆸ잇곤 | **-하였[셨]으니.**

爲有如乎 ᄒᆞ잇다온 | **-하였는데.**

爲良教齊 ᄒᆞ야라이샨져 | **-하라고 하시다.**

爲白去乎 ᄒᆞᅀᆞᆸ거온 | **-하[오]니.**

爲有如可 ᄒᆞ잇다가 | **-하였다가.**

爲白只爲 ᄒᆞᅀᆞᆸ기암 | **-하도록.**

爲乎樣以 ᄒᆞ오량으로 | **-한[인] 것처럼.**

爲有去乙 ᄒᆞ잇거늘 | **-하였거늘.**

爲行如可 ᄒᆞ려다가 | **-하다가. -하고 있다가.**

爲良如教 ᄒᆞ야라이샨 | **-하라고 하신.**

向教是事 아이샨일 | **-하실 일. -에 대한 일.**

爲白良結 ᄒᆞᅀᆞᆸ아져 | **-하[옵]고자.**

爲白去等 ᄒᆞᅀᆞᆸ거든 | **-하[옵]거든.**

爲臥乎所 ᄒᆞ누온바 | **-하였는 바. -하는 바.**

爲白如乎 ᄒᆞᅀᆞᆸ다온 | **-하는데. -합니다.**

是白如乎 이ᅀᆞᆸ다온 | **-인데. -하는데. -입니다.**

是白去乙 이ᅀᆞᆸ거늘 | **-이거늘. -하거늘.**

是白乎旀 이ᅀᆞᆸ오며 | **-[이]며.**

爲白乎矣 ᄒᆞᅀᆞᆸ오되 | **-하되.**

是在如中 이견다히 | **-인데. -인 것인데. -는데. -[이]라면.**

爲白在果 ᄒᆞᄉᆞᆲ견과 | **-할거니와. -하였거니와.**

爲白去乙 ᄒᆞᄉᆞᆲ거늘 | **-하여. -하거늘.**

是白乎所 이ᄉᆞᆲ온바 | **-이온 바. -입니다. -하였습니다.**

是沙餘良 이사남아 | **-뿐만 아니라.**

敎味白齊 이샨맛ᄉᆞᆲ져 | **-라고 하였습니다.**

爲白有置 ᄒᆞᄉᆞᆲ잇두 | **-하였습니다.**

敎是白昆 이시ᄉᆞᆲ곤 | **-이니. -이므로.**

尤于過甚 더옥과심 | **더욱 괘씸하다.**

望白良㭒 ᄇᆞ라ᄉᆞᆲ아금 | **바라오니. 바라[옵]는 만큼.**

爲白良沙 ᄒᆞᄉᆞᆲ아사 | **-하셔야.**

矣徒等亦 의ᄂᆡ등이여 | **저희들이. 우리들이.**

爲白內等 ᄒᆞᄉᆞᆲᄂᆡ든 | **-하는 바입니다.** ○右陳ㅣㅣㅣㅣ(위와 같이 진달하는 바입니다.)

제6항 㐲不喩 ᄡᅵ아닌지 | **-뿐만 아니라.**

岐等如 가르트려 | **갈라서. 나누어.**

是乎味 이온맛 | **-[이]라는.**

無乎事 어오로일업다 | **없다고. 없다는.**

敎喩乃 이샨디나 | **-하실지. -이실지.**

使內事 부리온일 | **부리도록. 쓰도록.**

爲白齊 ᄒᆞᄉᆞᆲ져 | **-합니다. -하라. -한다.**

爲白等 ᄒᆞᄉᆞᆲ든 | **-한 바.**

矣徒等 의ᄂᆡ등 | **저희들. 우리들.**

爲巴只 ᄒᆞ도로나 | **-하도록.**

爲隱喩 ᄒᆞᆫ디 | **-한지.**

爲等如 ᄒᆞᄃᆞ러 | **모두. 통틀어.**

乙仍于 지조로 | **-으므로. 말미암아.**

其等徒 저등이 | **저들.**

良中沙 아희사 | **-에[서]야.**

是良尒 이아금 | **-이니만큼.**

令是遣 시기고 | **시키고.**

向爲良 향ᄒᆞ야 | **향하여. 대하여.** ○矣身 | | |(나에게 대하여. 나에게.)

제 7 항 退伊 몰리 | **나중에. 물리다.** ○ | | 相考(나중에 상고하다.)

況旀 ᄒᆞ몰며 | **하물며.**

白等 ᄉᆞᆲ든 | **아뢰는 것입니다. 다음와 같이 진술합니다. 아뢰되.**

的只 마기 | **확실하다. 정확하다.**

及良 밋쳐 | **-까지. 미치다.**

教是 이시 | **-께서. -이신. -하실.**

是遣 이고 | **-이고. -하고.**

教矣 이시되 | **-이시되. -하시되.**

粗也 이야라 | **간신히.** ○ | | 措備(간신히 마련하다.)

卜役 딘역 | **복역.**

惠伊 저지리 | **고루.** ○ | | 分揀(고루 용서하다.)

題只 져김 | **제사(題辭). 판결문.**

擬只 비김 | **담당하다. 맡기다.**

除良 더러 | **-뿐더러. -하지 말고. 덜다.**

進只 낫드리 | **나아가.**

追于 조초 | **나중에. 추후에.**

流伊 흘리 | **흘림흘림.**

不冬 안들 | **아니하다.**

不得 모딜 | **-하지 못하다.**

茂火 더불어 | **더불어.** ○矣身 | | (저와 더불어.)

唯只 오직 | **오직. 다만.**

加于 더옥 | **더욱.**

始只 비릇 | **-부터. 비로소.**

絃如 시우려 | **-할[일] 것이므로.** ○流離 | | (유리할 것이므로.)

最只 안직기 | **가장.**

別乎 별옴 | **고르게. 똑같이.**

戈只 과글니 | **-에서.**

役只 격기 | **겪이. 치르기.** ○ | | 除良(겪이는 하지 말고.)

岐如 갸릐여 | **나누어. 갈리어.**

先加 아딕 | **먼저. 우선.**

適音 마춤 | **마침.**

向入 안들이 | **여기다. 생각하다.**

新反 서로이 | **-커녕. 도리어. 더 나아가.**

耳亦 ᄯᆞᆯ여 | **-만. -뿐.** ○矣身 | | (저만.)

專亦 젼혀 | **전혀. 오로지.**

作文 질문 | **문서. 문안.**

右良 님의여 | **위에서 언급한. 위와 같이.**

易亦 안으려 | **쉽게.** ○ㅣ ㅣ對答(쉽게 대답하다.)

使亦 ᄉᆞ리여 | **부리어. 시키어.**

更良 가ᄉᆡ아 | **다시.**

導良 드듸여 | **드디어. -에 따라.**

向前 아젼 | **앞의. 상기**(上記)**의.**

竝只 다목기 | **함께. 모두.**

用良 씨아 | **-을 말미암아. -을 따라서.**

乙良 을안 | **-는. -은.**

良中 아히 | **-에. -에서. -에게.**

這這 ᄀᆞᆺᄀᆞᆺ | **낱낱이. 일일이.**

卜定 디졍 | **지정하다. 부담시키다.**

舍音 말음 | **마름.**

白活 발괄 | **발괄.**

侤音 다딤 | **다짐.**

詮次 젼ᄎᆞ로 | **간추려서. 정리하여. 까닭. 차례.**

捧上 밧자 | **받다. 받아들이다.**

喩乃 디나 | **-할지.** ○爲良如敎ㅣ ㅣ(하라고 하실지.)

向事 아안일 | **-할 일. -에 대한 일.**

教事 이샨일 | **-하실 일. -에 대한 일.**

白侤 ᄉᆞᆲ디 | **다짐. 진술.**

他矣 저의 | **남의. 다른 사람의.**

竝以 아오로 | **아울러. 함께. 모두.**

始叱 비ᄅᆞᆺ | **-부터. 비로소.**

爲乎 ᄒᆞ온 | **-하는. -하(오)-.**

科科 ᄎᄎ | **일일이.** ○ㅣㅣ分揀(일일이 용서하다.)

屬屬 이어 | **속속. 이어. 연달아.**

제8항 節 디위 | **때. 번. 대목. 기회. 이때. 분부. 지시.**

令 시기 | **시키-.**

제15조 민총(民摠)[149]

❶ 호구의 많고 적음은 해마다 각각 다르지만, 대체로 증가되는 경우는 있어도 감소되는 경우는 없다. 지금 당저(當宁) 을사년(1785, 정조9)의 총수(摠數)를 따랐다.[150]

제1항 **서울과 지방의 민총은 을사년에 호수(戶數)가 172만 5263호이고, 인구(人口)가 733만 4341명이다.** ❶ 오부(五部): 호수는 4만 2281호이고, 인구는 남자가 10만 4127명이고 여자가 10만 6264명이다. ❷ 경기: 호수는 15만 6372호이고, 인구는 남자가 32만 5384명이고 여자가 30만 9653명이다. ❸ 호서: 호수는 21만 8767호이고, 인구는 남자가 41만 9746명이고 여자가 43만 8396명이다. ❹ 호남: 호수는 30만 4124호이고, 인구는 남자가 54만 2038명이고 여자가 59만 3846명이다. ❺ 제주 3읍(濟州三邑):[151] 호수는 1만 687호이고, 인구는 남자가 2만 6816명이고 여자가 3만 4936명이다. ❻ 영남: 호수는 35만 9246호이고, 인구는 남자가 71만 9732명이고 여자가 85만 6609명이다. ❼ 관동: 호수는 8만 2378호이고, 인구는 남자가 17만 4169명이고

149 민총(民摠) : 여기서는 호구(戶口)와 인구(人口)를 뜻한다.

150 지금……따랐다 : 호구 조사는 식년(式年)마다 실시하므로, 남아 있는 문헌에서 을사년의 호구 조사 기록은 확인할 수 없다. 조선왕조실록에서는 호적을 '호수(戶數), 인구, 남자, 여자' 순서대로 나열하였다.

151 제주 3읍(濟州三邑) : 제주 3읍의 민총은 조선왕조실록에서 전라도에 편제되어 있다.

여자가 17만 2006명이다. 8 해서: 호수는 13만 5917호이고, 인구는 남자가 30만 2529명이고 여자가 26만 1296명이다. 9 관서: 호수는 29만 7268호이고, 인구는 남자가 62만 8245명이고 여자가 65만 5821명이다. 10 관북: 호수는 11만 8223호이고, 인구는 남자가 33만 4992명이고 여자가 32만 7736명이다.

제16조 군총(軍摠)

1 6도(道)의 군총은 한결같이 《양역실총(良役實摠)》을 따랐다.[152] 《양역실총》 안에 능수호군(陵守護軍) 및 외역졸(外驛卒)의 보인(保人), 각 도의 봉군(烽軍) 및 봉군의 보인, 장악원 악공(樂工), 의정부·중추부의 녹사(錄事), 선공감·내빙고의 펄지기(伐直), 장원서 동산지기(東山直), 각 궁방(宮房)·군문(軍門)의 산지기(山直), 목장의 목자(牧子) 등은 무엇 때문에 누락되었는지 알지 못하여 여기에서도 뺐으며, 속오군(束伍軍)인 마군(馬軍)·보군(步軍)·수군(水軍)은 상세함과 간략함이 고르지 않고 구별이 불분명하므로 여기에서는 모두 다시 구별하지 않았다. 애초에 《양역실총》에 기록되지 않은 서북 지역의 군병 및 서울에 거주하는 군병에 대해서는 근년의 현재 있는 군안(軍案)에 따라 기록하였는데, 서울에 거주하는 각 관사의 제색인(諸色人)으로서 《양역실총》에 기록되지 않은 것은 군병의 명목(名目)과는 다르므로 또한 뺐다.

2 각 관사의 제색인에게 거두는 군포의 수량을 전부 기록할 수는 없지만 병조와 군문(軍門)은 경비(經費)와 군수(軍需)에 관계되므로 봉하(捧下) 총수를 따로 아래에 덧붙여 보여 주었다. 군포 외의 기타 명색(名色) 역시 경비와 군수에 관계되므로 그대로 모두 기록하였다.

제 1 항 6도의 군총 98만 9376명 1 경기가 12만 8443명이다. 2 호서

152 6도(道)의……따랐다 : 《양역실총(良役實摠)》은 완질이 남아 있지 않아 상세한 내용은 알 수 없다. 현재 남아 있는 본(本)에는 충청, 강원, 황해, 전라, 경상의 군총이 수록되어 있다.

가 13만 9239명이다. **3** 호남이 21만 574명이다. **4** 영남이 31만 447명이다. **5** 관동이 4만 6839명이다. **6** 해서가 15만 3834명이다. **안에 경안(京案)에 기록된 군병이 41만 6685명이고,** **7** 훈련도감은 유황군(硫黃軍)·취철군(吹鐵軍)·용진군(龍津軍)·철현군(鐵峴軍)이 690명, 포수보(砲手保)·군향보(軍餉保)가 4만 4000명이다. **8** 금위영은 기사(騎士)·기사표하군(騎士標下軍)·정군(正軍)·둔모군(屯募軍)·유황군이 1만 7277명, 기사보(騎士保)·표하보(標下保)·정군자보(正軍資保)·관납보(官納保)·별파진보(別破陣保)·취철보(吹鐵保)·공장보(工匠保)가 6만 6268명이다. **9** 어영청은 기사·기사표하군·정군·치중군(輜重軍)·유황군·둔아병(屯牙兵)·둔모군(屯募軍)이 1만 8021명, 기사보·표하보·정군자보·관납보·치중보(輜重保)·별파진보·취철보가 6만 6811명이다. **10** 수어청은 장교 및 각색 군병이 1만 6001명, 속오군(束伍軍)이 1만 480명, 각색의 보인이 3694명이다. **11** 총융청은 장교 및 각색 군병이 7333명, 속오군이 9820명, 각색의 보인이 8604명이다. **12** 병조는 기병이 6만 5468명, 보병이 3만 7251명, 별기병(別騎兵) 및 보지기(袱直)·아차봉군(峩嵳烽軍)이 3451명, 금군보(禁軍保)·내취호(內吹戶)·내취호보(內吹戶保)·호련대보(扈輦隊保)·청파역보(青坡驛保)·노원역보(蘆原驛保)·경역보(京驛保)·아차봉군보(峩嵳烽軍保)·남산봉군보(南山烽軍保)가 1만 5237명이다. **13** 군기시의 별파진보가 600명, 호조의 조군(漕軍)·수부(水夫)가 3751명, 관상감 생도, 교서관 창준(校書館唱準), 의정부·중추부의 차비서리(差備書吏), 이조의 유조서리(留曹書吏), 상의원·사복시·전설사·사옹원의 제원(諸員), 어부

보(漁夫保), 장악원의 악생보(樂生保) 및 악공보(樂工保)가 1만 1988명, 상의원·사옹원·공조·선공감·자문감·교서관·장생전(長生殿)·군기시·조지서·귀후서·내원(內苑)·내궁방(內弓房)·내수사의 장인 및 장인보(匠人保)가 9940명이다. **외안(外案)에 기록된 군병이 57만 2691명이다.** 14 경기가 1만 5464명, 송도(松都)가 1만 864명, 강도(江都)가 1만 5628명, 경기 수영(水營)이 4159명이다. 15 호서가 4만 7784명, 호서 수영이 1만 1646명이다. 16 호남이 8만 7992명, 호남 수영이 3만 2422명, 호남 통영(統營)이 605명이다. 17 영남이 15만 8971명, 영남 통영이 5만 4118명, 영남 수영이 2만 3906명이다. 18 관동이 1만 9384명이다. 19 해서가 7만 7511명, 해서 수영이 9074명, 강화(江華)가 3163명이다.

제 2 항 **서북의 군총이 20만 4795명이다.** 1 관서는 순영이 3만 3009명, -1 이 가운데 마군이 3514명이다.- 병영이 5만 2899명, -2 이 가운데 마군이 5156명이다.- 방영(防營)이 7474명, -3 이 가운데 마군이 1320명이다.- 각 진(鎭)이 5882명, -4 보군이다.- 경안(京案)에 기록된 군병 -5 충익위, 충찬위, 충장위, 충순위, 보충대(補充隊)이다.- 이 2128명이다. 2 관북은 순영이 1만 7988명, -6 이 가운데 친기위(親騎衛)가 1000명, 마군이 1200명이다.- 남병영이 2만 4169명, -7 이 가운데 친기위가 1000명, 마군이 4049명이다.- 북병영이 6만 1246명이다. -8 이 가운데 친기위가 1000명, 마군이 4789명이다.-

제3항 군문의 서울에 거주하는 각색(各色) 군병이 1만 503명이다.

❶ 훈련도감이 5393명이다. –❶ 이 가운데 마병이 714명이다.– ❷ 금위영이 1201명이다. ❸ 어영청이 1519명이다. ❹ 수어청이 721명이다. –❷ 이 가운데 남한산성의 승군(僧軍)이 151명이다.– ❺ 총융청이 849명이다. –❸ 이 가운데 북한산성의 군병이 19명, 승군이 199명이다.– ❻ 용호영이 300명, 호위청이 120명, 군기시 별파진(別破陣)이 400명이다.

제1절 붙임 **병조 오군문 봉하(兵曹五軍門捧下)**

❶ 병조와 군문에 상납하는 것이 거의 모두 일정한 규정이 있고 지출하는 것은 또한 응하(應下)만 기록하니 애초에 연조(年條)를 말할 만한 것이 없다. 다만 일정한 규정이 없는 것은 본(本) 아문의 군안(軍案) 총록(摠錄)을 따랐고, 수어청·총융청의 둔세(屯稅)는 중등(中等)의 작황 연도의 총수를 따랐다. 전(錢), 목(木), 포(布)는 2냥당 목 1필(匹) 기준으로 환산하는데, 상납과 지출에 일정한 규정이 없으므로 모두 순목(純木)으로 기록하였다. 다만 군포 및 급대(給代) 외의 기타 상납은 본색(本色)대로 기록하였고 지출하는 것도 간혹 본색대로 기록하였으며, 수어청과 총융청의 군포는 모두 순전(純錢)으로 받으므로 이 또한 실제대로 기록하였다.

제1항 병조에서 상납받는 것은 잡비를 제외하고 목(木) 3363동(同)

48필(匹), 전(錢) 1032냥이며, ❶ 일군색(一軍色)은 금군보(禁軍保) 296동 30필, 균역청 급대(給代) 307동 22필이다. ❷ 이군색(二軍色)은 기병·보병 1893동 25필, 균역청 급대 706동 26필이다. ❸ 도안청(都案廳)은 별기병(別騎兵) 30동, 균역청 급대 14동 46필이다. ❹ 유청색(有廳色)은 충순위·충찬위·충장위 및 보충대(補充隊) 70동 26필이다. ❺ 마색(馬色)은 경역보(京驛保) 및 외읍 이노(吏奴) 신공(身貢) 38동 35필, 균역청 급대 5동 38필, 해유(解由)의 작지가(作紙價) 1000냥, 청파(靑坡) 전세(田稅) 32냥이다. **지출은 목 3222동 36필, 전 1672냥이다.**

제2항 **오군문(五軍門)이 상납받는 것은 목(木) 3116동(同) 48필(匹), 마포(麻布) 8동, 전(錢) 5만 7869냥, 미(米) 5만 6605섬, 전미(田米 조) 148섬, 황두(黃豆) 4409섬, 각종 곡물 3022섬이며,** ❶ 훈련도감은 포보목(砲保木) 745동 15필, 균역청 급대목(給代木) 713동 35필, 병조 금송군목(禁松軍木) 9동 30필, 호조·선혜청 겸료 대소미가(兼料大小米價) 2만 4503냥, 관서 세소미가(稅小米價) 6000냥, 군향보미(軍餉保米) 2413섬, 균역청 급대미(給代米) 2336섬, 균역청 무미(貿米) 8200섬, 호조 겸료미(兼料米) 3590섬이다. ❷ 금위영은 군보목(軍保木) 682동 26필, 균역청 급대목 57동 23필, 군보미(軍保米) 8958섬, 전미 148섬, 태(太) 1996섬, 균역청 급대미 9019섬이다. ❸ 어영청은 군보목 843동 19필, 균역청 급대목 63동 28필, 군보미 7916섬, 태 253섬, 무태(貿太) 2160섬, 급대미 8268섬이다. ❹ 수어청은 군전(軍錢) 439냥, 급대결전(給代結錢) 572냥, 둔세(屯稅) 4492냥, 양서(兩

西) 소미 모조가(小米耗條價) 1200냥, 승번전(僧番錢) 7059냥, 군미(軍米) 2130섬, 균역청 급대미 36섬, 둔세 각종 곡물 600섬, 둔세 포(布) 8동이다. 유영(留營 남한산성) 군미 1331섬, 모미(耗米) 261섬, 급대결전(給代結錢) 800냥, 각 둔전의 초가(草價) 212냥, 둔세 각종 곡물 172섬이다. ❺ 총융청은 군전(軍錢) 399냥, 균역청 급대전(給代錢) 2539냥, 둔세 3149냥, -❶ 선세(船稅) 73냥이 모두 포함되었다.- 승번전 6505냥, 병조 산지기목(山直木) 1동 22필, 군미 2147섬, 둔세 각종 곡물 2250섬이다. **지출은 목 2584동 12필, 마포 8동, 전 5만 4977냥, 미 5만 7006섬, 전미 228섬, 황두 4331섬, 각종 곡물 3045섬이다.** ❻ 훈련도감은 목 1435동 32필, 전 3만 490냥, 미 1만 5720섬이다. ❼ 금위영은 목 604동 41필, -❷ 봉부동(封不動)이 모두 포함되었다. 전 1만 냥으로 봉(封)한다.- 미 1만 7671섬, 전미 228섬, 태 2301섬이다. ❽ 어영청은 목 543동 3필, 미 1만 7861섬, 태 2030섬이다. ❾ 수어청은 포 8동, 전 1만 3250냥, 미 2131섬, 각종 곡물 578섬이다. 유영(留營)은 미(米) 1543섬, 전(錢) 746냥, 각종 곡물 167섬이다. ❿ 총융청은 목 36필, 전 1만 491냥, 미 2080섬, 각종 곡물 2300섬이다.

제17조 전총(田摠)

1 전세(田稅)와 대동(大同), 균역(均役)의 총수를 첨부하였다.

2 전결(田結) 및 전세, 대동, 균역은 증가되거나 감소되어 해마다 각각 같지 않으므로 지금 당저(當宁) 을사년(1785, 정조9) 중년(中年)[153]의 총수를 따랐다. 그러나 전결과 봉하(捧下)의 영수(零數)[154]는 모두 생략하였다.

3 제주(濟州)의 전답은 조(租), 속(粟), 태(太), 목맥(木麥 메밀)의 네 가지 명색(名色)이 있는데, 조와 태에는 또 중조(中租), 늠급조(廩給租), 늠급태(廩給太) 등의 명색이 있어서 그 명색에 따라 세금을 받았다. 그런데 조전(租田)과 늠조전(廩租田)은 미(米)를 결(結)당 15말을 받는다고 호조의 수조안(收租案)에 기록되어 있다. 전세는 2말에 불과하고 대동과 삼수미(三手米)에 대한 세를 통틀어 보면 세금은 15말 2되가 되어야 하는데, 지금 15말로 한 것은 그 까닭을 알 수 없어 여기에 기록해 둔다. 〈호전〉의 〈전세(田稅)〉 조와 〈대동(大同)〉 조를 참고해야 할 것이다.

4 전세(田稅) 조에서는 서북, 광주(廣州), 제주는 본도(本道)와 본읍(本邑)에 회록(會錄)하고, 태안(泰安)은 강도(江都)에 회록하며, 양도(兩都 수원과 개성) 및 관동 18읍은 본도와 본읍에 떼어 주고, 영남 17읍은 왜공(倭供)으로 떼어 주고, 위미(位米)와 위태(位太)는 선혜청에 떼어 보낸다. 대동(大同) 조에서는 광주(廣州)

153 중년(中年) : 농사의 작황이 풍년과 흉년의 중간 정도인 해를 말한다.

154 영수(零數) : 10, 100, 1000 따위의 정수(整數)에 차지 못하거나 차고 남은 수를 가리킨다.

는 본부(本府)에 회록하고, 동래(東萊) 등 3읍과 양산(梁山)의 왜공·사포량(射砲糧)으로는 공작미(公作米) 2말은 감하여 대급(代給)한 것을 떼어 주고, -1 공목(公木)은 세미태(稅米太)로 작목(作木)하는데, 태 1섬은 2필(匹), 미 1섬은 3필이다. 그 가운데 400동(同)은 매 필(疋)에 환작미(還作米)가 12말이니 백성들의 추가 납부가 7말이나 된다. 그러므로 처음에 2말을 감하였고 다시 2말을 감하였으니, 이것이 2말을 감해도 추가 납부한 것이 오히려 3말이 된다는 것이다.- 각 도의 저치미(儲置米)와 영남의 제류미(除留米)는 아울러 모두 상납(上納)과 지출에 기록하였으나, 지출 항목에서는 다시 그 명색을 구별하지 않았다. 저치미, 제류미, 사포량, 왜공, 공작미는 전세와 대동이 섞여 들어가 있고 구획이 다양하므로 따로 구별하였다. 반록(頒祿)과 위미·위태도 구별하였다.

5 원수(元數) 가운데서 나오는 모든 잡비는 이미 상납에서 제외하였으므로 지출 항목에 기록하지 않았는데, 오직 영남의 선가(船價)만 제류미 안에 들어 있다.

6 관동의 상납은 명색이 가장 번잡하여 상정(詳定)과 과원결(果園結), 화삼결(火蔘結), 향탄화결(香炭火結), 혁파전결(革罷田結), 사득결(查得結), 화전결(火田結), 둔화결(屯火結), 호조차세폐(戶曹次歲幣), 제번군관(除番軍官), 연호(煙戶) 및 감영구획(監營區劃), 제장가(祭獐價), 응련가(鷹連價), 국마 작지(國馬作紙)를 혹 미곡(米穀)으로 받고 혹 전포(錢布)로 받는데, 대동의 원납(元納) 중에 섞여 들어가 있어서 그 번쇄함을 이루다 말할 수 없으므로 구별하지 않았다.

7 균역청의 미(米)는 언제나 부족함을 염려하여 혹 공인(貢人)의 수가(受價)에서 거래하기도 하고, 혹 선혜청의 저치미에서 바꾸기도 하였는

데 모두 3만여 섬이 된다. 선혜청의 6청(六廳)[155]도 서로 옮겨 오고 옮겨 가는데, 모두 생략하고 단지 원래 봉하하는 실수(實數)에 따라 기록하였다.

8 호조, 선혜청의 6청, 균역청이 봉하하는 것 외에 또 상진청(常賑廳)이 봉하하는 것이 있으므로 끝에 붙였다.

제 1 항 **팔도 전답은 원장부(元帳付)에 기록된 142만 4551결(結) 내에 을사년(1785, 정조9)의 잡탈(雜頉)을 제외하고 실제 경작하는 전(田)이 46만 6163결이고,** **1** 화전(火田), 노전(蘆田)과 관동의 속전(續田)이 모두 포함되었다. **답(畓)이 36만 6163결이다.** **2** 경기는 11만 933결 내에 잡탈을 제외하고 전이 3만 1341결이고 답이 2만 5402결이다. **3** 호서는 25만 5519결 내에 잡탈을 제외하고 전이 6만 2343결이고 답이 6만 1786결이다. **4** 호남은 33만 8889결 –**1** 제주(濟州)는 포함되지 않았다.– 내에 잡탈을 제외하고 전이 7만 781결이고 답이 14만 1396결이다. 제주 3읍의 실제 경작하는 전은 59결이고 답은 19결이다. **5** 영남은 33만 6730결 내에 잡탈을 제외하고 전이 10만 1273결이고 답이 10만 4614결이다. **6** 관동은 4만 4211결 내에 잡탈을 제외하고 전이 1만 911결이고 답이 3489결이다. **7** 해서는 12만 9244결 내에 잡탈을 제외하고 전이 5만 6165결이고 답이

155 선혜청의 6청(六廳) : 선혜청에 6청(廳)이 있는데 경기청(京畿廳), 강원 해서청(江原海西廳), 호서청(湖西廳), 호남청(湖南廳), 영남청(嶺南廳), 균역 상평 진휼청(均役常平賑恤廳)이다. 《萬機要覽 財用編4 宣惠廳各項事例 附均常賑合廳》

1만 2572결이다. 8 관서는 9만 9390결 내에 잡탈을 제외하고 전이 7만 3001결이고 답이 1만 1872결이다. 9 관북은 10만 9556결 내에 잡탈을 제외하고 전이 6만 289결이고 답이 5013결이다.

	총수	전	답	잡탈
경기	110,933	31,341	25,402	(54,190)
호서	255,519	62,343	61,786	(131,390)
호남	338,889	70,781	141,396	(126,712)
제주	78	59	19	
영남	336,730	101,273	104,614	(130,843)
관동	44,211	10,911	3,489	(29,811)
해서	129,244	56,165	12,572	(60,507)
관서	99,390	73,001	11,872	(14,517)
관북	109,556	60,289	5,013	(44,254)
총수(계산)	**1,424,550**	**466,163**	**366,163**	**(592,224)**
총수(장부)	1,424,551	466,163	366,163	(592,225)

[표17_1. 팔도 전답] 단위: 결(結)

제2항 **팔도에서 전세(田稅)로 상납한 것은 잡비(雜費)를 제외하고 미(米) 13만 4576섬, 전미(田米) 1만 5949섬, 황두(黃豆) 7만 6603섬, 목(木) 1257동(同) 35필(匹), 마포(麻布) 134동 29필, 전(錢) 15만 749냥이고,** 1 경기는 미 6272섬, -1 강화(江華) 552섬, 개성(開城) 274섬, 광주(廣州) 239섬이 모두 포함되었다.- 태(太) 7572섬이다.-2 강화 376섬, 개성 462섬, 광주 558섬이 모

두 포함되었다.- **2** 호서는 미 2만 6064섬, -**3** 태안(泰安) 365섬이 모두 포함되었다.- 전미 312섬이고, 태 1만 4054섬, -**4** 태안 184섬이 모두 포함되었다.- 목 229동 27필이다. **3** 호남은 미 6만 3717섬, 태 2만 1772섬, 목 47동 16필이다. 제주 3읍은 미 16섬, 전미 13섬, 태와 잡곡 32섬이다. **4** 영남은 미 3만 569섬, -**5** 연해 17읍 1만 3659섬이 모두 포함되었다.- 태 1만 7535섬, -**6** 연해 17읍 5670섬이 모두 포함되었다.- 목 973동 33필, 전 5만 522냥이다. **5** 관동은 미 507섬, -**7** 회양(淮陽)과 금성(金城) 8섬이 모두 포함되었다.- 전미 1672섬, -**8** 회양과 금성 54섬, 영동 9읍과 원주(原州) 등 7읍의 속전(續田) 911섬이 모두 포함되었다.- 태 1431섬, -**9** 회양과 금성 90섬이 모두 포함되었다.- 포(布) 134동 29필이다. **6** 해서는 미 3971섬, 전미 6956섬, 태 3965섬, 목 7동 9필, 전 10만 227냥이다. -**10** 별수미(別收米) 2167섬과 전미 9259섬을 전으로 만든 것이 모두 포함되었다.- **7** 관서는 미 2569섬, 전미 2709섬, 태 8126섬이다. **8** 관북은 미 891섬, 전미 4287섬, 태 2143섬이다. **지출은 미 14만 9287섬,** **9** 반록(頒祿) 1만 6851섬, 위미(位米) 1453섬, 왜료(倭料) 2670섬, 공작미(公作米)·공작목(公作木) 1만 6165섬이 모두 포함되었다. **전미 1만 6343섬, 황두 7만 5580섬,** **10** 반록 9927섬, 위태(位太) 1만 7343섬, 왜료 822섬, 공작미·공작목 4848섬이 모두 포함되었다. **목 1306동 43필, 마포 135동 31필, 전 24만 670냥이다.**

		미[섬]	전미[섬]	태(황두)[섬]	목[동, 필]	전[냥]	포(마포)[동, 필]
상납	경기	6,272		7,572			
	호서	26,064	312	14,054	229동 27필		
	호남	63,717		21,772	47동 16필		
	제주	16	13	32			
	영남	30,569		17,535	973동 33필	50,522	
	관동	507	1,672	1,431			134동 29필
	해서	3,971	6,956	3,965	7동 9필	100,227	
	관서	2,569	2,709	8,126			
	관북	891	4,287	2,143			
	총계	**134,576**	**15,949**	**76,603**	**1,257동 35필**	**150,749**	**134동 29필**
지출		149,287	16,343	75,580	1,306동 43필	240,670	135동 31필

[표17_2. 팔도의 전세 상납 및 지출] 기본 단위: 섬(石)

제3항 5도(道)의 대동(大同)과 해서의 상정(詳定) 명목으로 을사년(1785, 정조9) 상납한 것은 잡비를 제외하고 미(米) 32만 3943섬, 전미(田米) [1] 잡미(雜米)가 모두 포함되었다. **3만 2049섬, 두황두(豆黃豆) 1만 5990섬, 조(租) 795섬, 목(木) 2408동(同) 30필(匹), 마포(麻布) 304동 20필, 전(錢) 36만 4479냥이고,** [2] 경기는 미 2만 428섬, -[1] 광주(廣州) 939섬과 생곡초가(生穀草價) 999섬이 모두 포함되었다.- 전미 1553섬, 두태(豆太) 949섬, 외획(外劃)과 저치미(儲置米) 1만 3142섬이다. [3] 호서는 미 5만 1284섬, 위미(位米) 792섬, 위태(位太) 4653섬, 목 360동, 위미태작목(位米太作木) 26동 21필, 포(布) -[2] 관북의 우황(牛黃)값이

다.- 11동 11필, 전 3만 6000냥, 외획과 저치미 2만 2177섬이다.-3 구저치미(舊儲置米) 1만 1755섬은 포함되지 않았다.- 4 호남은 미 7만 6960섬, 위미 566섬, 위태 5661섬, 목 809동 29필, 위미태작목 2동 2필, 포 35동 25필, 전 8만 3492냥, 외획과 저치미 2만 6432섬이다.-4 구저치미 8101섬은 포함되지 않았다.- 5 영남은 미 4만 284섬,-5 동래(東萊), 울산(蔚山), 기장(機張), 양산(梁山)의 미가 모두 포함되었다.- 위미 25섬, 위태 1277섬, 목 1148동 25필, 위미태작목 62동 3필, 포 99동, 전 12만 4750냥, 외획과 저치미 4만 5997섬,-6 위미 48섬이 모두 포함되었다. 7 구저치미 5487섬은 포함되지 않았다.- 태-8 위태이다.- 2985섬, 제류미(除留米) 9818섬이다.-9 전세선가(田稅船價) 3578섬이 모두 포함되었다. 10 이전에 있던 것이 3만 1930섬이고, 미작전(米作錢)도 있는데 포함되지 않았다.- 6 관동은 전미 1184섬, 위태작전미 81섬, 위태 43섬, 포 124동 9필, 전 1만 5434냥, 외획과 저치미 5305섬, 전잡미(田雜米) 3942섬, 두태 422섬, 조 795섬, 포 34동 25필, 전 5만 3013냥, 위태작전(位太作錢) 1245냥이다. 7 해서는 미 3872섬, 전 5만 545냥, 외획과 저치미 6861섬, -11 호조로 이송된 별수미(別收米)는 포함되지 않았다. 전미도 같다. 12 구저치미 319섬은 포함되지 않았다.- 전미 2만 5289섬이다.-13 구저치미 1461섬은 포함되지 않았다.- **지출은 미 31만 5421섬,** 8 서울에서 지출한 것 이외에 외획과 저치미가 경기는 1만 8051섬, 호서는 2만 3590섬,-14 역부(役夫)와 쇄마(刷馬)의 품삯은 경청(京廳)에서 균역청으로 보낸다. 균역청이 전(錢)으로 본(本) 고을에 지급하기 때문에 서울에서 지출한 명목으로 들어간다. 호남과 영남도 같다.– **호남은 3만 5500섬, 영남은 5만 809섬이다. 또 공작미(公作米) 2말을 감대(減代)한 것이 3341섬, 왜공(倭供)이 7284섬, 동래와 양산의 사포량(射砲糧)이 4804섬, 제류미가 1만 5195섬이다. 관동은 4862섬이다. 해서는 7009섬이다.** –[15] 상진청(常賑廳)의 총약환(銃藥丸)값과 피물(皮物)값이 모두 포함되었다.– **전미** [9] 잡미(雜米)가 모두 포함되었다. **3만 1308섬,** [10] 서울에서 지출한 것 이외에 외획과 저치미가 관동은 3480섬, 해서는 2만 5714섬이다.–[16] 수어청과 훈련도감에 떼어 보내는 상진청의 총약환값이 모두 포함되었다.– **두황두 1만 6027섬,** [11] 서울에서 지출한 것 이외에 외획과 저치미가 영남은 2말을 감대한 것이 2985섬이고, 관동은 247섬이다. **조 1465섬,** [12] 관동은 외획과 저치미로 사용한다. **목 2312동 43필, 마포 279동 34필,** [13] 서울에서 지출한 것 이외에 저치미가 관동은 45동 47필이다. **전 39만 509냥이다.** [14] 서울에서 지출한 것 이외에 외획과 저치미가 관동은 6만 7697냥이다.

제 4 항 팔도에서 균역청(均役廳)으로 을사년(1785, 정조9)에 상납한 것은 잡비를 제외하고 전(錢) 56만 8025냥, [1] 훈련도감의 쌀값 3만 340냥이 모두 포함되었다. **목(木) 469동(同) 49필(匹), 마포(麻布) 26동 11필, 미(米) 4310섬, 전미(田米) 1212섬, 황두(黃豆) 998섬이고,** [2] 경기는 결전(結錢)이 3만 3131냥이고, 어염선세(漁鹽船稅)가 5588냥이고, 군관–[1] 1863명이다.–이 상납한 전이 2684냥이고, 여결(餘結)–[2] 979결이다.–에서 상납한 것이 전 1568냥, 미 392섬, 전미 129섬, 태(太) 134섬

이다. 3 호서는 결전이 6만 7891냥이고, 어염선세가 6348냥이고, 군관-3 4010명이다.-이 상납한 것이 전 2575냥, 목 40동 13필이고, 여결-4 1477결이다.-에서 상납한 것이 전 1040냥, 목 16동 16필, 미 797섬, 전미 1섬, 태 133섬이고, 비공급대(婢貢給代)가 1078냥이다. 4 호남은 결전이 11만 2841냥이고, 어염선세가 2만 4359냥이고, 군관-5 6015명이다.-이 상납한 것이 전 5476냥, 목 45동 22필이고, 여결-6 993결이다.-에서 상납한 것이 전 596냥, 목 6동 1필, 미 505섬, 태 155섬이고, 비공급대가 2242냥이다. 5 영남은 결전이 11만 4467냥이고, 어염선세가 2만 4688냥이고, 군관-7 7040명이다.-이 상납한 것이 전 1392냥, 목 98동 35필, 포 3동 44필이고, 여결-8 6462결이다.-에서 상납한 것이 전 9856냥, 목 118동 49필, 포 6동 11필, 미 1046섬, 태 238섬이고, 상진모미(常賑耗米)가 977섬이고, 비공급대가 9197냥이다. 6 관동은 결전이 9113냥이고, 어염선세가 4355냥이고, 군관-9 2015명이다.-이 상납한 것이 전 2327냥, 목 6동 7필, 포 3동 2필이고, 여결-10 810결이다.-에서 상납한 것이 전 742냥, 포 13동 4필, 미 78섬, 전미 274섬, 태 88섬이다. 7 해서는 결전이 4만 1377냥이고, 어염선세가 8497냥이고, 군관-11 3530명이다.-이 상납한 목이 58동 6필이고, 여결-12 4708결이다.-에서 상납한 것이 전 1만 3736냥, 미 515섬, 전미 808섬, 태 250섬이고, 감영과 병영의 회록목(會錄木)이 30동이고, 비공급대가 321냥이다. 8 관서는 어염선세가 5653냥이고, 여결-13 7015결이다.-에서 상납한 전이 1만 593냥이고, 감영과 병영의 회록목이 50동이고, 비공급대가 4177냥이다. 9 관북은 어염선세가 8821냥이고, 비공급대가 956냥이다. **지출은 전 42만 3645냥, 목 389동 49필, 마포 60동 3필, 미 3만 1462섬, 황두 1400섬이다.**

제5항 **상평청으로 을사년**(1785, 정조9) **상납한 것은 잡비를 제외하고 미**(米) ❶ 선혜청의 피물(皮物)값이다. **142섬, 목**(木) ❷ 관서에서 상납하는 삼명일(三名日) 방물(方物)이다. **28동**(同) **25필**(匹), **마포**(麻布) ❸ 관북의 상정(詳定)이다. **144동 44필, 전**(錢) **2858냥이고,** ❹ 관서에서 상납하는 삼명일 방물이 1600냥이고, 관북 상정이 1258냥이다. **지출은 미 33섬, 목 6동 2필, 마포 113동 15필, 전 2087냥이다.**

제6항 **진휼청으로 을사년에 상납한 것은 잡비를 제외하고 미**(米) **5981섬, 목**(木) **3동**(同) **27필**(匹), **전**(錢) **3만 400냥이고,** ❶ 둔세(屯稅)로 상납한 것이 미 76섬, 전 695냥이고, 선혜청에서 총약환가(銃藥丸價)로 상납한 것이 미 5576섬, 전 1473냥이고, 호서의 상진모작전(常賑耗作錢)이 8274냥이고, 관서의 회록모작전(會錄耗作錢)이 7177냥이고, 보민사(保民司)[156]에서 상납한 것이 미 238섬, 목 3동 27필, 전 1만 2829냥이다. **지출은 미 4378섬,** ❷ 보민사에서 지출한 280섬이 모두 포함되었다. **전미**

156 보민사(保民司) : 조선 시대에 형조와 한성부의 속전(贖錢)을 관리하고, 이례(吏隸)의 급료(給料)를 관장하던 관아이다. 1764년(영조40) 장례원(掌隸院)을 폐지하고 두어 조선 말기까지 존속되었다.《秋官志 卷1 屬司 保民司》

(田米) **146섬,** ❸ 보민사에서 지출한 144섬이 모두 포함되었다. **목 2동 30필, 전 1만 4485냥이다.** ❹ 보민사에서 지출한 1만 1070냥이 모두 포함되었다.

제18조 곡총(穀摠)

1 여러 곡물은 변화가 무상하여 증가되거나 감소되는 것이 일정하지 않으므로, 지금은 해당 관사의 을사년(1785, 정조9) 마감안(磨勘案)에 따라 기재하였다. 그런데 여러 도(道)로 구별하는 것은 도리어 너무 세분될 우려가 있기 때문에 총수만 기록하였다.

제 1 항 **팔도의 비변사에서 구관(句管)하는 곡물 302만 5115섬 안에 군향(軍餉)은 128만 1606섬이고,** 1 미(米) 87만 7425섬, 전미(田米) -1 경기·관북이다.- 3만 6927섬, 두태(豆太) 5만 8082섬, 조(租) -2 호남·영남이다.- 3만 2982섬, 잡곡(雜穀) 27만 6190섬이다. **군작미(軍作米)는** 2 경기와 삼남이다. **5만 7039섬이고,** 3 미 4만 9940섬, 조 -3 경기이다.- 379섬, 잡곡 6720섬이다. **진곡(賑穀)은** 4 이전(移轉)한 곡물도 같이 포함되었다. **85만 9301섬이고,** 5 미 14만 3758섬, -4 삼남(三南)의 제민창(濟民倉) 8521섬, 포항창(浦項倉) 1724섬, 교제창(交濟倉) 5만 9314섬이 모두 포함되었다.- 두태(豆太) 3만 6624섬, -5 호서와 호남의 제민창 3142섬이 모두 포함되었다.- 조 7만 9827섬, -6 호남의 제민창 3만 2719섬이 모두 포함되었다.- 잡곡 59만 9092섬이다. -7 삼남의 제민창 7만 1301섬, 포항창 1만 2832섬, 교제창 12만 5210섬이 모두 포함되었다.- **칙수곡(勅需穀)은 8만 6451섬이고,** 6 해서는 미 3만 4263섬, 잡곡 507섬이고, 관서는 미 5만 1681섬이다. **각양곡(各樣穀)은** 7 경기의 고마창조(雇馬倉租), 호남의 여군작미(餘軍作米)·휴번곡(休番穀)·승번미(僧番米)·수성미(守城

米)·별검곡(別檢穀)·우세조(牛貰租)·우가미(牛價米), 영남의 별회곡(別會穀)·회내곡(會內穀)·회외곡(會外穀)·군포작미(軍布作米)·군포작전(軍布作錢)·무미(貿米)·선첩곡(船帖穀)·방채곡(防債穀)·사군미(射軍米)·산산창미(蒜山倉米)·모군조(募軍租)·산성보성곡(山城補城穀)·축성미(築城米)·동래수성소미(東萊修城所米)·선산성조(善山城租) 및 좌병영(左兵營)의 전대미(錢代米)와 갑주미(甲冑米), 관동의 비국 구관곡(備局句管穀), 해서의 책응고미(策應庫米)·신창미(新倉米), 관서의 신삼가미(信蔘價米)·장수탄미(長水灘米) 및 삼화(三和)와 선천(宣川)의 해창곡(海倉穀), 관북의 별치전미(別置田米)이다. **74만 718섬이다.** ❽ 미 24만 7543섬, 전미 4246섬, 두태 2만 1720섬, 조 1만 6360섬, 잡곡 45만 849섬이다.

제2항 **호조에서 구관(句管)하는 곡물 138만 7628섬 안에 군향(軍餉)은 94만 5713섬이고,** ❶ 미(米) 31만 3215섬, 전미(田米)와 잡미(雜米) 22만 6885섬, 두태(豆太) 22만 3514섬, 조(租) 1만 4808섬, 잡곡(雜穀) 16만 7291섬이다. **각양곡(各樣穀)은** ❷ 팔도의 군자곡(軍資穀), 삼남(三南)의 통영 월과곡(統營月課穀), 경기의 무곡(貿穀), 호남의 장세미(匠稅米)·별회곡(別會穀), 영남의 비국 장포곡(備局匠布穀)·첩가곡(帖價穀)·순영 화가곡(巡營貨價穀)·의량(義糧), 해서의 수양산성창곡(首陽山城倉穀)·구월산성창곡(九月山城倉穀)·서흥산성창곡(瑞興山城倉穀)·장수산성창곡(長水山城倉穀)·대현산성창곡(大峴山城倉穀), 관북의 별수고곡(別收庫穀)·별치고곡(別置庫穀)·순영 월과곡(巡營月課穀)·별비곡

(別備穀)이다. **44만 1915섬이다.** 3 미 9만 47섬, 전미와 잡미 4만 4807섬, 두태 9만 1646섬, 조 13만 9126섬, 잡곡 7만 6289섬이다.

제3항 **선혜청에서 구관(句管)하는 곡물은 11만 1136섬이다.** 1 전선미(戰船米)와 병선미(兵船米)이다. 호남은 10만 9631섬이고, 영남은 200섬과 조(租) 229섬이고, 호서는 미(米) 1076섬이다.

상진청(常賑廳)에서 구관하는 상진곡(常賑穀)은 342만 8641섬이다. 2 미 12만 8554섬, 전미(田米) 20만 9672섬, 두태(豆太) 52만 7478섬, 조 121만 9278섬, 잡곡(雜穀) 134만 3659섬이다.

균역청(均役廳)에서 구관하는 군작미(軍作米)는 3 또 삼남회록미(三南會錄米) 등의 명칭이 있는데 군작미라고 통칭한다. **15만 2133섬이다.** 4 미 12만 4121섬, 잡미(雜米) 70섬, 두태 6687섬, 조 2만 1153섬, 잡곡 102섬이다.

	구분		미(쌀)	전미(조)	두태	조(벼)	잡곡	전미·잡미	잡미	계	합계
비변사	군향		877,425	36,927	58,082	32,982	276,190			1,281,606	3,025,115
	군작미		49,940			379	6,720			57,039	
	진곡		143,758		36,624	79,827	599,092			859,301	
	칙수곡	해서	34,263				507			86,451	
		관서	51,681								
	각양곡		247,543	4,246	21,720	16,360	450,849			740,718	
	계		1,404,610	41,173	116,426	129,548	1,333,358			3,025,115	
호조	군향		313,215		223,514	14,808	167,291	226,885		945,713	1,387,628
	각양곡		90,047		91,646	139,126	76,289	44,807		441,915	
	계		403,262		315,160	153,934	243,580	271,692		1,387,628	
선혜청	호남		109,631							111,136	111,136
	영남		200			229					
	호서		1,076								
상진청			128,554	209,672	527,478	1,219,278	1,343,659			3,428,641	3,428,641
균역청			124,121		6,687	21,153	102		70	152,133	152,133
합계											(8,104,653)

[표18_1. 곡물 총수: 을사년(1785, 정조9) 마감안 기준]

단위: 섬(石)

제19조 구마 역마 총수[廐驛馬摠]

❶ 팔도의 역마원안(驛馬元案)은 정해진 숫자가 있었는데, 세월이 오래 되다 보니 아직 대신 들여 세우지 못한 것도 있으며, 또 등급과 수효가 서로 바뀐 것도 있다. 지금은 영종조(英宗朝) 경인년(1770, 영조46)의 역마원안을 따랐다.

제1항 **내사복시에는 어승마(御乘馬) 10필(匹), 좌마(坐馬) 5필, 주마(走馬) 10필, 변마(邊馬) 35필이 있다.**

외사복시에는 가교마(駕轎馬) 30필, 독교마(獨轎馬) 15필, 주마 15필, 변복마(邊卜馬) 120필, 내농포마(內農圃馬) 20필이 있다.

	어승	좌마	주마	변마	가교마	독교마	변복마	내농포마	계
내사복시	10	5	10	35					**60**
외사복시			15		30	15	120	20	**200**
계	**10**	**5**	**25**	**35**	**30**	**15**	**120**	**20**	**260**

[표19_1. 사복시의 마필]

제2항 **팔도의 역마는 5009필이다.**[157] ❶ 경기는 상등마(上等馬) 93필, 중등마(中等馬) 190필, 하등마(下等馬) 166필이다. ❷ 호서

157 팔도의 역마는 5009필이다 : 도별 역마 수를 합하여 계산하면 4989필로, 20필 차이가 난다.

는 상등마 127필, 중등마 274필, 하등마 351필이다. ❸ 호남은 상등마 110필, 중등마 192필, 하등마 249필이다. ❹ 영남은 상등마 100필, 중등마 241필, 하등마 860필이다. ❺ 관동은 상등마 91필, 중등마 58필, 하등마 356필이다. ❻ 해서는 상등마 13필, 중등마 194필, 하등마 18필이다. ❼ 관서는 상등마 19필, 중등마 223필, 하등마 64필이다. ❽ 관북은 상등마 101필, 중등마 299필, 하등마 600필이다.

	상등마	중등마	하등마	계
경기	93	190	166	**449**
호서	127	274	351	**752**
호남	110	192	249	**551**
영남	100	241	860	**1,201**
관동	91	58	356	**505**
해서	13	194	18	**225**
관서	19	223	64	**306**
관북	101	299	600	**1,000**
계	**654**	**1,671**	**2,664**	**4,989**

[표19_2. 팔도의 역마]

제20조 각 도 전선(各道戰船)

제 1 항 **경기** **1** 전선(戰船) 4척, 방선(防船)과 병선(兵船) 각각 10척, 귀선(龜船) 1척, 사후선(伺候船) 16척, 거도선(艍舠船) 3척, 급수선(汲水船) 9척이다.

호서 **2** 전선 9척, 방선 21척, 병선 20척, 귀선 1척, 사후선 41척이다.

호남 **3** 전선 47척, 방선 11척, 병선 51척, 귀선 3척, 해골선(海鶻船)[158] 1척, 사후선 101척이다.

영남 **4** 전선 55척, 방선 2척, 병선 66척, 귀선 9척, 사후선 143척, 탐지선(探知船) 2척이다.

해서 **5** 전선 2척, 방선 26척, 병선 9척, 사후선 5척, 소맹선(小猛船) 1척, 거도선 21척, 급수선 6척, 협선(挾船) 17척, 별소선(別小船) 1척, 추포선(追捕船) 23척이다.

관서 **6** 방선 6척, 병선 5척, 사후선 12척, 거도선 1척, 급수선 4척, 협선 1척이다.[159] 〈속〉

158 해골선(海鶻船) : 1740년(영조16) 전라 좌수사(全羅左水使) 전운상(田雲祥)이 만들었다. 해골선의 선체는 앞이 크고 뒤가 작은 것이 마치 매[鶻] 모양 같고, 외판 위의 좌우편에 매의 두 날개 같은 부판(浮板)을 붙였기 때문에 바람을 타지 않고 가볍고 빨랐다. 《承政院日記 英祖 16年 閏6月 18日》《萬機要覽 軍政篇4 舟師》

159 경기……1척이다 : 《속대전》 〈병전 제도병선(諸道兵船)〉에 있다.

	전선	방선	병선	귀선	사후선	거도선	급수선	해골선	탐지선	소맹선	협선	별소선	추포선	계
경기	4	10	10	1	16	3	9							**53**
호서	9	21	20	1	41									**92**
호남	47	11	51	3	101			1						**214**
영남	55	2	66	9	143				2					**277**
해서	2	26	9		5	21	6			1	17	1	23	**111**
관서		6	5		12	1	4				1			**29**
계	**117**	**76**	**161**	**14**	**318**	**25**	**19**	**1**	**2**	**1**	**18**	**1**	**23**	**776**

[표20_1. 각 도 전선]

제21조 양전법(量田法)[160]

제 1 항 방전(方田)[161]의 한 변이 100자이다. 전지(田地)의 면적 및 6등급으로 나눈 것으로 결부(結負)를 계산하면 얼마인가? ❶ 전지의 면적 1만 자로 결부를 계산하는데, 1등전(等田)은 1결(結), 2등전은 85부(負), 3등전은 70부, 4등전은 55부, 5등전은 40부, 6등전은 25부이다.

한 변 100자

❷ 풀이법: 한 변을 서로 곱하여 면적 1만 자를 얻는다. 1등전은 1결이 된다. 2등전 이하는 15부씩 체감하는 법을 쓴다. 2등전은 85로 곱하여 85부가 되고, 3등전은 70으로 곱하여 70부가 되고, 4등전은 55로 곱하여 55부가 되고, 5등전은 40으로 곱하여 40부가 되고, 6등전은 25로 곱하여 25부가 된다.

160 양전법(量田法) : 1653년(효종4) 등급에 따라 척수를 달리한 옛 제도의 양전법을 혁파하고 다만 주척(周尺) 4자 7치 7푼 5리를 양전척(量田尺)으로 삼아 등급의 고하를 따지지 않고 결부(結負)를 계산하였다.《萬機要覽 財用編1 量田法》

161 방전(方田) : 정사각형 모양의 전지를 말한다. 주어진 한 변의 길이를 제곱하여 면적을 구한다.《湛軒書 外集 籌解需用 內編上》

제 2 항 직전(直田)[162]의 길이가 74자이고 너비가 44자이다. 결부(結負)를 계산하면 얼마인가? ❶ 1등전(等田)은 32부(負) 5속(束) 6파(把)이다.

❷ 풀이법: 길이를 두고 너비로 곱하면 면적 3256자를 얻는다. 1등전은 32부 5속 6파가 된다. 2등전은 85로 곱하여 27부 6속 7파가 된다. 나머지는 이 예를 따른다.

제 3 항 구고전(句股田)[163]의 구의 너비가 33자이고 고의 길이가 68자이다. 결부(結負)를 계산하면 얼마인가? ❶ 1등전(等田)은 11부(負) 2속(束) 2파(把)이다.

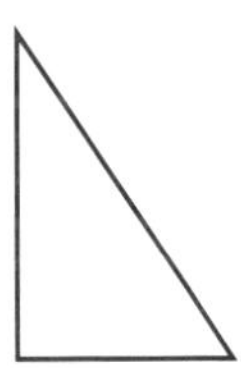

❷ 풀이법: 구의 너비를 두고 고의 길이로 곱하면 면적 2244자를 얻고, 2244자를 절반으로 하면 1122자이다. 1등전은 11부 2속이다.

162 직전(直田) : 직사각형 모양의 전지를 말한다. 세로의 길이와 가로의 길이를 곱하여 면적을 구한다.《湛軒書 外集 籌解需用 內編上》

163 구고전(句股田) : 직삼각형 모양의 전지를 말한다. '구(句)'의 길이와 '고(股)'의 길이를 서로 곱하여 그것을 반으로 나누어 면적을 구한다.《湛軒書 外集 籌解需用 內編上》

제 4 항 제전(梯田)[164]의 큰머리 변이 123자이고, 작은머리 변이 87자이고, 길이가 143자이다. 결부(結負)를 계산하면 얼마인가? ❶ 1등전(等田)은 1결(結) 50부(負) 1속(束)이다.

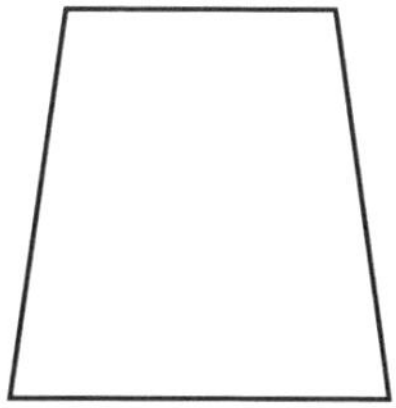

❷ 풀이법: 큰머리 변을 두고 작은머리 변을 더하면 210자를 얻고, 210자를 절반으로 하면 105자를 얻는다. 105자에다 길이 143자로 곱하면 면적 1만 5015자를 얻는다. 1등전은 1결 50부 1속이다.

제 5 항 규전(圭田)[165]의 길이가 155자이고 너비가 88자이다. 결부(結負)를 계산하면 얼마인가? ❶ 1등전(等田)은 68부(負) 2속(束)이다.

❷ 풀이법: 길이를 두고 너비로 곱하면 면적 1만 3640자를 얻고, 1만 3640자를 절반으로 하면 면적 6820자를 얻는다. 1등전은 68부 2속이다.

164 제전(梯田) : 사다리꼴 모양의 전지를 말한다. 2개의 너비를 합하여 반으로 나누고 그 결과에 길이를 곱하여 면적을 구한다. 먼저 곱하고 뒤에 반으로 나누어도 역시 같은 결과를 얻는다. 《湛軒書 外集 籌解需用 內編上》

165 규전(圭田) : 이등변 삼각형 모양의 전지를 말한다. 세로의 길이와 너비[밑변]의 길이를 서로 곱하여 면적을 구한다. 《湛軒書 外集 籌解需用 內編上》

제22조 도성과 궁궐[城闕]

제 1 항 도성(都城)은 태조조에 쌓고 세종조에 개수하였다. 둘레가 1만 4935보(步)이고, ❶ 주척(周尺)으로 8만 9610자이다.[166] 〈속〉 높이가 40자 2치이다. 문은 정남쪽에 숭례문(崇禮門), 정북쪽에 숙정문(肅靖門), 정동쪽에 흥인문(興仁門), 정서쪽에 돈의문(敦義門), 동북쪽에 혜화문(惠化門), 서북쪽에 창의문(彰義門), 동남쪽에 광희문(光熙門), 서남쪽에 소의문(昭義門)이 있다.

경복궁(景福宮)은 ❷ 옛 궁궐이다. 도성 안 서북쪽에 있다. 태조조에 세웠다. 정전(正殿)은 근정전(勤政殿)이다. 정문(正門)은 남쪽의 광화문(光化門)이고, 북쪽에 신무문(神武門), 동쪽에 건춘문(建春門), 서쪽에 영추문(迎秋門)이 있다.

창덕궁(昌德宮)은 도성 안 동북쪽에 있다. 태조조에 세우고 선조조, 인조조에 개수하였다. 정전은 인정전(仁政殿)이다. 정문은 돈화문(敦化門)이고, 그 왼쪽으로 단봉문(丹鳳門), 오른쪽으로 금호문(金虎門)·경추문(景秋門)· ❸ 닫힌 문이다. 요금문(曜金門)이 있다.

창경궁(昌慶宮)은 창덕궁 동쪽에 있다. ❹ 두 궁궐 사이에 건양문(建陽門)이 있으며, 동쪽으로 창경궁, 서쪽으로 창덕궁이다. 성종조에 세우고 광해군 때에 개수하였다. 정전은 명정전(明政殿)이다. 정문은 홍화문(弘化門)이고, 그 왼쪽으로 통화문(通化門)·월근문(月覲門)· ❺ 닫힌 문이다. 집춘문(集春門), ❻ 닫힌 문

166 둘레가……8만 9610자이다 : 《속대전》 〈공전 잡령(雜令)〉에 있다.

이다. **오른쪽으로 선인문(宣仁門)이 있다.**

경희궁(慶熙宮)은 도성 서쪽에 7 돈의문(敦義門) 안이다. **있다. 광해군 때에 세웠다.** 정전은 **숭정전(崇政殿)이다.** 정문은 **흥화문(興化門)이고, 그 왼쪽으로 흥원문(興元門)·무덕문(武德門),** 8 닫힌 문이다. **오른쪽으로 개양문(開陽門)·숭의문(崇義門)이 있다.** 9 닫힌 문이다.

제23조 오부와 방의 명칭[五部坊名]

1 〈병전〉의 〈성보(城堡)〉 조에 보인다.[167]

167 병전의……보인다 : 《전율통보》 〈병전 성보(城堡)〉 4항 참조.

제24조 각 도 성첩(各道城堞)

1 성첩 사이에 새로 쌓은 것이 있으니, 늘어난 것만 있고 줄어든 것은 없다. 지금 여기 실은 것에 누락이 없다고 보장하기 어렵다. 진성(鎭城)의 경우에는 이루 다 기재하기 어려웠고, 관수(官守)가 없는 행성(行城)도 모두 뺐다.

제1항 읍성(邑城) **1** 개성부(開城府), 강화부(江華府), 교동(喬桐), 청주(清州), 홍주(洪州), 충주(忠州), 한산(韓山), 서천(舒川), 비인(庇仁), 남포(藍浦), 서산(瑞山), 결성(結城), 보령(保寧), 해미(海美), 광주(光州), 나주(羅州), 남원(南原), 순천(順天), 장흥(長興), 전주(全州), 영광(靈光), 영암(靈巖), 보성(寶城), 고부(古阜), 진도(珍島), 낙안(樂安), 임피(臨陂), 옥구(沃溝), 용안(龍安), 고창(高敞), 만경(萬頃), 부안(扶安), 무장(茂長), 무안(務安), 해남(海南), 강진(康津), 흥양(興陽), 구례(求禮), 광양(光陽), 제주(濟州), 대정(大靜), 정의(旌義), 상주(尙州), 성주(星州), 경주(慶州), 진주(晉州), 안동(安東), 대구(大邱), 동래(東萊), 창원(昌原), 선산(善山), 함양(咸陽), 울산(蔚山), 김해(金海), 영해(寧海), 밀양(密陽), 양산(梁山), 흥해(興海), 함안(咸安), 청도(清道), 기장(機張), 영일(迎日), 청하(清河), 장기(長鬐), 언양(彦陽), 영덕(盈德), 경산(慶山), 칠원(漆原), 곤양(昆陽), 사천(泗川), 삼가(三嘉), 의령(宜寧), 고성(固城), 남해(南海), 진해(鎭海), 웅천(熊川), 강릉(江陵), 삼척(三陟), 양양(襄陽), 평해(平海), 울진(蔚珍), 해주(海州), 황주(黃州), 연안(延安), 옹진(甕津), 풍천(豐川), 안주(安州), 정주(定州), 평양(平

壤), 의주(義州), 숙천(肅川), 용천(龍川), 삭주(朔州), 창성(昌城), 초산(楚山), 강계(江界), 구성(龜城), 벽동(碧潼), 위원(渭原), 은산(殷山), 길주(吉州), 함흥(咸興), 안변(安邊), 북청(北青), 단천(端川), 갑산(甲山), 삼수(三水), 명천(明川), 부령(富寧), 종성(鍾城), 회령(會寧), 경원(慶源), 온성(穩城), 무산(茂山), 경성(鏡城), 경흥(慶興), 홍원(洪原), 이성(利城)에 있다. ❷ 강화, 호남, 영남, 해서, 관서, 관북은 읍성 안에 유수영(留守營)과 관찰영(觀察營)이 있다. 교동, 호서, 해서, 관서, 관북은 읍성 안에 병영과 수영(水營)이 있다. 호서의 수영과 호남과 영남의 병영·수영·통영(統營)의 성(城)은 모두 본읍(本邑)에 있다. 옹진에는 또한 수사(水使)의 행영성(行營城)이 있다. 종성에는 또한 북병사의 행영성이 있다.

산성(山城) ❸ 양주(楊州) 북한산성(北漢山城), 광주(廣州) 남한산성(南漢山城), 개성부(開城府) 대흥산성(大興山城), 강화(江華) 정족산성(鼎足山城), 교동(喬桐) 화개산성(華蓋山城), 포천(抱川) 반월산성(半月山城), 죽산(竹山) 고산산성(古山山城), 통진(通津) 문수산성(文殊山城), 수원(水原) 독성산성(禿城山城), 여주(驪州) 파사산성(婆娑山城), 인천(仁川) 문학산성(文鶴山城), 공주(公州) 쌍수산성(雙樹山城), 청주(清州) 상당산성(上黨山城), 음성(陰城) 뇌산산성(雷山山城), 황주(黃州) 정방산성(正方山城), 서흥(瑞興) 대현산성(大峴山城), 평산(平山) 태백산성(太白山城), 재령(載寧) 장수산성(長水山城), 해주(海州) 수양산성(首陽山城), 은율(殷栗) 구월산성(九月山城), 용강(龍岡) 황룡산성(黃龍山城), 자산(慈山) 자모산성(慈母山城), 개천(价川) 시사산성(始射山城), 양덕(陽德) 회

암산성(回巖山城), 태천(泰川) 농오리산성(籠五里山城), 구성(龜城) 굴암산성(屈巖山城), 곽산(郭山) 능한산성(凌漢山城), 선천(宣川) 동림산성(東林山城)·검산산성(劒山山城), 창성(昌城) 당아산성(當峨山城), 철산(鐵山) 서림산성(西林山城)·운암산성(雲暗山城), 용천(龍川) 용골산성(龍骨山城), 의주(義州) 백마산성(白馬山城), 영변(寧邊) 철옹산성(鐵瓮山城), -1 읍성이다.- 성천(成川) 흘골산성(紇骨山城), 초산(楚山) 아이산성(阿耳山城), 평양(平壤) 보산산성(保山山城), 무주(茂朱) 적상산성(赤裳山城), 전주(全州) 위봉산성(威鳳山城), 남원(南原) 교룡산성(蛟龍山城), 장성(長城) 입암산성(笠巖山城), 담양(潭陽) 금성산성(金城山城), 칠곡(漆谷) 가산산성(架山山城), -2 읍성이다.- 문경(聞慶) 조령산성(鳥嶺山城), 상주(尙州) 성산산성(城山山城), 성주(星州) 독용산성(禿用山城), 선산(善山) 금오산성(金烏山城), 인동(仁同) 천생산성(天生山城), 의흥(義興) 화산산성(華山山城), 동래(東萊) 금정산성(金井山城), 회령(會寧) 운두산성(雲頭山城)이다.

제25조 팔도정도(八道程途)

1 《여지승람(輿地勝覽)》을 따르는데 《여지승람》 이후에 설치된 읍은 현재 행하는 노정기(路程記)를 쓴다.

제 1 항 **경기** **1** 38개 고을이다. **2** '동북쪽은……'이라는 것은 주석이다. 아래는 모두 이와 같다.

동북쪽은 강원도의 경계에 이르고, 동남쪽은 충청도의 경계에 이르고, 서쪽은 바다에 이르고, 서북쪽은 황해도의 경계에 이른다.

○**양천**(陽川) **3** 31리이다.

○**금천**(衿川) **4** 좌도(左道)이다. **5** 31리이다.

○**과천**(果川) **6** 좌도이다. **7** 33리이다.

○**고양**(高陽) **8** 37리이다.

○**광주**(廣州) **9** 좌도이다. **10** 41리이다.

○**안산**(安山) **11** 좌도이다. **12** 51리이다.

○**부평**(富平) **13** 55리이다.

○**양주**(楊州) **14** 56리이다.

○**김포**(金浦) **15** 63리이다.

○**용인**(龍仁) **16** 좌도이다. **17** 65리이다.

○**인천**(仁川) **18** 77리이다.

○**파주**(坡州) **19** 82리이다.

○**수원**(水原) **20** 좌도이다. **21** 88리이다.

○**교하**(交河) **22** 90리이다.

○**포천**(抱川) 23 97리이다.

○**남양**(南陽) 24 좌도이다. 25 105리이다.

○**적성**(積城) 26 108리이다.

○**양지**(陽智) 27 좌도이다. 28 111리이다.

○**양성**(陽城) 29 좌도이다. 30 112리이다.

○**통진**(通津) 31 114리이다.

○**양근**(陽根) 32 좌도이다. 33 116리이다.

○**진위**(振威) 34 좌도이다. 35 118리이다.

○**강화**(江華) 36 135리이다.

○**가평**(加平) 37 137리이다.

○**영평**(永平) 38 140리이다.

○**이천**(利川) 39 좌도이다. 40 141리이다.

○**연천**(漣川) 41 143리이다.

○**장단**(長湍) 42 147리이다.

○**안성**(安城) 43 좌도이다. 44 152리이다.

○**지평**(砥平) 45 좌도이다. 46 162리이다.

○**개성부**(開城府) 47 166리이다.

○**죽산**(竹山) 48 좌도이다. 49 170리이다.

○**풍덕**(豐德) 50 179리이다.

○**마전**(麻田) 51 179리이다.

○**교동**(喬桐) 52 182리이다.

○**여주**(驪州) 53 좌도이다. 54 190리이다.

○**삭녕**(朔寧) 55 195리이다.

○**음죽**(陰竹) 56 좌도이다. 57 195리이다.

제2항 강원도

동북쪽은 바다에 이르고, 동남쪽은 경상도의 경계에 이르고, 남쪽은 충청도의 경계에 이르고, 서북쪽은 경기와 황해도의 경계에 이르고, 북쪽은 함경도의 경계에 이른다. 모두 26개 고을이다.

○**춘천**(春川) 1 205리이다.

○**철원**(鐵原) 2 221리이다.

○**홍천**(洪川) 3 242리이다.

○**횡성**(橫城) 4 250리이다.

○**안협**(安峽) 5 260리이다.

○**평강**(平康) 6 268리이다.

○**원주**(原州) 7 282리이다.

○**낭천**(狼川) 8 297리이다.

○**이천**(伊川) 9 322리이다.

○**금성**(金城) 10 326리이다.

○**양구**(楊口) 11 331리이다.

○**통천**(通川) 12 동도(東道)이다. 13 344리이다.

○**인제**(麟蹄) 14 367리이다.

○**흡곡**(歙谷) 15 동도이다. 16 380리이다.

○**평창**(平昌) 17 418리이다.

○**영월**(寧越) 18 437리이다.

○**회양**(淮陽) 19 460리이다.

○**정선**(旌善) 20 496리이다.

○**고성**(高城) 21 동도이다. 22 499리이다.

○**양양**(襄陽) 23 동도이다. 24 511리이다.

○**간성**(杆城) 25 동도이다. 26 527리이다.

○**강릉**(江陵) 27 동도이다. 28 600리이다.

○**삼척**(三陟) 29 동도이다. 30 632리이다.

○**울진**(蔚珍) 31 동도이다. 32 885리이다.

○**평해**(平海) 33 동도이다. 34 971리이다.

제 3 항 황해도

동북쪽은 함경도의 경계에 이르고, 동쪽은 강원도의 경계에 이르고, 동남쪽은 강원도와 경기의 경계에 이르고, 서남쪽은 대해(大海)에 이르고, 서북쪽은 평안도의 경계에 이른다. 모두 23개 고을이다.

○**금천**(金川) 1 좌도(左道)이다. 2 197리이다.

○**토산**(兎山) 3 좌도이다. 4 230리이다.

○**배천**(白川) 5 235리이다.

○**평산**(平山) 6 좌도이다. 7 271리이다.

○**연안**(延安) 8 288리이다.

○**신계**(新溪) 9 좌도이다. 10 348리이다.

○**해주**(海州) 11 365리이다.

○**서흥**(瑞興) 12 좌도이다. 13 395리이다.

○**수안**(遂安) 14 좌도이다. 15 420리이다.

○**봉산**(鳳山) 16 좌도이다. 17 420리이다.

○**곡산**(谷山) 18 좌도이다. 19 434리이다.

○**재령**(載寧) 20 좌도이다. 21 439리이다.

○**신천**(信川) **22** 좌도이다. **23** 440리이다.

○**강령**(康翎) **24** 449리이다.

○**옹진**(瓮津) **25** 469리이다.

○**문화**(文化) **26** 좌도이다. **27** 477리이다.

○**안악**(安岳) **28** 좌도이다. **29** 486리이다.

○**황주**(黃州) **30** 좌도이다. **31** 488리이다.

○**은율**(殷栗) **32** 505리이다.

○**장연**(長淵) **33** 513리이다.

○**송화**(松禾) **34** 532리이다.

○**장련**(長連) **35** 550리이다.

○**풍천**(豐川) **36** 좌도이다. **37** 562리이다.

제 4 항 충청도

동북쪽은 강원도의 경계에 이르고, 동남쪽은 경상도와 전라도의 경계에 이르고, 서북쪽은 대해(大海)에 이르고, 북쪽은 경기의 경계에 이른다. 모두 54개 고을이다.

○**평택**(平澤) **1** 좌도(左道)이다. **2** 124리이다.

○**직산**(稷山) **3** 좌도이다. **4** 189리이다.

○**천안**(天安) **5** 좌도이다. **6** 219리이다.

○**아산**(牙山) **7** 좌도이다. **8** 224리이다.

○**진천**(鎭川) **9** 좌도이다. **10** 234리이다.

○**전의**(全義) **11** 좌도이다. **12** 243리이다.

○**목천**(木川) **13** 좌도이다. **14** 247리이다.

○**음성**(陰城) **15** 좌도이다. **16** 248리이다.

○**온양**(溫陽) [17] 좌도이다. [18] 251리이다.

○**신창**(新昌) [19] 좌도이다. [20] 253리이다.

○**충주**(忠州) [21] 좌도이다. [22] 282리이다.

○**연기**(燕岐) [23] 좌도이다. [24] 287리이다.

○**청안**(淸安) [25] 좌도이다. [26] 293리이다.

○**청주**(淸州) [27] 좌도이다. [28] 293리이다.

○**괴산**(槐山) [29] 좌도이다. [30] 294리이다.

○**예산**(禮山) [31] 295리이다.

○**회덕**(懷德) [32] 320리이다.

○**공주**(公州) [33] 323리이다.

○**대흥**(大興) [34] 323리이다.

○**문의**(文義) [35] 좌도이다. [36] 326리이다.

○**덕산**(德山) [37] 341리이다.

○**홍주**(洪州) [38] 345리이다.

○**회인**(懷仁) [39] 좌도이다. [40] 346리이다.

○**정산**(定山) [41] 349리이다.

○**청풍**(淸風) [42] 좌도이다. [43] 355리이다.

○**단양**(丹陽) [44] 좌도이다. [45] 357리이다.

○**연풍**(延豐) [46] 좌도이다. [47] 362리이다.

○**청양**(靑陽) [48] 368리이다.

○**면천**(沔川) [49] 375리이다.

○**보은**(報恩) [50] 좌도이다. [51] 376리이다.

○**해미**(海美) [52] 376리이다.

○**이성**(尼城) [53] 377리이다.

○**결성**(結城) [54] 381리이다.

○**옥천**(沃川) [55] 좌도이다. [56] 389리이다.

○**제천**(堤川) [57] 좌도이다. [58] 391리이다.

○**석성**(石城) [59] 392리이다.

○**부여**(扶餘) [60] 396리이다.

○**진잠**(鎭岑) [61] 397리이다.

○**연산**(連山) [62] 398리이다.

○**당진**(唐津) [63] 400리이다.

○**서산**(瑞山) [64] 402리이다.

○**보령**(保寧) [65] 409리이다.

○**은진**(恩津) [66] 412리이다.

○**영동**(永同) [67] 좌도이다. [68] 412리이다.

○**임천**(林川) [69] 419리이다.

○**홍산**(鴻山) [70] 422리이다.

○**청산**(靑山) [71] 좌도이다. [72] 423리이다.

○**태안**(泰安) [73] 439리이다.

○**남포**(藍浦) [74] 447리이다.

○**한산**(韓山) [75] 459리이다.

○**영춘**(永春) [76] 좌도이다. [77] 464리이다.

○**서천**(舒川) [78] 470리이다.

○**황간**(黃澗) [79] 좌도이다. [80] 472리이다.

○**비인**(庇仁) [81] 496리이다.

제5항 전라도

동북쪽은 충청도와 경상도의 경계에 이르고, 동남쪽은 경상도의 경계 및 바다에 이르고, 서남쪽은 대해(大海)에 이른다. 모두 56개 고을이다.

○**여산**(礪山) 1 444리이다.

○**고산**(高山) 2 446리이다.

○**용안**(龍安) 3 448리이다.

○**진산**(珍山) 4 449리이다.

○**함열**(咸悅) 5 466리이다.

○**익산**(益山) 6 468리이다.

○**금산**(錦山) 7 483리이다.

○**무주**(茂朱) 8 좌도(左道)이다. 9 488리이다.

○**임피**(臨陂) 10 489리이다.

○**전주**(全州) 11 516리이다.

○**옥구**(沃溝) 12 523리이다.

○**금구**(金溝) 13 526리이다.

○**김제**(金堤) 14 541리이다.

○**용담**(龍潭) 15 좌도이다. 16 557리이다.

○**태인**(泰仁) 17 563리이다.

○**만경**(萬頃) 18 564리이다.

○**부안**(扶安) 19 577리이다.

○**진안**(鎭安) 20 좌도이다. 21 582리이다.

○**임실**(任實) 22 좌도이다. 23 582리이다.

○**정읍**(井邑) 24 591리이다.

○**고부**(古阜) 25 596리이다.

○**흥덕**(興德) 26 626리이다.

○**고창**(高敞) 27 628리이다.

○**장성**(長城) 28 644리이다.

○**무장**(茂長) 29 653리이다.

○**남원**(南原) 30 좌도이다. 31 653리이다.

○**장수**(長水) 32 좌도이다. 33 668리이다.

○**순창**(淳昌) 34 좌도이다. 35 670리이다.

○**곡성**(谷城) 36 좌도이다. 37 692리이다.

○**운봉**(雲峯) 38 좌도이다. 39 697리이다.

○**영광**(靈光) 40 699리이다.

○**옥과**(玉果) 41 좌도이다. 42 712리이다.

○**담양**(潭陽) 43 좌도이다. 44 713리이다.

○**광주**(光州) 45 좌도이다. 46 725리이다.

○**나주**(羅州) 47 742리이다.

○**창평**(昌平) 48 좌도이다. 49 752리이다.

○**능주**(綾州) 50 좌도이다. 51 758리이다.

○**함평**(咸平) 52 762리이다.

○**남평**(南平) 53 좌도이다. 54 763리이다.

○**동복**(同福) 55 좌도이다. 56 775리이다.

○**구례**(求禮) 57 좌도이다. 58 780리이다.

○**무안**(務安) 59 788리이다.

○**영암**(靈巖) 60 822리이다.

○**순천**(順天) 61 좌도이다. 62 824리이다.

○**보성**(寶城) [63] 좌도이다. [64] 828리이다.

○**화순**(和順) [65] 좌도이다. [66] 828리이다.

○**광양**(光陽) [67] 좌도이다. [68] 870리이다.

○**장흥**(長興) [69] 좌도이다. [70] 886리이다.

○**낙안**(樂安) [71] 좌도이다. [72] 898리이다.

○**강진**(康津) [73] 좌도이다. [74] 902리이다.

○**흥양**(興陽) [75] 좌도이다. [76] 934리이다.

○**해남**(海南) [77] 좌도이다. [78] 1007리이다.

○**진도**(珍島) [79] 1020리이다.

○**제주**(濟州) [80] 동쪽으로 정의(旌義)의 경계까지 80리이고, 서쪽으로 대정(大靜)의 경계까지 81리이고, 남쪽으로 바다까지 120리이고, 북쪽으로 바다까지 1리이다.

○**정의**(旌義) [81] 동쪽으로 제주의 경계까지 26리이고, 북쪽으로 제주의 경계까지 20리이고, 서쪽으로 대정의 경계까지 27리이고, 남쪽으로 바다까지 7리이다.

○**대정**(大靜) [82] 동쪽으로 정의의 경계까지 57리이고, 남쪽으로 바다까지 10리이고, 서쪽으로 제주의 경계까지 37리이고, 북쪽으로 제주의 경계까지 32리이다.

제6항 경상도

동북쪽은 강원도의 경계에 이르고, 동남쪽은 대해(大海)에 이르고, 서남쪽은 전라도의 경계 및 바다에 이르고, 서북쪽은 충청도의 경계에 이르고, 북쪽은 강원도의 경계에 이른다. 모두 71개 고을이다.

○**문경**(聞慶) **1** 377리이다.

○**풍기**(豐基) **2** 좌도(左道)이다. **3** 410리이다.

○**영천**(榮川) **4** 좌도이다. **5** 433리이다.

○**함창**(咸昌) **6** 437리이다.

○**용궁**(龍宮) **7** 좌도이다. **8** 444리이다.

○**순흥**(順興) **9** 좌도이다. **10** 460리이다.

○**상주**(尙州) **11** 477리이다.

○**봉화**(奉化) **12** 좌도이다. **13** 485리이다.

○**예천**(醴泉) **14** 좌도이다. **15** 498리이다.

○**신녕**(新寧) **16** 좌도이다. **17** 502리이다.

○**안동**(安東) **18** 좌도이다. **19** 514리이다.

○**선산**(善山) **20** 536리이다.

○**비안**(比安) **21** 좌도이다. **22** 538리이다.

○**예안**(禮安) **23** 좌도이다. **24** 545리이다.

○**김산**(金山) **25** 553리이다.

○**개령**(開寧) **26** 558리이다.

○**군위**(軍威) **27** 좌도이다. **28** 575리이다.

○**인동**(仁同) **29** 좌도이다. **30** 577리이다.

○**의성**(義城) **31** 좌도이다. **32** 591리이다.

○**청송**(青松) **33** 좌도이다. **34** 597리이다.

○**칠곡**(漆谷) **35** 좌도이다. **36** 650리이다.

○**진보**(眞寶) **37** 좌도이다. **38** 616리이다.

○**지례**(知禮) **39** 624리이다.

○**의흥**(義興) **40** 좌도이다. **41** 626리이다.

○**성주**(星州) [42] 627리이다.

○**하양**(河陽) [43] 좌도이다. [44] 642리이다.

○**함양**(咸陽) [45] 659리이다.

○**영양**(英陽) [46] 좌도이다. [47] 660리이다.

○**대구**(大邱) [48] 좌도이다. [49] 670리이다.

○**고령**(高靈) [50] 684리이다.

○**영천**(永川) [51] 좌도이다. [52] 687리이다.

○**현풍**(玄風) [53] 좌도이다. [54] 704리이다.

○**영덕**(盈德) [55] 좌도이다. [56] 704리이다.

○**영해**(寧海) [57] 좌도이다. [58] 707리이다.

○**경산**(慶山) [59] 좌도이다. [60] 710리이다.

○**자인**(慈仁) [61] 좌도이다. [62] 730리이다.

○**합천**(陜川) [63] 732리이다.

○**거창**(居昌) [64] 735리이다.

○**청도**(淸道) [65] 좌도이다. [66] 742리이다.

○**초계**(草溪) [67] 745리이다.

○**안의**(安義) [68] 752리이다.

○**창녕**(昌寧) [69] 좌도이다. [70] 754리이다.

○**영산**(靈山) [71] 좌도이다. [72] 778리이다.

○**삼가**(三嘉) [73] 783리이다.

○**경주**(慶州) [74] 좌도이다. [75] 783리이다.

○**영일**(迎日) [76] 좌도이다. [77] 806리이다.

○**밀양**(密陽) [78] 좌도이다. [79] 812리이다.

○**흥해**(興海) [80] 좌도이다. [81] 826리이다.

○**칠원**(漆原) 82 828리이다.

○**의령**(宜寧) 83 829리이다.

○**산청**(山淸) 84 838리이다.

○**청하**(淸河) 85 좌도이다. 86 841리이다.

○**창원**(昌原) 87 844리이다.

○**언양**(彦陽) 88 좌도이다. 89 847리이다.

○**장기**(長鬐) 90 좌도이다. 91 864리이다.

○**함안**(咸安) 92 864리이다.

○**진주**(晉州) 93 866리이다.

○**단성**(丹城) 94 880리이다.

○**김해**(金海) 95 884리이다.

○**진해**(鎭海) 96 887리이다.

○**울산**(蔚山) 97 좌도이다. 98 893리이다.

○**웅천**(熊川) 99 901리이다.

○**양산**(梁山) 100 좌도이다. 101 916리이다.

○**고성**(固城) 102 952리이다.

○**곤양**(昆陽) 103 957리이다.

○**동래**(東萊) 104 좌도이다. 105 962리이다.

○**기장**(機張) 106 좌도이다. 107 971리이다.

○**사천**(泗川) 108 973리이다.

○**하동**(河東) 109 987리이다.

○**거제**(巨濟) 110 1044리이다.

○**남해**(南海) 111 1045리이다.

제 7 항 평안도

동북쪽은 함경도의 경계에 이르고, 남쪽은 황해도의 경계에 이르고, 서남쪽은 대해(大海)에 이르고, 서쪽은 압록강(鴨綠江)에 이르고, 북쪽은 야인(野人)의 경계에 이른다. 모두 42개 고을이다.

○**중화**(中和) [1] 남관(南關)이다. [2] 540리이다.

○**평양**(平壤) [3] 남관이다. [4] 582리이다.

○**상원**(祥原) [5] 남관이다. [6] 600리이다.

○**용강**(龍岡) [7] 남관이다. [8] 635리이다.

○**순안**(順安) [9] 남관이다. [10] 640리이다.

○**강서**(江西) [11] 남관이다. [12] 651리이다.

○**삼화**(三和) [13] 남관이다. [14] 658리이다.

○**증산**(甑山) [15] 남관이다. [16] 665리이다.

○**삼등**(三登) [17] 남관이다. [18] 667리이다.

○**강동**(江東) [19] 남관이다. [20] 668리이다.

○**영유**(永柔) [21] 남관이다. [22] 675리이다.

○**자산**(慈山) [23] 남관이다. [24] 679리이다.

○**함종**(咸從) [25] 남관이다. [26] 682리이다.

○**숙천**(肅川) [27] 남관이다. [28] 696리이다.

○**순천**(順川) [29] 남관이다. [30] 701리이다.

○**성천**(成川) [31] 남관이다. [32] 724리이다.

○**안주**(安州) [33] 남관이다. [34] 750리이다.

○**은산**(殷山) [35] 남관이다. [36] 751리이다.

○**개천**(价川) [37] 남관이다. [38] 780리이다.

○**박천**(博川) **39** 800리이다.

○**영변**(寧邊) **40** 823리이다.

○**가산**(嘉山) **41** 836리이다.

○**태천**(泰川) **42** 846리이다.

○**운산**(雲山) **43** 859리이다.

○**구성**(龜城) **44** 886리이다.

○**정주**(定州) **45** 899리이다.

○**덕천**(德川) **46** 남관이다. **47** 923리이다.

○**곽산**(郭山) **48** 927리이다.

○**선천**(宣川) **49** 963리이다.

○**희천**(熙川) **50** 972리이다.

○**양덕**(陽德) **51** 남관이다. **52** 989리이다.

○**영원**(寧遠) **53** 1008리이다.

○**철산**(鐵山) **54** 1050리이다.

○**삭주**(朔州) **55** 1095리이다.

○**용천**(龍川) **56** 1107리이다.

○**의주**(義州) **57** 1186리이다.

○**초산**(楚山) **58** 1193리이다.

○**맹산**(孟山) **59** 남관이다. **60** 1197리이다.

○**창성**(昌城) **61** 1254리이다.

○**위원**(渭原) **62** 1255리이다.

○**강계**(江界) **63** 1361리이다.

○**벽동**(碧潼) **64** 1387리이다.

제8항 함경도

동북쪽은 두만강(頭滿江)에 이르고, 동남쪽은 대해(大海)에 이르고, 서남쪽은 강원도의 경계에 이르고, 서쪽은 평안도의 경계에 이르고, 북쪽은 야인(野人)의 경계에 이른다. 모두 24개 고을이다.

○**안변**(安邊) **1** 남관(南關)이다. **2** 584리이다.

○**덕원**(德源) **3** 남관이다. **4** 635리이다.

○**문천**(文川) **5** 남관이다. **6** 668리이다.

○**고원**(高原) **7** 남관이다. **8** 716리이다.

○**영흥**(永興) **9** 남관이다. **10** 752리이다.

○**정평**(定平) **11** 남관이다. **12** 821리이다.

○**함흥**(咸興) **13** 남관이다. **14** 868리이다.

○**홍원**(洪原) **15** 남관이다. **16** 975리이다.

○**북청**(北靑) **17** 남관이다. **18** 1083리이다.

○**장진**(長津) **19** 남관이다. **20** 1108리이다.

○**이성**(利城) **21** 남관이다. **22** 1189리이다.

○**단천**(端川) **23** 남관이다. **24** 1278리이다.

○**갑산**(甲山) **25** 남관이다. **26** 1383리이다.

○**길주**(吉州) **27** 1464리이다.

○**명천**(明川) **28** 1556리이다.

○**삼수**(三水) **29** 남관이다. **30** 1573리이다.

○**경성**(鏡城) **31** 1704리이다.

○**부령**(富寧) **32** 1815리이다.

○**회령**(會寧) **33** 1921리이다.

○**무산**(茂山) 34 1930리이다.

○**종성**(鍾城) 35 2038리이다.

○**온성**(穩城) 36 2101리이다.

○**경원**(慶源) 37 2144리이다.

○**경흥**(慶興) 38 2205리이다.

제26조 중원 노정(中原路程)[168]

1 2049리 28일 노정이다.

제 1 항 **압록강**(鴨綠江)**부터 진강성**(鎭江城)**까지**, **1** 20리이다. **2** 본래의 명칭은 구련성(九連城)이다. **탕참**(湯站), **3** 70리이다. **책문**(柵門), **4** 20리이다. **봉황성**(鳳凰城), **5** 20리이다. **진동보**(鎭東堡), **6** 40리이다. **7** 일명 설유참(薛劉站)이다. 우리나라 사람들은 송참(松站)이라고 부른다. **진이보**(鎭夷堡), **8** 60리이다. **9** 일명 통원보(通遠堡)이다. **연산관**(連山關), **10** 70리이다. **11** 일명 아골관(鴉鶻關)이다. **첨수참**(甛水站), **12** 30리이다. **요동**(遼東), **13** 90리이다. **십리보**(十里堡), **14** 60리이다. **성경**(盛京), **15** 60리이다. **16** 본래의 명칭은 심양(瀋陽)이다. **변성**(邊城), **17** 60리이다. **거류하**(巨流河), **18** 40리이다. **19** 우리나라 사람들은 주류하(周流河)라고 부른다. **백기보**(白旗堡), **20** 70리이다. **이도정**(二道井), **21** 50리이다. **소흑산**(小黑山), **22** 50리이다. **광녕**(廣寧), **23** 60리이다. **여양역**(閭陽驛), **24** 30리이다. **석산참**(石山站), **25** 40리이다. **26** 세속에서는 십삼산(十三山)이라고 부른다. **소릉하**(小綾河), **27** 60리이다. **행산역**(杏山驛), **28** 38리이다. **연산역**(連山驛), **29** 50리이다. **영원위**(寧遠衛), **30** 50리이다. **조장역**(曹庄驛), **31** 15리이다. **동관역**(東關驛), **32** 50리이다. **사하역**(沙河驛), **33** 36리이다.

168 중원 노정(中原路程) : 《통문관지(通文館志)》 권3 〈사대 상(事大上)〉 중원진공노정(中原進貢路程) 조에 있다.

전둔위(前屯衛), **34** 50리이다. **고령역**(高嶺驛), **35** 50리이다. **산해관**(山海關), **36** 50리이다. **심하역**(深河驛), **37** 60리이다. **무령현**(撫寧縣), **38** 40리이다. **영평부**(永平府), **39** 70리이다. **칠가령**(七家嶺), **40** 60리이다. **풍윤현**(豐潤縣), **41** 100리이다. **옥전현**(玉田縣), **42** 80리이다. **계주**(薊州), **43** 70리이다. **삼하현**(三河縣), **44** 70리이다. **통주**(通州), **45** 70리이다. **북경**(北京)**까지이다.** **46** 40리이다.

제27조 일본 노정(日本路程)[169]

[1] 수로(水路) 3290리, 육로(陸路) 1310리이다.

제 1 항 **부산**(釜山)**의 영가대**(永嘉臺) **아래에서 배가 떠나서부터 좌수나포**(佐須奈浦)**까지,** [1] 480리이다. **악포**(鰐浦), [2] 30리이다. **압뢰**(鴨瀨), [3] 190리이다. **대마도**(對馬島), [4] 70리이다. **일기도**(一岐島), [5] 480리이다. **남도**(藍島), [6] 350리이다. **적간관**(赤間關), [7] 240리이다. [8] 일명 하관(下關)이다. **향포**(向浦), [9] 180리이다. **실우**(室隅), [10] 120리이다. **상관**(上關), [11] 50리이다. **진화**(津和), [12] 120리이다. **겸예**(鎌刈), [13] 80리이다. **충해**(忠海), [14] 100리이다. **도포**(韜浦), [15] 100리이다. **하진**(下津), [16] 100리이다. **우창**(牛窓), [17] 100리이다. **실진**(室津), [18] 100리이다. **명석**(明石), [19] 130리이다. **병고**(兵庫), [20] 50리이다. **대판성**(大坂城), [21] 130리이다. **정포**(淀浦), [22] 90리이다. [23] 여기서부터 육로가 된다. **왜경**(倭京), [24] 30리이다. [25] 왜황(倭皇)이 거처하는 곳으로, 서경(西京)이라고 한다. **삼산**(森山), [26] 80리이다. **좌화산**(佐和山), [27] 100리이다. [28] 일명 언근(彦根)이다. **대원**(大垣), [29] 100리이다. **명호옥**(名護屋), [30] 110리이다. **강기**(岡崎), [31] 90리이다. **길전**(吉田), [32] 70리이다. **빈송**(濱松), [33] 90리이다. **현천**(懸川), [34] 90리이다. **등지**(藤枝), [35] 70리이다. **강고**(江尻), [36]

169 일본 노정(日本路程) : 《통문관지(通文館志)》 권6 〈교린 하(交隣下)〉 수륙노정(水陸路程) 조에 있다.

80리이다. **삼도**(三島 미시마), 37 120리이다. **소전원**(小田原), 38 80리이다. **등택**(藤澤), 39 80리이다. **신내천**(神奈川), 40 50리이다. **강호**(江戶)**까지이다.** 41 70리이다. 42 관백(關白)이 거처하는 곳으로, 혹은 동무(東武)라고 한다.

제28조 공장 명색(工匠名色)[170]

제 1 항 **능라장**(綾羅匠 비단 짜는 장인. 상의원 소속)

제 2 항 **방직장**(紡織匠 피륙 짜는 장인. 상의원 소속) **1** 실꾸리를 짓는 장인이다.

제 3 항 **입장**(笠匠 갓 만드는 장인. 평시서 소속)

제 4 항 **모자장**(帽子匠 모자 만드는 장인. 공조 소속)

제 5 항 **초립장**(草笠匠 초립 만드는 장인. 공조·상의원 소속)

제 6 항 **유립장**(襦笠匠 모시·베·전 따위로 싸개를 한 갓을 만드는 장인. 상의원 소속) **1** 총겨리겹갓, 곧 어립두면(御笠頭冕)[171]을 만든다.

170 공장 명색(工匠名色) : 《경국대전》〈공전 공장(工匠)〉 경공장(京工匠) 조에는 서울 30개 관사에 소속된 공장 명색과 공장의 인원수가 실려 있으며, 〈공전 공장〉 외공장(外工匠) 조에는 도별로 관찰사, 병마절도사, 수군절도사, 해당 지역 등으로 세분화되어 그에 소속된 공장 명색과 공장의 인원수가 실려 있다. 각 항의 괄호 안에 표기한 본문 주에서 각 공장이 다루는 일과 소속 관사를 《표준국어대사전》(국립국어연구원), 《한국한자어사전》(단국대학교 동양학연구원), 《경국대전》 〈공전 공장〉, 《경국대전주해 후집》 〈공전 경공장(京工匠)〉 등을 참조하여 기술하였다.

171 어립두면(御笠頭冕) : 어립은 임금이 쓰는 갓이고, 두면은 궁중에서 '갓'을 이르는 말이다.

제 7 항 **사모장**(紗帽匠 사모 만드는 장인. 공조·상의원 소속)

제 8 항 **종모아장**(鬃帽兒匠 종모아[172] 만드는 장인. 평안도 관찰사 소속)

제 9 항 **망건장**(網巾匠 망건 만드는 장인. 공조 소속)

제10항 **매즙장**(每緝匠 매듭 만드는 장인. 공조·상의원 소속)

제11항 **모의장**(毛衣匠 모물전에서 갖옷이나 털로 된 갖옷붙이를 만드는 장인. 상의원 소속)

제12항 **모관장**(毛冠匠 털이나 털가죽으로 된 관을 만드는 장인. 상의원·제용감 소속)

제13항 **전장**(氈匠 짐승의 털로 전을 짜는 장인. 공조·상의원 소속)

제14항 **화장**(靴匠 신 만드는 장인. 공조·상의원 소속)

제15항 **삽혜장**(靸鞋匠 삽혜[173] 만드는 장인. 공조·상의원 소속) **1** 남자 삽혜를 만드는 사람은 곧 어리장(御履匠)이다.

172 종모아 : 종모는 말총으로 만든 모자이다.

173 삽혜 : 가죽이나 풀을 엮어 만든 신으로 뒤축 울이 없다.

제16항 **과피장**(裹皮匠 말안장 따위에 가죽을 덮어 싸는 장인. 공조·상의원 소속)

제17항 **숙피장**(熟皮匠 숙피[174] 만드는 장인. 공조·상의원·제용감 소속)

제18항 **생피장**(生皮匠 생피[175] 다루는 장인. 상의원·군기시 소속)

제19항 **주피장**(周皮匠 주피[176] 만드는 장인. 공조 소속)

제20항 **추골장**(鞦骨匠 마소의 밀치를 만드는 장인. 공조 소속) **1** 주피(周皮)를 만든다.[177]

제21항 **사피장**(斜皮匠 담비 가죽을 다루는 장인. 공조·상의원 소속) **1** 서피(黍皮)를 다룬다.

제22항 **웅피장**(熊皮匠 곰 가죽을 다루는 장인. 상의원 소속)

제23항 **전피장**(猠皮匠 염소 가죽을 다루는 장인. 상의원 소속) **1** 염소 가죽을 다룬다.

174 숙피 : 다루어서 녹신녹신하게 만든 가죽이다.

175 생피 : 다루지 않은 가죽이다.

176 주피 : 안장이나 길마에 딸린 제구인 밀치를 이른다.

177 주피(周皮)를 만든다 : 주피를 만드는 것은 주피장의 일인데, 주피장과 추골장의 차이는 자세하지 않다.

제24항 **안자장**(鞍子匠 안장 만드는 장인. 공조 소속)

제25항 **첩장**(鞊匠 말다래[178] 만드는 장인. 공조 소속) ■ 졈믈쟝이다.

제26항 **한치장**(汗致匠 대나무나 버드나무로 여름용 등받이와 토시를 만드는 장인. 공조 소속) ■ 땀언치장이다.

제27항 **어치장**(於赤匠 언치[179] 만드는 장인. 공조 소속) ■ 언치장이다.

제28항 **첨보로장**(韂甫老匠 첨보로[180] 만드는 장인. 공조 소속) ■ 첨(韂)은 진흙을 막는 것이다.

제29항 **도결아장**(都結兒匠 도결아[181] 만드는 장인. 상의원 소속) ■ 가죽채를 재우는 장인이다.[182]

제30항 **고장**(鼓匠 북을 메우는 장인. 군기시 소속)

178 말다래 : 말을 탄 사람의 옷에 흙이 튀지 않도록 가죽 같은 것을 말의 안장 양쪽에 늘어뜨리는 기구이다.

179 언치 : 마소의 안장이나 길마 밑에 깔아 그 등을 덮어 주는 방석이나 담요이다.

180 첨보로 : 말다래로 쓰는 보로이다.

181 도결아 : 여러 가닥의 실오리나 가죽 오리 따위를 한데 모아서 묶거나 겯거나 하여 만든 물건이다.

182 가죽채를 재우는 장인이다 : 가죽채는 가죽끈으로 만든 채찍을 뜻하고, 재운다는 것은 푸슬푸슬하거나 더부룩한 것을 가다듬어 자리가 잡히게 한다는 뜻이다.

제31항 **궁인**(弓人 활 만드는 사람. 상의원·군기시 및 팔도 관아 소속) **1** '인(人)'이라 칭한 것은 장인과 조금 달라서이니, 백공(百工)의 으뜸이다.

제32항 **시인**(矢人 화살 만드는 사람. 상의원·군기시 및 팔도 관아 소속) **1** 위와 같다.

제33항 **궁현장**(弓絃匠 활시위 만드는 장인. 상의원·군기시 및 경상도·전라도·충청도·강원도·황해도·함경도·평안도 관아 소속)

제34항 **갑장**(甲匠 갑옷 만드는 장인. 군기시 및 팔도 관아 소속)

제35항 **동개장**(筒介匠 동개[183] 만드는 장인. 공조 소속)

제36항 **도목개장**(都目介匠 버렁[184] 만드는 장인. 상의원 소속) **1** 동개(筒介) 예벼지 만드는 장인이다. 혹은 버렁을 만드는 장인이라고도 한다.

제37항 **옥장**(玉匠 옥을 다루는 장인. 상의원 소속)

제38항 **주장**(珠匠 구슬 만드는 장인. 공조 소속)

183 동개 : 활과 화살을 넣어 등에 지는 물건이다.
184 버렁 : 매를 받을 때 끼는 두꺼운 장갑이다.

제39항 **금박장**(金箔匠 금박 만드는 장인. 공조·상의원 소속)

제40항 **사금장**(絲金匠 실에 금물을 입히는 장인. 상의원 소속) **1** 금사 만드는 장인이다.

제41항 **재금장**(裁金匠 금실로 수를 놓는 장인. 상의원 소속)

제42항 **은장**(銀匠 은으로 기물을 만드는 장인. 공조·상의원 소속)

제43항 **두석장**(豆錫匠 놋쇠로 그릇이나 기구 따위를 만드는 장인. 공조·상의원 소속)

제44항 **유장**(鍮匠 놋그릇 만드는 장인. 공조·상의원·내수사 및 팔도 관아 소속)

제45항 **동장**(銅匠 구리로 기물을 만드는 장인. 공조·상의원 소속)

제46항 **연철장**(鉛鐵匠 납으로 물건을 만드는 장인. 강원도·황해도 관아 소속)

제47항 **수철장**(水鐵匠 무쇠를 다루어 그릇이나 기구 등을 만드는 장인. 공조·내수사 및 황해도 관아 소속)

제48항 **야장**(冶匠 대장일하는 장인. 공조·상의원·군기시·교서관·선공감·내수사·귀후서 및 팔도 관아 소속)

제49항 **주장**(鑄匠 쇠붙이를 녹여 부어 물건을 만드는 장인. 공조·상의원·군기시·교서관·내수사 소속) ❶ 딤질 장인이다.

제50항 **연장**(鍊匠 쇠붙이를 단련하는 장인. 상의원·군기시 소속) ❶ 쇠를 슬어 단련하는 장인이다.

제51항 **저폐장**(楮幣匠 저폐 만드는 장인. 사섬시 소속) ❶ 저화(楮貨)를 만든다.

제52항 **화장**(咊匠 섭새김[185]하는 장인. 공조·상의원 소속) ❶ 금대(金帶)와 은대(銀帶)를 만드는 장인으로, 속칭 '섬장'이다.

제53항 **입사장**(入絲匠 놋그릇이나 쇠그릇 등에 은사를 장식으로 박는 장인. 공조·상의원 소속)

제54항 **나전장**(螺鈿匠 자개 박는 장인. 공조·상의원 소속) ❶ 자개를 박는 장인이다.

제55항 **경장**(鏡匠 거울 만드는 장인. 공조·상의원 소속)

제56항 **쟁장**(錚匠 징 만드는 장인. 군기시 소속)

185 섭새김 : 조각에서 글자나 그림이 도드라지게 가장자리를 파내거나 뚫어지게 새기는 일이다.

제57항 **인장**(印匠 도장 새기는 장인. 상의원 소속)

제58항 **도자장**(刀子匠 작은 칼을 만드는 장인. 상의원 소속)

제59항 **환도장**(環刀匠 환도[186] 만드는 장인. 상의원 소속)

제60항 **화빈장**(火鑌匠 강철을 단련하는 장인. 상의원 소속) **1** 빈철(鑌鐵 정철)로 칼날을 만든다.

제61항 **침장**(針匠 바늘 만드는 장인. 공조·상의원·제용감·전설사 소속)

제62항 **죽장**(竹匠 대나무로 물건을 만드는 장인. 공조·선공감 소속)

제63항 **양태장**(涼太匠 갓양태[187] 만드는 장인. 상의원 소속)

제64항 **성장**(筬匠 바디 만드는 장인. 상의원·내자시·내섬시·제용감 소속) **1** 바디를 만든다.

제65항 **변장**(籩匠 변 만드는 장인. 봉상시 소속)[188]

186 환도 : 군복에 갖추어 차던 군도(軍刀)이다.
187 갓양태 : 갓모자의 밑 둘레 밖으로 둥글넓적하게 된 부분을 이른다.
188 변장(籩匠) : 《경국대전》에는 '변비장(籩篚匠)'이다.

第66項 **비장**(篦匠 대광주리 만드는 장인. 봉상시 소속)[189]

第67項 **상자장**(箱子匠 상자 만드는 장인. 경상도·전라도·강원도 관아 소속)

第68項 **선자장**(扇子匠 부채 만드는 장인. 경상도·전라도 관아 소속)

第69項 **원선장**(圓扇匠 둥근 부채를 만드는 장인. 공조 소속)

第70項 **첩선장**(貼扇匠 부채 만드는 장인. 공조 소속)

第71項 **죽소장**(竹梳匠 대빗 만드는 장인. 공조·상의원 소속)

第72項 **목소장**(木梳匠 나무 빗 만드는 장인. 공조·상의원 소속)

第73項 **소성장**(梳省匠 머리빗을 닦는 솔을 만드는 장인. 공조 및 충청도·경상도·전라도·강원도·평안도 관아 소속) **1** 빗솔을 만든다.

第74項 **목석장**(木石匠)[190]

189 비장(篦匠) : 《경국대전》에는 '변비장(籩篦匠)'이다.

190 목석장(木石匠) : 목장(木匠)과 석장(石匠)의 병칭이다. 목장은 관아에 속하여 나무를 다루는 장인으로, 군기시·교서관·선공감·내수사·조지서·귀후서 및 팔도 관아에 소속되었다. 석장은 돌을 다루어 물건을 만드는 장인으로, 선공감 및 강원도·황해도·함경도 관아에 소속되었다.

제75항 **개장**(蓋匠 기와로 지붕 잇는 장인. 선공감 소속)

제76항 **이장**(泥匠 벽이나 천장, 바닥 등에 흙, 회, 시멘트 따위를 바르는 장인. 선공감 소속)

제77항 **돌장**(堗匠 방구들 놓는 장인. 선공감 소속)

제78항 **와장**(瓦匠 기와 만드는 장인. 와서 소속)

제79항 **전장**(磚匠 벽돌 만드는 장인. 선공감 소속)

제80항 **석회장**(石灰匠 석회를 제조하는 장인. 공조·선공감 소속)

제81항 **지장**(紙匠)[191]

제82항 **필장**(筆匠 붓 만드는 장인. 공조 소속)

제83항 **묵장**(墨匠 먹 만드는 장인. 상의원 및 충청도·경상도·전라도 관아 소속)

제84항 **균자장**(均字匠 활자판 글자를 고르게 하는 장인. 교서관 소속)

191 지장(紙匠) : 종이를 다루고 만드는 장인으로, 교서관, 조지서, 충청도·경상도·전라도·강원도·황해도 관아에 소속되었다.

제85항 **각자장**(刻字匠 글자 새기는 장인. 교서관 소속)

제86항 **인출장**(印出匠)[192]

제87항 **칠장**(漆匠 옻칠하는 장인. 공조·상의원·군기시·귀후서 및 팔도 관아 소속)

제88항 **황단장**(黃丹匠 납과 유황을 섞어 황단을 만드는 장인. 제용감 소속)

제89항 **하엽록장**(荷葉綠匠 초록색 도료를 만드는 장인. 상의원 소속)

제90항 **도채장**(塗彩匠 채색을 바르는 장인. 선공감 소속)

제91항 **유칠장**(油漆匠 유칠[193] 만드는 장인. 상의원·군기시 소속) ❶ 동유칠(桐油漆)[194]을 다룬다.

제92항 **유구장**(油具匠 기름 먹인 도구를 만드는 장인. 충청도·경상도·전라도·강원도·황해도 관아 소속) ❶ 기름 먹이는 장인이다.

192 인출장(印出匠) : 책을 박아 내는 장인은 교서관, 저화를 박아 내는 장인은 사섬시에 소속되었다.

193 유칠 : 들기름에 당황단(唐黃丹)과 무명석(無名石)을 넣고 달여서 만드는 도료이다.

194 동유칠(桐油漆) : 유동(油桐) 씨에서 짜낸 기름에 활석(滑石), 밀타승(密陀僧) 따위를 섞고 안료를 넣어서 만든 도료이다.

제93항 **청염장**(青染匠 푸른 물을 들이는 장인. 상의원 소속)

제94항 **홍염장**(紅染匠 붉은 물을 들이는 장인. 상의원 소속)[195]

제95항 **초염장**(草染匠 초립에 누런 물을 들이는 장인. 공조 소속)

제96항 **아교장**(阿膠匠 아교 만드는 장인. 선공감 소속)

제97항 **분장**(粉匠 분 만드는 장인. 내의원 소속)

제98항 **향장**(香匠 향 만드는 장인. 내의원 소속)

제99항 **도다익장**(都多益匠 도투락[196] 만드는 장인. 공조 소속) ❶ 도투락을 박는 장인이다.

제100항 **화장**(花匠 조화 만드는 장인. 봉상시 소속)

제101항 **화아장**(花兒匠 꽃무늬를 아로새기는 장인. 공조·상의원 소속) ❶ 기화장(起花匠)이다. 꽃을 수놓는 장인이다.

195 홍염장(紅染匠) : 붉은 물을 들이는 장인으로, 이때 잇꽃이나 꼭두서니 등을 쓴다.
196 도투락 : 어린 여자아이가 드리는 댕기의 한 가지이다.

제102항 **풍물장**(風物匠 풍물 만드는 장인. 상의원 소속) **1** 거문고와 비파 등의 악기를 만든다.

제103항 **황엽장**(簧葉匠 황엽[197] 만드는 장인. 장악원 소속)

제104항 **조각장**(雕刻匠 조각 일을 하는 장인. 공조·상의원·교서관·선공감·충청도·함경도 관아 소속)

제105항 **마조장**(磨造匠 돌이나 쇠붙이 따위를 갈아서 물건을 만드는 장인. 상의원·군기시·선공감 및 충청도·경상도·전라도·강원도·황해도 관아 소속)

제106항 **거장**(車匠 수레 만드는 장인. 선공감 소속)

제107항 **선장**(船匠 배 만드는 목수. 전함사 소속)

제108항 **우산장**(雨傘匠 우산 만드는 장인. 선공감 소속)

제109항 **옹장**(甕匠 옹기 만드는 장인. 공조·봉상시·상의원·내자시·내섬시·사도시·예빈시·내수사·소격서·사온서·의영고·장원서·사포서·양현고 및 충청도 관아 소속)

제110항 **황옹장**(黃甕匠 황토로 질그릇을 구워 내는 장인. 충청도 관아 소속)

197 황엽 : 피리 따위의 목관 악기에 끼워서 입으로 소리를 내게 하는 혀이다.

제111항 사기장(沙器匠 사기그릇 만드는 장인. 사옹원 소속)

제112항 도침장(擣砧匠 피륙이나 종이 따위를 다듬잇돌에 다듬질하여 반드럽게 하는 장인. 상의원 소속) **1** 다듬이질을 한다.

제113항 도련장(擣鍊匠 도침한 종이의 가를 가지런하게 자르는 장인. 상의원 소속)

제114항 세답장(洗踏匠 생피륙을 삶거나 빨아서 바래는 장인. 상의원·제용감 소속)

제115항 연사장(鍊絲匠 생사를 잿물에 삶아 희고 부드럽게 만드는 장인. 상의원 소속)

제116항 합사장(合絲匠 실을 겹쳐 드리는 장인. 상의원 소속)

제117항 다회장(多繪匠 넓적한 끈이나 띠를 만드는 장인. 공조 소속)

제118항 침선장(針線匠 바느질하는 장인. 공조·상의원·제용감 소속)

제119항 재작장(裁作匠 마름질하여 물건을 만드는 장인. 제용감 소속) **1** 의복과 잡물을 마름질한다.

제120항 칭자장(稱子匠 저울 만드는 장인. 공조 소속)

제121항 안롱장(鞍籠匠 안롱[198] 만드는 장인. 공조 소속)

제122항 간다개장(看多介匠 간다개[199] 만드는 장인. 공조 소속)

제123항 표통장(表筒匠 표문 넣는 통을 만드는 장인. 공조 소속)

제124항 상화롱장(床花籠匠 잔칫상에 놓는 꽃바구니를 만드는 장인. 선공감 소속) **1** 꽃을 담는 바구니 또는 과줄우리[200]를 만든다.

제125항 목영장(木纓匠 목영[201] 만드는 장인. 공조 소속)

제126항 마미사장(馬尾篩匠 말총으로 체를 만드는 장인. 선공감 소속)

제127항 통장(桶匠 통을 메우는 장인. 선공감 소속)

제128항 석장(席匠 돗자리 만드는 장인. 충청도 관아 소속)

제129항 인장(茵匠 왕골자리나 부들자리를 만드는 장인. 장흥고 소속)

198 안롱 : 수레나 가마 따위를 덮는 우비이다.

199 간다개 : 말의 가슴 밑에 드리우는 장식이다.

200 과줄우리 : 과줄은 강정, 다식, 약과 따위를 통틀어 이르는 말로, 과줄우리는 과줄을 담는 바구니를 이르는 듯하다.

201 목영 : 옻칠을 한 나무 구슬을 실에 꿰어 만든 갓끈이다.

제130항 점장(簟匠 대자리 만드는 장인. 선공감 소속)

제131항 바자장(把子匠 바자 만드는 장인. 선공감 소속)

제132항 염장(簾匠 발 만드는 장인. 선공감 소속)

제133항 촉장(燭匠 초 만드는 장인. 의영고 소속)

제134항 배첩장(褙貼匠 종이, 헝겊, 널조각 등을 여러 겹 포개어 붙이는 일을 하는 장인. 공조 소속)

제135항 도배장(塗褙匠 도배하는 장인. 장흥고 소속)

제136항 잡상장(雜象匠 궁궐의 전각과 문루에 쓰는 장식 기와용 토우를 만드는 장인. 와서 소속) 1 지붕 위의 잡상, 이를테면 손오공(孫悟空)이나 귀물(鬼物)을 만든다.

제137항 자격장(自擊匠 자격루 만드는 장인. 관상감 소속) 1 경점(更點) 치는 동자(童子)를 만든다.〈경〉〈해〉〈보〉

제29조 주법(籌法)

제 1 절 상승(相乘 곱셈)

❶ 전체 물건을 원수(元數), 매(每) 값을 법수(法數)라 한다. 위쪽에 원수를 벌여 놓고, 아래쪽에 법수를 벌여 놓는다. 법수의 끝자리로 원수의 끝자리를 상대하여 상하를 서로 곱하여 중간에 실적(實積)을 벌여 놓는데, 십수(十數)는 본래의 자리에 놓고 단수(單數)는 아랫자리에 놓는다. 오른쪽부터 계산하여 올라가 상격(上格)에 이르면 곧 곱한 수(數)를 버린다.

제 1 항 정위법(定位法)[202]

영수(零數 일 단위)**를 기준으로 하여 영수를 곱하면 영수가 되거나 십수**(十數 십 단위)**가 되고, 십수를 곱하면 십수가 되거나 백수**(百數 백 단위)**가 된다.**[203] ❶ 이것은 원수와 법수의 끝자리를 말한다. 이를테면 원수와 법수가 똑같이 영수이면 영수가 되거나 십수가 된다. 이미 자릿수가 정해지면 차례대로 역수(逆數)한다. 나머지는 모두 이와 같다. **십수를 기준으로 하여**

202 정위법(定位法) : 자릿수를 정하는 법으로, 곧 득수(得數)의 첫머리 자리에 있는 어떤 수를 정하는 것이다. 《籌學實用 內篇 籌學實用總例》

203 영수(零數)를……된다 : 영수×영수의 예시는 2×3=6, 2×6=12이고, 영수×십수의 예시는 4×20=80, 4×50=200이다.

영수를 곱하면 십수가 되거나 백수가 되고, 십수를 곱하면 백수가 되거나 천수(千數 천 단위)가 된다.[204]

○**콩 19섬 1말이 있는데 1말당 값은 3푼(分) 4리(釐) 5호(毫)이다. 콩값은 모두 얼마인가?** ❷ 답:[205] 9냥(兩) 8전(錢) 6푼 7리이다.

○**침향(沈香) 467근 9냥이 있는데 1근당 값은 5관(貫) 300문(文)이다. 침향값은 모두 얼마인가?** ❸ 답:[206] 2478관 81문 2리 5호이다. ❹ 냥수(兩數)는 근하유법(斤下留法)[207]을 사용한다.

204 십수를 기준으로……된다 : 십수×영수의 예시는 20×3=60, 20×30=600이고, 십수×십수의 예시는 40×20=800, 40×50=2000이다.

205 답 : 15말이 1섬이므로, 콩 19섬 1말을 말로 환산하면 (19섬×15말)+1말=286말이다. 1말의 값 3푼 4리 5호를 호로 환산하면 (3푼×10리×10호)+(4리×10호)+5호=345호이다. 286말×345호=98670호=9냥 8전 6푼 7리이다.

206 답 : 5관을 냥으로 환산하면 5관×10냥=50냥, 전으로 환산하면 50냥×10전=500전, 문으로 환산하면 500전×10문=5000문이다. 근(斤)을 냥수(兩數)로 환산하는 것은 무게 단위를 적용하는 것으로 16냥이 1근이 된다. 근하유법(斤下留法)을 사용해 9냥을 근으로 환산하면 9÷16=0.5625근이다. 침향값을 풀이하면 다음과 같다. 첫째, 467근×5300문=2475100문=2475관 100문이다. 둘째, 0.5625근×5300문=2981.25문=2관 981문 2리 5호이다. 셋째, 2475관 100문+2관 981문 2리 5호=2478관 81문 2리 5호이다.

207 근하유법(斤下留法) : 본조 2절 상제(商除) 4항 근하유법(斤下留法) 참조.

○쌀 4섬 8말 4되가 있는데 1말당 값은 11문이다. 쌀값은 모두 얼마인가? ❺ 답:[208] 752문 4리이다.

○1007인(人)이 각각 은(銀) 55냥을 내면 모두 얼마인가? ❻ 답:[209] 5만 5385냥이다.

208 답 : 10되가 1말, 15말이 1섬이 되며, 10리가 1문[푼]이 된다. 4섬 8말을 말로 환산하면 (4섬×15말)+8말=68말이고, 4되를 말로 환산하면 4÷10=0.4말이다. 쌀값을 계산하면 68말×11문=748문, 0.4말×11문=4.4문=4문 4리로, 총 748문+4문 4리=752문 4리이다.

	문제	풀이		답
원수	68.4	68.4	68.4	
실적		68.4	68.4	752.4
			684	
법수	11	11	11	

209 답 : 1007인×55냥=55385냥이다.

■1 총수(摠數)를 실수(實數)로 하고 매(每) 수(數)나 나누는 것을 법수(法數)로 한다. 만일 전체의 값 또는 전체의 물건이 있는데 해당하는 값을 물으면 전체의 값을 실수로 하고 화물(貨物)을 법수로 하며, 해당하는 화물을 물으면 전체의 화물을 실수로 하고 값을 법수로 한다. 가운데에 실수를 배열하고 아래에 법수를 배열하고 위에 약수(約數)를 배열한다. 법수와 실수를 서로 비교하여 많고 적음을 헤아리고 나누어서 실수를 얻는다. 왼쪽부터 오른쪽으로 자리를 내리는데 법수의 첫째 자리로 실수의 첫째 자리를 상대한다. 실수가 법수보다 적으면 법수를 한 자리 오른쪽으로 물린다. 10이면 윗자리에서 나누고 영수(零數)이면 본래 자리에서 나눈다. 수가 많은 것은 계속 몫을 구하고, 법수보다 적으면 분수로 나타내게 한다. 분수로 나타내는 것은 번잡하므로 서로 줄여서 약분하는 것이다.

■2 명지(命之)는 법수를 분모(分母)로 하고 실수를 분자(分子)로 하는데 -■1 많은 것이 분모가 되고 적은 것이 분자가 된다.- 몇 분의 몇이라고 명한다.

제 1 항 정위법(定位法)

백수(百數 백 단위)**를 기준으로 하여 만수**(萬數 만 단위)**를 나누면 백수가 되거나 십수**(十數 십 단위)**가 되고, 천수**(千數 천 단위)**를 나누면 십수가 되거나 영수**(零數 일 단위)**가 되고, 백수**

를 나누면 영수가 된다.[210] ❶ 이것은 법수와 실수의 첫째 자리를 말한다. 만일 법수 백 단위로 실수 만 단위를 나누면 백수가 되거나 십수가 된다. 이미 자리가 정해졌으면 차례대로 순수(順數)한다. 나머지도 모두 이와 같다. **십수를 기준으로 하여 만수를 나누면 천수가 되거나 백수가 되고, 천수를 나누면 백수가 되거나 십수가 되고, 백수를 나누면 십수가 되거나 영수가 된다.**[211]

○**금(金) 15근 3냥으로 쌀을 사는데, 1말당 값은 5푼 4리이다. 살 수 있는 쌀은 모두 얼마인가?** ❷ 답:[212] 300섬이다.

○**쌀 86섬 9말 6되를 19인에게 나누어 준다. 각각에게 나누어 주는 쌀은 얼마인가?** ❸ 답:[213] 4섬 8말 4되이다.

210 백수(百數)를……된다 : 만수÷백수의 예시는 40000÷200=200, 40000÷800=50이고, 천수÷백수의 예시는 4000÷200=20, 4000÷800=5이고, 백수÷백수의 예시는 400÷200=2이다.

211 십수를……된다 : 만수÷십수의 예시는 40000÷20=2000, 40000÷80=500이고, 천수÷십수의 예시는 4000÷20=200, 4000÷80=50이고, 백수÷십수의 예시는 400÷20=20, 400÷80=5이다.

212 답 : 금 15근 3냥을 리로 환산하면, (15근×16냥) + 3냥=243냥, 243냥×10전=2430전, 2430전×10푼=24300푼, 24300푼×10리=243000리이다. 1말당 값은 (5푼×10리)+4리=54리이다. 살 수 있는 쌀의 양을 계산하면, 243000리÷54리=4500말이다. 이를 섬으로 환산하면 4500말÷15말=300섬이다.

213 답 : 쌀 86섬 9말 6되를 되로 환산하면, (86섬×15말)+9말=129말, (1299말×10되)+6되=12996되이다. 19인에게 나누어주므로 나눗셈으로 계산하면, 12996되÷19명=684되이다. 이를 말로 환산하면 684되÷10되[1말]=68말 4되이고, 68말을 섬으로 환산하면 68말÷15말[1섬]=4섬 8말이므로 각자에게 4섬 8말 4되를 나누어 주게 된다.

○**전(錢) 5관(貫) 640문(文)으로 배 1만 6920개를 샀다. 1문당 배가 몇 개인가?** ❹ 답:[214] 3개이다.

○**전(錢) 74관 589문을 345인에게 나누어 준다. 각자에게 나누어 주는 전은 얼마인가?** ❺ 답:[215] 216문과 345분의 69문이다. 이것을 약분하면 5분의 1문이다. ❻ 만약 123인에게 전을 얼마씩 나누어 주고 나머지 액수가 단지 30문이라면, 나머지는 123분의 30문이라고 한다. 이것을 약분하면 41분의 10문이다.[216]

○**쌀 1084섬 9말을 3등급으로 나누어 주는데 갑(甲) 등급은 155호(戶)이고, 을(乙) 등급은 783호이고, 병(丙) 등급은 2313호이다. 등급마다 각각 1말 5되를 등급에 따라서 차례로 더한다.** ❼ 병 등급은 1말 5되를 더해 주고, 을 등급은 다시 1말 5되를 더해 주고, 갑 등급은 다시 1말 5되를 더해 준다. **등급마다 매(每) 호에 각각 나누어 주는 쌀은 얼마인가?** ❽ 답: 갑 등급은 호마다 7말 5되씩 나누어 주어 모두 77섬 7말 5되이고, 을 등급은 6말씩 나누어 주어 모두 313섬 3말이고, 병 등급은

214 답 : 5관을 냥으로 환산하면 5관×10냥=50냥, 전으로 환산하면 50냥×10전=500전, 문으로 환산하면 500전×10문=5000문이므로, 5관 640문은 5640문이다. 배 전체 개수를 돈의 총액으로 나누면 16920개÷5640문=3개이다.

215 답 : 74관을 냥으로 환산하면 74관×10냥=740냥, 전으로 환산하면 740냥×10전=7400전, 문으로 환산하면 7400전×10문=74000문이므로, 74관 589문은 74589문이다. 돈의 총액을 인원수로 나누면 74589문÷345인=216문에 나머지 69문이다. 나머지 액수를 인원수로 나누면 69문÷345인=1/5문이다.

216 123인에게……10문이다 : 30문÷123인=10/41문이다.

4말 5되씩 나누어 주어 모두 693섬 13말 5되이다. 9 풀이:[217] 갑 등급 155호를 3배로 하면 465호가 되고, 을 등급 783호를 2배로 하면 1566호가 되고, 병 등급 2313호를 1배로 하면 2313호가 된다. 이 3등급을 합하면 4344호인데, 이것에 더해 주는 액수 1말 5되를 곱하면 6516말이 된다. 6516말을 실제 있는 쌀 1084섬 9말에서 빼면 나머지가 9753말이다. 9753말을 3등급의 총 호수 3251호로 나누면 호마다 3말을 받게 된다. 이 3말에 더해 주는 액수 1말 5되를 등급에 따라서 차례로 더한다.

217 풀이 : 쌀 전체 양 1084섬 9말을 말로 환산하면 (1084섬×15말)+9말=16269말, 되로 환산하면 16269말×10되=162690되이다. 총 호수는 갑 등급 155호+을 등급 783호+병 등급 2313호=3251호이다. 등급별로 더해 주는 배수(倍數)를 호수에 곱하면, 갑 등급 155호×3=465호, 을 등급 783호×2=1566호, 병 등급 2313호×1=2313호, 합계 4344호이다.
등급별로 더해 주는 쌀의 양 : 4344호×15되[1말 5되]=65160되, 65160되÷10되[1말]=6516말이다.
등급별로 더해 주고 남은 쌀의 양 : 16269말-6516말=9753말이다.
호마다 기본으로 지급되는 쌀의 양 : 9753말÷3251호(총 호수)=3말이다.
갑 등급 각호(各戶) : 3말+4말 5되[1말 5되+1말 5되+1말 5되]=7말 5되이다.
갑 등급 전체 : 155호×75되[7말 5되]=11625되, 11625되=(11620되÷10되[1말])+5되=1162말 5되, 1162말 5되=(1155말÷15말[1섬])+7말 5되=77섬 7말 5되이다.
을 등급 각호 : 3말+3말[1말 5되+1말 5되]=6말이다.
을 등급 전체 : 783호×60되[6말]=46980되, 46980되÷10되[1말]=4698말, (4695말÷15말[1섬])+3말=313섬 3말이다.
병 등급 각호 : 3말+1말 5되=4말 5되이다.
병 등급 전체 : 2313호×45되[4말 5되]=104085되, 104085되=(104080되÷10되[1말])+5되=10408말 5되, 10408말 5되=(10395말÷15말[1섬])+13말 5되=693섬 13말 5되이다.

○은(銀) 26냥(兩) 6전(錢)으로 돼지 28마리를 샀다. 돼지는 1마리당 얼마인가? **10** 답:[218] 9전 5푼이다.

제 2 항 포주구결(布籌口訣)[219]

일 단위는 세로로 십 단위는 가로라	一縱十衡
백 단위는 세우고 천 단위는 누이네.	百立千僵
천 단위와 십 단위는 서로 나란하고	千十相竝
만 단위와 백 단위는 서로 바라보네.	萬百相望
여섯이 넘는 숫자는	滿六以上
다섯을 표시하는 산가지가 위에 있고,	五在上方
열이 되면 제자리를 넘어가고	言十過身
열이 안 되면 제자리에 둔다.	不滿自當
1 푼은 누이고 리는 세우니 사는 누이네.	分橫釐立卽勺橫
홉은 세우고 되는 누이니 말도 세우네.	合立升橫斗亦立
열 말은 누이고 한 섬은 세우는데,	十斗橫邊一石立
각각 그 위에는 다섯을 나타내는 산가지가 있다.	各當其上在五數

218 답 : 10푼이 1전, 10전이 1냥이다. 은 26냥 6전을 전으로 환산하면 (26냥×10전)+6전=266전, 푼으로 환산하면 266전×10푼=2660푼이다. 은의 총액 2660푼÷28마리=95푼, 95푼=(90푼÷10푼[1전])+5푼=9전 5푼이다.

219 포주구결(布籌口訣) : 산가지를 벌여 놓는 구결이다.

제 3 항 **구구수**(九九數 구구단)[220]

○9×9=81, 8×9=72, 7×9=63, 6×9=54, 5×9=45, 4×9=36, 3×9=27, 2×9=18

○8×8=64, 7×8=56, 6×8=48, 5×8=40, 4×8=32, 3×8=24, 2×8=16

○7×7=49, 6×7=42, 5×7=35, 4×7=28, 3×7=21, 2×7=14

○6×6=36, 5×6=30, 4×6=24, 3×6=18, 2×6=12

○5×5=25, 4×5=20, 3×5=15, 2×5=10

○4×4=16, 3×4=12, 2×4=8

○3×3=9, 2×3=6

○2×2=4

제 4 항 **근하유법**(斤下留法)[221] [1] 근(斤) 아래에 남은 냥은 16을 가지고 약분하여 근 아래에 붙인다.

○1냥을 16으로 나누면 0.0625가 된다.

○2냥을 16으로 나누면 0.125가 된다.

○3냥을 16으로 나누면 0.1875가 된다.

220 구구수(九九數) : 구구수는 작은 수를 위쪽에, 큰 수를 다음에 두어 읽는다. 〈주해수용총례(籌解需用總例)〉에는 “1×9=9[一九九], 1×8=8[一八八], 1×7=7[一七七], 1×6=6[一六六], 1×5=5[一五五], 1×4=4[一四四], 1×3=3[一三三], 1×2=2[一二二], 1×1=1[一一一]”이 더 있다. 《湛軒書 外集 卷4 籌解需用總例》

221 근하유법(斤下留法) : 1근(斤) 이하의 냥(兩)을 근으로 계산하는 법이다.

○4냥을 16으로 나누면 0.25가 된다.

○5냥을 16으로 나누면 0.3125가 된다.

○6냥을 16으로 나누면 0.375가 된다.

○7냥을 16으로 나누면 0.4375가 된다.

○8냥을 16으로 나누면 0.5가 된다.

○9냥을 16으로 나누면 0.5625가 된다.

○10냥을 16으로 나누면 0.625가 된다.

○11냥을 16으로 나누면 0.6875가 된다.

○12냥을 16으로 나누면 0.75가 된다.

○13냥을 16으로 나누면 0.8125가 된다.

○14냥을 16으로 나누면 0.875가 된다.

○15냥을 16으로 나누면 0.9375가 된다.

제5항 해작법(解作法)[222]

○조(粟) 1359섬을 말로 풀면 모두 몇 말인가? ❶ 답:[223] 2만 385말이다. ❷ 15를 곱한다. ❸ 한 가지 풀이 방법: 끝자리부터 5를 곱한다. 5×9=45를 본래 숫자[本身] 1359의 9 아래에 놓는다. 9섬에 대한 계산이 끝나면 모두 135말이 된다. 나머지도 모두 이와 같이 한다. ❹ 곱한 수가 10이면 본래 숫자 아래에 놓고 만약 영수(零數)이면 한 자리를 지나서 놓는다.

222 해작법(解作法) : 큰 단위를 작은 단위로 풀고[解] 작은 단위를 큰 단위로 만드는[作] 법이다.

223 답 : 1359섬×15말[1섬]=20385말이다.

1359 15	1359 45 9 15	135□ **135** 15	135□ 135 25 50 15	13□□ **885** 15	13□□ 885 15 30 15	13□□ **5385** 15	1□□□ 5385 5 10 15	**20385**
	9×5 9×10	이상 9×15 계산	5×5 5×10	이상 50×15 계산	3×5 3×10	이상 300×15 계산	1×5 1×10	이상 1000×15 계산

○**쌀 3만 4530말을 섬으로** ❺ 1섬은 15말이다. **만들면 모두 몇 섬인가?** ❻ 답:[224] 2302섬이다. ❼ 15로 약분한다.

○**사**(絲) **3853근을 냥**(兩)**으로 풀면 모두 몇 냥인가?** ❽ 답:[225] 6만 1648냥이다. ❾ 16으로 곱한다. ❿ 한 가지 풀이 방법은 '말로 푸는 법[解斗法]'에 보인다.[226] 다만 6으로 곱한다.

○**동**(銅 구리) **6만 1600냥을 근으로** ⓫ 1근은 16냥이다. **만들면 모두 몇 근인가?** ⓬ 답:[227] 3850근이다. ⓭ 16으로 약분한다.

○**전결**(田結) **1만 5012부**(夫)**를 결**(結)**로 풀면 모두 몇 결인가?** ⓮ 답:[228] 12만 0096결이다. ⓯ 8로 곱한다. ⓰ 한 가지 풀이 방법은 먼저 첫째 자리부터 7을 더한다.

○**전결 2만 8776결을 부로** ⓱ 1부는 8결이다. **만들면 모두 몇 부인가?** ⓲ 답:[229] 3597부이다. ⓳ 8로 약분한다.

224 답 : 34530말÷15말[1섬]=2302섬이다.

225 답 : 3853근×16냥[1근]=61648냥이다.

226 한……보인다 : 1근은 16냥이므로, 3853의 끝자리 3부터 6을 곱한다. '한 가지 풀이 방법'은 본항 소주 ❸ 참조.

227 답 : 61600냥÷16냥[1근]=3850근이다.

228 답 : 15012부×8결[1부]=120096결이다.

229 답 : 28776결÷8결[1부]=3597부이다.

제 3 절 유두승법(留頭乘法)[230]

1 법수(法數)의 첫째 자리로 원수(元數)의 끝자리를 마주한다. 법수의 끝자리에서부터 원수의 끝자리를 곱하고 차례차례 곱해 나가 법수의 첫째 자리에 이르면 원수의 숫자[本身]를 없앤다. 나머지는 상승(相乘 곱셈)과 같다.

제 1 항 정위구결(定位口訣)

승종매하득술(乘從每下得術)[231] **1** 원수(元數)의 첫째 자리부터 순수(順數)로 시작하여 매(每) 수(數)에 이르면 곧 그 아랫자리에서 법수(法數)의 첫째 자리 수를 얻어 차례대로 역수(逆數)로 계산한다.

230 유두승법(留頭乘法) : 첫째 자리를 남겨 두고 둘째 자리부터 곱하는 법이다.《교식추보법(交食推步法) 산학발몽(筭學發蒙) 유두승법(留頭乘法), 남종진 역, 세종대왕기념사업회, 2017》

231 승종매하득술(乘從每下得術) : 승법(乘法)은 매 수(數)의 아랫자리에서부터 법수(法數)의 첫째 자리를 얻는 방법이다.

제 4 절 귀제법(歸除法)[232]

❶ 먼저 법수(法數)의 첫째 자리를 가지고 실수(實數)의 첫째 자리와 상대하여 구귀결(九歸訣)을 불러서 진(進)하거나 가(加)하거나 한다.[233] 그 다음에 법수의 둘째 자리를 가지고 나뉜 수를 상대하여 나눗셈을 한다.

❷ 만약 본래 자리에 나눗수가 있고 그다음 자리에 나눌 것이 없으면 기일환원법(起一還原法)을 쓴다. 혹 1을 1만으로 나누고 2를 2만으로 나누어서 아랫자리에 나눌 수 있는 수가 없으면 당귀법(撞歸法)[234]을 쓴다. 나머지는 상제(商除)와 같다.

제 1 항 구귀구결(九歸口訣 나눗셈구구)

○2귀

10÷2=5…0	二一添作五
20÷2=10…0	逢二進一十

○3귀

10÷3=3…1	三一三十一
20÷3=6…2	三二六十二

232 귀제법(歸除法) : 산가지나 주판으로 구귀가(九歸歌)를 응용하여 계산하는 제법(除法)이다.

233 진(進)하거나 가(加)하거나 한다 : '진(進)'과 '가(加)'는 구귀구결(九歸口訣)에 나오는 '진(進)'과 '가(加)'를 가리킨다.

234 당귀법(撞歸法) : 윗자리 수는 같고 그다음 자리 제수(除數)가 커서 나눌 수 없을 때 적용하는 방법이다.

30÷3=10…0 逢三進一十

○4귀

10÷4=2…2 四一二十二

20÷4=5…0 四二添作五

30÷4=7…2 四三七十二

40÷4=10…0 逢四進一十

○5귀

10÷5=2…0 五一倍作二

20÷5=4…0 五二倍作四

30÷5=6…0 五三倍作六

40÷5=8…0 五四倍作八

50÷5=10…0 逢五進一十

○6귀

10÷6=1…4 六一下加四

20÷6=3…2 六二三十二

30÷6=5…0 六三添作五

40÷6=6…4 六四六十四

50÷6=8…2 六五八十二

60÷6=10…0 逢六進一十

○7귀

10÷7=1…3 七一下加三

20÷7=2…6 七二下加六

30÷7=4…2 七三四十二

40÷7=5…5 七四五十五

50÷7=7…1	七五七十一
60÷7=8…4	七六八十四
70÷7=10…0	逢七進一十

○8귀

10÷8=1…2	八一下加二
20÷8=2…4	八二下加四
30÷8=3…6	八三下加六
40÷8=5…0	八四添作五
50÷8=6…2	八五六十二
60÷8=7…4	八六七十四
70÷8=8…6	八七八十六
80÷8=10…0	逢八進一十

○9귀

9귀는 자신을 따라 아래에 둔다.[九歸隨身下] 1 1을 가(加)하면 아래에 1을 가하고, 2를 가하면 아래에 2를 가한다. 3 이하는 이를 따른다.

90÷9=10…0	逢九進一十

제 2 항 당귀구결(撞歸口訣)

1을 보고 나눌 수 없으면 9와 1을 만든다. 見一無除作九一

2를 보고 나눌 수 없으면 9와 2를 만든다. 見二無除作九二

1 3 이하는 이 방식을 따른다.[235]

235 3 이하는 이……따른다 : '3을 보고 나눌 수 없으면 9와 3을 만든

제 3 항 기일환원결(起一還原訣)[236]

1자리를 아랫자리 1로 돌려준다. 起一下還一

2자리를 아랫자리 2로 돌려준다. 起二下還二

❶ 3 이하는 이 방식을 따른다.

제 4 항 정위구결(定位口訣)

귀종법전득령(歸從法前得零)[237] ❶ 실수(實數)의 첫째 자리부터 순수(順數)로 하여 법수(法數)의 첫째 자리의 숫자에 이르면 곧 그 윗자리에서 영수(零數)를 얻는데, 섬(石)의 수와 같다. 실수가 법수보다 적으면 역수(逆數)로 하여 법수의 첫째 자리까지 이르면 곧 그 윗자리에서 영수를 얻는다.

다.[見三無除作九三] …… 9를 보고 나눌 수 없으면 9와 9를 만든다.[見九無除作九九]'이다.

236 기일환원결(起一還原訣) : 실수[나뉘는 수]의 첫째 자리 숫자가 법수[나누는 수]의 첫째 자리 숫자보다 작을 때 한 자리를 아랫자리로 내려 주는 구결(口訣)이다.

237 귀종법전득령(歸從法前得零) : 귀법(歸法)은 법수의 앞자리부터 계산하여 영수(零數)를 얻는 것이다.

제30조 제척도(諸尺圖)[238]

제 1 항 주척(周尺)

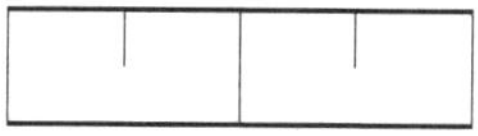

제 2 항 조례기척반(造禮器尺半)

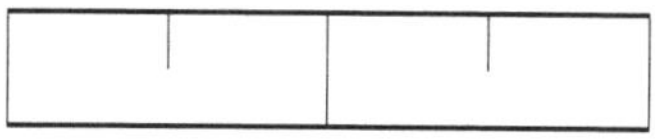

제 3 항 영조척반(營造尺半)

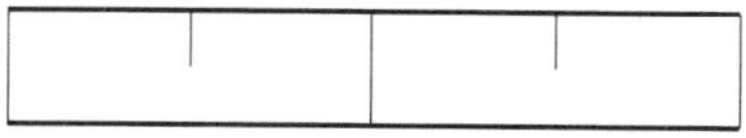

제 4 항 포백척반(布帛尺半)

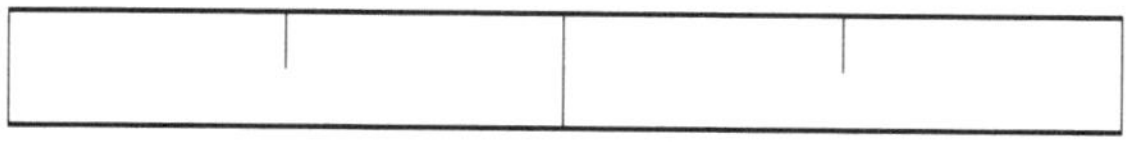

238 제척도(諸尺圖) : 여러 자[尺]의 그림이다. 여러 자에 대해서는 《전율통보》〈공전 도량형(度量衡)〉 2항 소주 ❶ 참조.

발문(跋文)

우리 성상(聖上) 9년 을사년(1785, 정조9) 9월 모일에 《전율통보》를 수정하는 일로 천신(賤臣)에게 입시(入侍)할 것을 명하셨다. 신이 이 책을 편집했던 것은 작은 상자에 보관해 두었다가 개인적으로 참고하려고 한 데 지나지 않은데, 지금 공적인 글이 되어 간행하게 되었다. 이에 한 글자만 잘못되어도 중대한 영향을 미치니, 그 일이 어찌 중대하고도 어렵지 않겠는가. 다행히도 성상께서 마치 귀에 대고 일러 주듯 마주 보고 명하듯 강령을 제시해 주시니, 신이 실로 성상의 뜻을 여쭙고 하교를 받든 뒤에야 감히 산삭하고 정리하여 몇 권(卷)으로 묶었다.

대개 《경국대전(經國大典)》이라는 책은 법률을 주로 하였을 뿐만 아니라 예악과 문물에 관해서도 살필 만한 게 많다. 《속대전(續大典)》과 《대전통편(大典通編)》도 그러한데 때때로 엉성하여 치밀하지 못하고 간략하여 상세하지 못하니, 《경국대전》에서부터 이미 이런 점이 없을 수 없었다. 더구나 지금은 연대가 점점 내려오면서 증빙할 만한 고사(故事)를 찾기도 어렵고 조항이 더욱 많아지면서 문적(文蹟)을 다 갖추지도 못하였으니, 끝까지 널리 찾아 한결같이 상세하고 꼼꼼하게 파악하고자 한들 그것이 쉽겠는가. 그래서 상고하고 또 상고하고 살피고 다시 살펴서 차라리 의심스러운 것은 빼고 확실하지 않은 것은 뺀다는 교훈을 따랐지만, 끝내 스스로 자신할 수 없는 점이 있다. 이 때문에 간행하기에 이르러서도 감히 손을 떼지 못하고 밤낮으로 두려워하며 편히 먹고 쉴 수도 없다.

아, 공정한 법은 나라에서 소중히 여기는 것이다. 그런데 몇 년 사이에 두 차례 정리를 거쳐 《대전통편》을 완전한 전서(全書)로 삼고 이

책으로 보완하도록 하였으니, 준거로 따를 만한 법령을 신중히 정하고 그때그때 적용할 제도를 갖추게 되어 원류(源流)가 서로 통하고 표리(表裏)가 서로 도울 수 있게 되었다고 할 만하다. 게다가 《대명률(大明律)》을 합하여 하나로 만든 것으로 말하자면 어느 벌이고 삼가지 않음이 없는 뜻이 지극하고, 〈별편(別編)〉을 덧붙여 돕도록 한 것으로 말하자면 아무리 작은 것이라도 열거하지 않음이 없는 도가 극진하다.

《대전통편》이 완성된 뒤에 이어서 이 책을 편수하도록 명한 것도 이 때문일 것이다. 그러나 법은 백성과 함께하는 것이다. 반드시 저울처럼 공평하고 사시(四時)처럼 미더워야 백성의 뜻이 정해져 형벌을 쓰지 않을 것을 기약할 수 있다. 한때의 수교(受敎)로 굳이 후대의 법으로 삼을 것까지 없는 것은 생략한 뒤에야 선조를 빛내고 후손을 이끌어 줄 수 있고, 좋은 규정과 훌륭한 법으로 금석을 삼을 만한 것은 굳게 지킨 뒤에야 다스림이 이루어지고 제도가 정해질 수 있다. 이 또한 성상의 뜻이어서 정치와 교화 중에 자주 드러난 것이다. 아, 성대하도다. 명을 받들어 권말에 적으며 다른 말을 할 겨를이 없고 두 손 모아 절하며 이와 같이 말할 뿐이다.

병오년(1786) 8월 모일 보국숭록대부(輔國崇祿大夫) 행(行) 판중추부사(判中樞府事) 능은군(綾恩君) 신 구윤명(具允明)은 교명을 받들어 삼가 발문을 짓는다.

엮은이

구윤명(具允明)

1711(숙종37)~1797(정조21). 조선 후기 문신으로 자는 사정(士貞)이고 호는 겸산(兼山)이며 본관은 능성(綾城)이다. 능천부원군(綾川府院君) 구인후(具仁垕)의 봉사손으로 습봉(襲封)하여 능은군(綾恩君)이 되었다. 1743년(영조19) 정시문과에 급제하고 관직이 판서에 이르렀다. 왕실의 훈척(勳戚)이면서 문재(文才)도 뛰어나 영조의 어제편차인(御製編次人)으로 선발되었다. 부친 구택규(具宅奎)에게서 물려받은 가학(家學)을 계승하여《증수무원록(增修無冤錄)》을 중수(重修)하고 언해(諺解)하였으며《전율통보(典律通補)》를 편찬하였다.

옮긴이

소진희(蘇珍熙)

세종대학교 국어국문학과를 졸업하고 민족문화추진회 국역연수원 상임연구부를 졸업하였다. 한국고전번역원에 재직 중이다.《승정원일기》,《일기청등록》번역에 참여하였다.

전율통보 별편

구윤명 엮음 | **소진희** 옮김

2022년 12월 31일 초판 1쇄 발행

발행인 신승운 | 발행처 한국고전번역원
등록 2008.3.12.제25100-2018-000049호
주소 (03310) 서울시 은평구 진관1로 85
전화 02-350-4800 | 팩스 02-350-4994 | 홈페이지 www.itkc.or.kr

연구총괄 권헌준 | 연구기획 김지민 | 자문 정선용

책임편집 하현주 | 편집진행 김지수
교정 이계숙 임유경 | 디자인 은희주 | 제작 조은지
인쇄 사단법인 에스디워크

값 30,000원
ISBN 978-89-284-0991-4 94360
978-89-284-0987-7 (세트)